Joyce Hübner
The Joy(ce) of running –
Der Lauf meines Lebens

AF639657

JOYCE HÜBNER
MIT CARSTEN POLZIN

THE JOY(CE) OF RUNNING

DER LAUF MEINES LEBENS

Die Deutschlandumrundung

Mit 145 farbigen Abbildungen und fünf Karten

MALIK

Mehr über unsere Autorinnen, Autoren und Bücher:
www.malik.de

Wenn Ihnen dieses Buch gefallen hat, schreiben Sie uns unter Nennung des Titels »The Joy(ce) of running – Der Lauf meines Lebens« an *empfehlungen@piper.de*, und wir empfehlen Ihnen gerne vergleichbare Bücher.

Ausschließlich zum Zweck der besseren Lesbarkeit wird auf die geschlechterspezifische Schreibweise sowie auf eine Mehrfachbezeichnung verzichtet. Alle personenbezogenen Bezeichnungen in diesem Buch sind somit geschlechtsneutral zu verstehen. Die verkürzte Sprachform des generischen Maskulinums hat rein redaktionelle Gründe und beinhaltet keine Wertung.

Inhalte fremder Webseiten, auf die in diesem Buch (etwa durch Links) hingewiesen wird, macht sich der Verlag nicht zu eigen. Eine Haftung dafür übernimmt der Verlag nicht.
Wir behalten uns eine Nutzung des Werks für Text und Data Mining im Sinne von § 44 b UrhG vor.

Unser Versprechen für mehr Nachhaltigkeit
- Klimaneutrales Produkt
- FSC®-zertifiziertes Papier
- Hergestellt in Europa

FSC www.fsc.org MIX Papier | Fördert gute Waldnutzung FSC® C083411

ISBN 978-3-89029-593-0
© Piper Verlag GmbH, München 2024
Mitautor: Carsten Polzin, Textbaby Medienagentur, www.textbaby.de
Bildteilfotos: Joyce Hübner, außer: Matthias Lill (S. 4 unten), Steve Auch (S. 5 unten, 6 oben links, oben rechts und unten links), Nico Kessel (S. 22 oben), Ole Mattausch (S. 22 unten), Toni Jahn (S. 31 oben rechts)
Karten: Marlise Kunkel, München
Satz: Tobias Wantzen, Bremen
Gesetzt aus der Quadraat und der Helvetica Neue
Litho: Lorenz & Zeller, Inning am Ammersee
Druck und Bindung: CPI books GmbH, Leck
Printed in the EU

Inhalt

Prolog **9**

Teil 1

Etappen 1 bis 30: Der wilde Osten **13**

Etappe 1: Der erste Tag von vielen Tagen **14**
Etappe 2: Run, Joyce, run! **37**
Etappe 3: Zäune **42**
Etappe 4: Den Führerschein bitte! **46**
Etappe 5: Am östlichsten Punkt **50**
Etappe 6: Sonntagsausflug **59**
Etappe 7: Deutsch-tschechische Sümpfe **61**
Etappe 8: Im Niemandsland **63**
Etappe 9: Kunstblumen **67**
Etappe 10: Polizei im Einsatz **71**
Etappe 11: Bitte nicht belasten! **74**
Etappe 12: Der kälteste Ort **76**
Etappe 13: Der höchste Berg **79**
Etappe 14: Den Wald harken **82**
Etappe 15: Das Versprechen **84**
Etappe 16: Vatertag **88**
Etappe 17: Der bayerische Vulkan **91**
Etappe 18: Warum das alles? **93**
Etappen 19 bis 21: Nur noch eine Zahl **97**
Etappe 22: Das grüne Paradies **100**
Etappe 23: Drei Felssessel **102**
Etappe 24: Der Hahn im Korb **104**
Etappe 25: Kein Schatten **106**
Etappen 26 bis 28: Mein Tempo **109**

Etappe 29: Ich wollte die Berge **111**
Etappe 30: Käsesemmeln im Schnee **114**

Teil 2

Etappen 31 bis 46: Im Süden nimmt sie ihren Lauf **119**

Etappe 31: Die dumme Berlinerin steigt auf den Berg **120**
Etappe 32: Alles ganz entspannt **125**
Etappe 33: Klappe halten **129**
Etappe 34: Der Hungerbaum **133**
Etappe 35: Das Leben verstehen? **137**
Etappe 36: Bemalte Fassaden **141**
Etappe 37: Ein ganz hartes Brett **143**
Etappe 38: Hello, my friends! **147**
Etappe 39: Powerwalking ohne Power **150**
Etappe 40: Schokoriegel **153**
Etappe 41: Dem See entgegen **155**
Etappe 42: Fünf Sterne **157**
Etappe 43: Ein winziger Funke **159**
Etappen 44 bis 46: Brückenwärter **161**

Teil 3

Etappen 47 bis 78: Tief im Westen **165**

Etappe 47: Der Herr im Haus **166**
Etappe 48: Der Bordstein **169**
Etappe 49: Die Bilder im Kopf **171**
Etappe 50: Nicht nachmachen! **174**
Etappe 51: Wiederholungstäter **177**
Etappe 52: Der laufende Reporter **179**
Etappe 53: Klassisches Pech **181**
Etappen 54 bis 59: Lebenswert **184**
Etappe 60: Halbzeit **187**

Etappe 61: Ein glücklicher Praktikant **191**
Etappe 62: Der dunkle Wall **193**
Etappen 63 bis 67: Grenzenlos **195**
Etappe 68: Leere Batterien **198**
Etappe 69: Der Ein-Fakten-Check **201**
Etappe 70: Die Distanz **202**
Etappe 71: Erdbeerwasser **204**
Etappen 72 bis 75: Zielsprinter **205**
Etappe 76: Geteiltes Leid **208**
Etappe 77: Toleranz für Schlamm **210**
Etappe 78: In Richtung Nordsee **211**

Teil 4

Etappen 79 bis 120: Wie der Norden rockt 213

Etappe 79: Warum so spät? **214**
Etappe 80: Ich möchte daran glauben **216**
Etappe 81: Kopf aus, Beine an! **218**
Etappe 82: Barfuß auf dem Deich **220**
Etappe 83: Die Brücke der Liebe **222**
Etappe 84: Guten Morgen! **224**
Etappe 85: In neuen Schuhen **225**
Etappe 86: Die Kugelbake **226**
Etappen 87 und 88: Hotel Horror **228**
Etappe 89: Luft raus **231**
Etappen 90 bis 93: Jeder Schritt **233**
Etappe 94: Der Wildschweinzaun **236**
Etappen 95 und 96: Waffel oben **237**
Etappen 97 bis 99: Überraschung! **239**
Etappe 100: Wer schneller läuft **242**
Etappe 101: Neue Schuhe Reloaded **244**
Etappen 102 bis 104: Mauerparty **245**
Etappen 105 und 106: Badetag **247**

Etappe 107: Die Hohe Düne **249**
Etappen 108 und 109: Rechts abbiegen **251**
Etappe 110: Verfolgungsjagd **253**
Etappen 111 und 112: Zwischen Wasser und Himmel **255**
Etappe 113: Ganz simpel **257**
Etappen 114 und 115: Schnelles Solo **259**
Etappen 116 und 117: Grenzrelikte **261**
Etappe 118: Deutschlandumrundung pur **264**
Etappe 119: Noch einen Umweg **265**
Etappe 120: Der letzte Tag von vielen Tagen **267**

Epilog **271**

Prolog

Dienstag, 6. Juni 2023, in den Chiemgauer Alpen

Auf alle erdenklichen Emotionen war ich vorbereitet: Erschöpfung. Freude. Oder Stolz.

Aber das hier ist anders.

Wir haben einfach nur Angst.

Unsere Finger klammern sich an alles, was ihnen zur Verfügung steht: Vorsprünge, Steine, die niedrig gewachsenen Latschen. Das widerspenstige Peitschen ihrer Zweige, wenn wir an ihnen vorbei- oder mangels Alternative direkt über sie kriechen, das Stechen der Nadeln an den aufgeschrammten Beinen nehmen wir kaum noch wahr. Auch nicht die Erschöpfung nach über zehn Stunden, die wir für die letzten 35 Kilometer gebraucht haben. Hunger und Durst sind nur noch dumpfe, längst vergessene Gefühle irgendwo in den Tiefen des Körpers.

Unsere Prioritäten haben sich längst verschoben. Jede Bewegung ist ein Tasten, ein Ausprobieren, ein Hoffen. Jeder Schritt entscheidet darüber, ob wir uns noch ein Stück weiter auf dem Berggrat halten können oder einfach abrutschen. Wir machen uns längst nichts mehr vor: ein falsches Auftreten, ein Abrutschen mit der Hand, und es wäre das Ende.

Dabei hatte alles so gut angefangen. Wir waren überpünktlich um 6:50 Uhr am Morgen in Ramsau aufgebrochen. Christian, Wolle und ich – drei hoch motivierte Läufer, die sich auf einen sonnigen Trailmarathon in der fantastischen Bergwelt Berchtesgadens und des Chiemgaus freuten. Wir schwatzten munter miteinander und genossen die spektakuläre Kulisse der Gipfelwelt, die sich uns beim Aufstieg eröffnete.

Das GPS leitete uns zielsicher direkt in den Fels. Als die ersten gesicherten Steige zu erklimmen waren, verloren wir noch nicht die gute Laune. Während wir durch die ersten Schneefelder stapften und uns in Geröllhängen auf allen vieren nach oben zogen, wechselten wir uns mit dummen Sprüchen und Galgenhumor ab, um uns von einem unguten Gefühl abzulenken, das uns langsam beschlich: Das, was das Navi uns hier als Weg anpries, war eine Querfeldein-Expedition ins Nirgendwo. Und dass wir sie durchzogen, war alles andere als vernünftig. Am ersten Gipfelkreuz, nach fast vier Stunden, hatten wir lediglich zehn Kilometer geschafft, nicht einmal ein Viertel der geplanten Distanz. Aber wir konnten wieder lachen. Ja, das war hart gewesen. Zweifellos das heftigste Brett seit Beginn dieses Projekts. Aber niemand hatte behauptet, der Deutschlandlauf werde einfach werden. Und ich war sicher, wir hätten das Schlimmste hinter uns. Von nun an würde sich die Strecke flacher gestalten.

Nachdem Wolle im Tal von seiner Frau in Empfang genommen worden war, die sich wegen der fortgeschrittenen Zeit bereits Sorgen gemacht hatte, blieben nur noch Christian und ich übrig, um den Marathon zu Ende zu bringen. Christian ist ein erfahrener Trailrunner, aber auch er kannte die Route nicht, die uns nun den zweiten Anstieg des Tages bescherte. Ein Berg von 1961 Meter Seehöhe lag noch zwischen uns und dem Ziel. Das Sonntagshorn. So ein schöner Name, da konnte es nicht schlimm werden. Es war bereits später Nachmittag, als wir den Berg in Angriff nahmen, und niemand von uns hatte eine Stirnlampe dabei, doch das machte uns nicht sonderlich viel Sorgen. Christian ist ein lustiger Typ mit viel Energie und unermüdlicher guter Laune, und wir stiegen voller Zuversicht erneut in die zerklüfteten Felsen der Bergwelt auf.

Der Ausblick auf die schneebedeckten Spitzen um uns herum war Ehrfurcht gebietend und machte uns demütig. Es ging auf und ab, die Schneefelder glitzerten in der letzten Sonne des Tages.

Während wir dem Gipfel entgegenkletterten, sprachen wir noch darüber, wie besonders und herausfordernd dieser Tag verlaufen war. Und wie einzigartig das Erlebnis uns in Erinnerung bleiben würde.

Doch das ist über zwei Stunden her. Die Erinnerung an eine andere Welt.

Längst sprechen wir nicht mehr.

Vor uns liegt ein schmaler Bergkamm, der zu beiden Seiten aus Hunderte Meter steil abfällt. Entsprungen dem Albtraum eines Menschen mit Höhenangst.

Es gibt nach wie vor eine Linie, die das GPS störrisch anzeigt. Aber da ist kein Weg. Nur Büsche, Fels, loses Gestein. Lange sitzen wir am Beginn des Grats und sind ratlos. Dann ernüchtert. Und schließlich nur noch verzweifelt.

Wie kommen wir aus dieser Nummer raus? Abbruch? Bergwacht? Es ist einer der wenigen Dialoge, die wir in den letzten Stunden geführt haben.

»Soll ich die Bergrettung rufen?«, frage ich Christian, der ein paar Meter von mir entfernt hockt und stumm in die Ferne blickt.

»Nein. Die können hier oben ohnehin nichts ausrichten.«

Noch länger hier zu sitzen, weiter auszukühlen und darauf zu warten, dass die Sonne untergeht, ist keine Option. Also setzen wir uns in Bewegung. Jeder für sich in Gedanken versunken und so konzentriert, wie es uns der Kopf noch erlaubt.

»Das ist wie Leben oder Tod«, stoße ich irgendwann hervor.

Nach langer Pause erwidert Christian: »Ich wähle das Erste.«

O ja, das wähle ich ebenfalls, denke ich, während meine rechte Hand erneut nach dem feuchten Zweig einer Latsche tastet, um irgendwo Halt zu finden.

Ich hoffe nur, dass ich wirklich die Wahl habe.

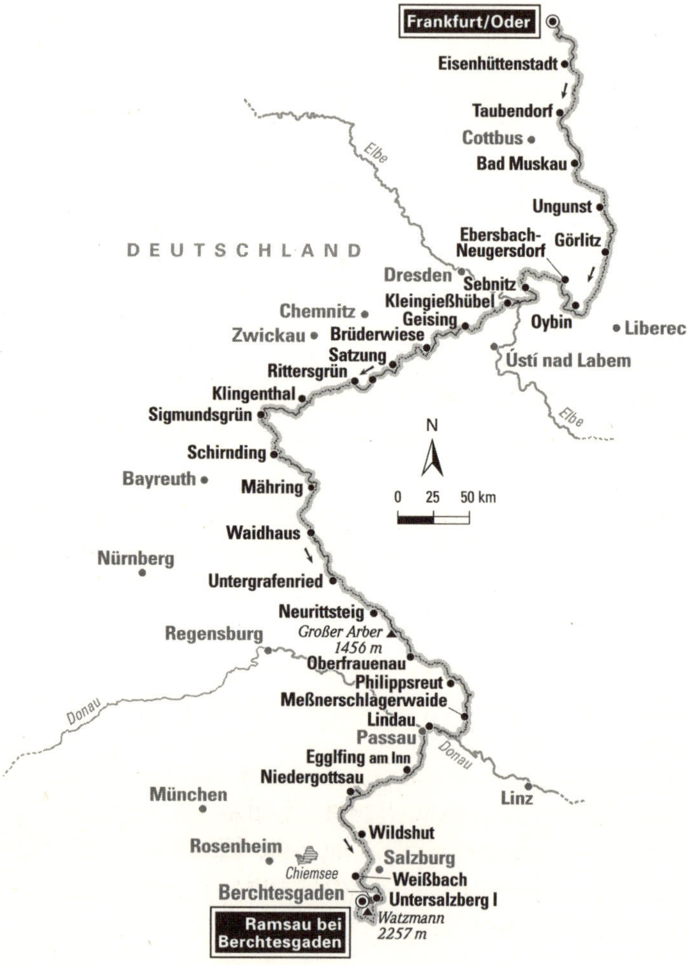
Frankfurt/Oder
Eisenhüttenstadt
Taubendorf
Cottbus
Bad Muskau
Ungunst
Ebersbach-Neugersdorf
Görlitz
Dresden
Sebnitz
Kleingießhübel
Oybin
Liberec
Chemnitz
Geising
Zwickau
Brüderwiese
Satzung
Ústí nad Labem
Rittersgrün
Klingenthal
Sigmundsgrün
Elbe
DEUTSCHLAND
N
0 25 50 km
Schirnding
Bayreuth
Mähring
Waidhaus
Nürnberg
Untergrafenried
Neurittsteig
Großer Arber 1456 m
Regensburg
Oberfrauenau
Philippsreut
Meßnerschlagerwaide
Donau
Lindau
Passau
Egglfing am Inn
Niedergottsau
Linz
München
Wildshut
Rosenheim
Salzburg
Chiemsee
Weißbach
Berchtesgaden
Untersalzberg I
Ramsau bei Berchtesgaden
Watzmann 2257 m

Teil 1

Der wilde Osten

Etappen 1 bis 30

Kilometer: 1282
Höhenmeter uphill: 28 623
Höhenmeter downhill: 27 676
Reine Laufzeit: 167:13 Stunden

Der erste Tag von vielen Tagen
Etappe 1

Fünf Wochen zuvor

Montag, 1. Mai:
Von Frankfurt (Oder) nach Eisenhüttenstadt

9:57 Uhr.

In ein paar Minuten ist es so weit, und ich will eigentlich gar nicht loslaufen.

Viel zu großartig ist das hier alles. An der imaginären Startlinie auf der Stadtbrücke stehen zahlreiche Zuschauer, der Oberbürgermeister, Radio Oderwelle und andere Medien. Und vor allem knapp 30 Laufbegeisterte, die mich an diesem ersten Tag begleiten wollen. Die meisten kannte ich vorher noch nicht, aber es sind auch einige mir liebe Menschen dabei, die extra zum Start angereist sind. Ein Freund ist gar überraschend aus Kenia eingeflogen, um mich auf die Strecke zu schicken, was mir alle verschwiegen haben und was mich sehr berührt. Wir haben uns so lange nicht gesehen, und nun soll ich schon wieder davonlaufen?

Aber zum Laufen bin ich da. Heute und die nächsten viereinhalb Monate lang wird es für mich nichts anderes geben.

Es herrscht allgemeine Aufbruchsstimmung. Noch einmal werden hier und da Hände geschüttelt und Umarmungen ausgetauscht, dann zählen wir gemeinsam von zehn runter.

Los geht's.

Nach ein paar Hundert Metern stoße ich gleich auf das erste Hindernis: Aufgrund des Stadtfests stehen uns zahlreiche Bierbänke im Weg. Der Tross findet aber auch ohne Navi hindurch, und ich lasse die Eindrücke der ersten Minuten auf mich wirken.

Ich bin zwar in Brandenburg aufgewachsen, war jedoch noch nie zuvor in Frankfurt (Oder) gewesen. Jetzt erkenne ich, was ich verpasst habe: Es ist ein lebhaftes Städtchen mit prachtvollen Altbauten und modernen Straßenzügen, zahlreichen Plätzen – und vor allem Brücken. Die friedlich dahinfließende Oder markiert die Grenze zu Polen. Auf der anderen Seite liegt die Stadt Słubice, und der Austausch zwischen Deutschland und Polen scheint hier sehr rege zu sein, zumindest lässt der starke Autoverkehr auf den Brücken darauf schließen.

Bei Kilometer 9 erwartet mich die erste Frühstücksstation in Gestalt meines Freundes Sven und unseres Autos. Meine Follower auf Instagram und TikTok kennen Sven als *@der_praktikant_von_joyce*, oder einfach »der Praktikant«. Diese liebevolle Bezeichnung hat er sich selbst gegeben, und seine Funktion wird für die nächsten Monate tatsächlich eine sehr vielfältige sein – ein Mädchen für alles und der Mann fürs Grobe zugleich, mein Helfer, meine Verpflegungsstelle, mein Taxi ins Hotel und zum Startpunkt, mein Logistiker, Manager und nicht zuletzt mein Seelentröster. Ohne ihn, das wusste ich von Beginn an, wäre ein Projekt dieser Dimension nicht möglich. Daher bin ich ihm unendlich dankbar, dass er mich begleitet. Ich zeige es ihm aber nicht jeden Tag, damit er nicht zu übermütig wird.

Nachdem er mich mit Energieriegeln und einem Isodrink versorgt hat, schickt er mich wieder auf die Strecke.

Kilometerlang geht es nun am Fluss entlang, für mich und alle, die nicht schon entschieden haben, dass ihr Laufpensum für heute erfüllt sei. Der Uferweg ist mitunter so wurzelig und überwachsen, dass man Trailschuhe gebrauchen könnte. Das GPS leitet uns mitten durchs Gebüsch, über Bahngleise, die wir mit mulmigem Gefühl queren, und in diverse Sackgassen. Immer wieder müssen wir uns einen eigenen Weg suchen, denn dort, wohin das Navi weist, stoßen wir auf undurchdringliches Grün, Zäune oder Wasser. Ich verspüre ein bisschen schlechtes Gewissen, erst recht den Einheimischen gegenüber, denn ich bin diejenige, die die Route geplant hat, und ich bin auch dafür verantwortlich, dass wir uns mehr als einmal im Dickicht verfranzen und mit Netzen gesicherte Geröllhänge erklimmen. Wir hätten wohl alle nicht damit gerechnet, dass bereits am ersten Tag so viele Höhenmeter zusammenkommen. Das tut der Stimmung in dem noch immer beeindruckend großen Pulk aber keinen Abbruch. Wir scherzen und lachen miteinander und sind uns einig darin, dass es irgendwie ein besonderes Gefühl ist, sich so direkt an einer Grenze entlangzubewegen.

Was wird mir alles bevorstehen?

Die Markierungen säumen das Ufer und wehren sich mal mehr, mal weniger erfolgreich dagegen, vom Gebüsch überwuchert zu werden. Schwarz-rot-gold sind die Plastikpfähle angemalt. Grenzsteine aller Art werde ich in den kommenden Wochen noch in allen möglichen Variationen zu sehen bekommen. Langsam wird mir klar, dass dieses Projekt nun wirklich begonnen hat, und beginne zu begreifen, welche Dimension es eigentlich aufweist.

Jeden Tag ein Marathon, und das 120-mal hintereinander. Am Ende werde ich über 5100 Kilometer in den Beinen und einmal Deutschland umrundet haben. Das Projekt verspricht ein Grenzlauf im doppelten Sinne zu werden: Ich werde so viel wie möglich direkt die Außengrenze unter die Füße nehmen und dabei auf die eine oder andere Weise meine eigenen Grenzen kennenlernen. Was wird mir alles bevorstehen? Wenn ich auf die Karte sehe, stelle ich fest, dass ich von den meisten Orten und Landschaften, die ich passieren werde, überhaupt nicht gehört habe. Obgleich sie in meinem Heimatland und damit gewissermaßen vor der Haustür liegen. Auch das ist etwas, das mich zu diesem Abenteuer inspiriert hat: Deutschland so kennenzulernen, wie man es sonst nie vermag.

Wir befinden uns auf dem Weg nach Eisenhüttenstadt, und das in einer herrlichen Landschaft. Schattige Kiefernwälder empfangen uns, und es zwitschert munter vor sich hin, als wäre hier nie etwas anderes gewesen als unberührte Natur. Dabei ist dieses Landschaftsschutzgebiet aus dem ehemaligen Braunkohletagebau hervorgegangen und muss Ende der 1980er-Jahre mehr als deprimierend ausgesehen haben. Heute ist es einfach nur ein Genuss, hier entlangzutraben, und eine willkommene Abwechslung nach der gleißenden Mittagshitze am Flussufer.

Irgendwo rechts neben uns liegt der Helenesee, ein Badesee mit Strand und sehr sauberem Wasser, der schon einmal zum schönsten See Brandenburgs gekürt wurde. Leider haben wir keine Zeit für einen Abstecher dorthin, denn bis zum Etappenziel sind es noch 16 Kilometer zu laufen.

Als könnte es nicht noch abwechslungsreicher werden, führt die Strecke erst auf einen Damm, dann säumen leuchtende Rapsfelder den Weg. Zahllose Bienenkästen werden von ihren summenden Bewohnern umkreist. Rapshonig wäre sicherlich keine schlechte Läufernahrung, zumal ich schon jetzt darauf achten möchte, so viel Kalorien wie möglich zu mir zu nehmen.

Da ich wohl kaum eine Wabe aus einem der Kästen nehmen kann, widme ich mich lieber der Aussicht auf den nächsten Verpflegungspunkt, der etwa fünf Kilometer entfernt ist. Inzwischen sind wir nur noch zu fünft, eine kleine Runde, die hoch motiviert, die letzten Kilometer dieses Marathons vollzumachen.

Auch die Grenzpfähle zeigen eine Art Countdown. Eben war es noch Grenzpfahl 473, jetzt 471. Wenn wir noch alle runterzählen müssen, wird das ein langer Tag.

Auf der endlosen Gerade in Richtung Ziel stoßen zwei weitere Läufer zu uns. Wie schön, dass wir den letzten Teil der Strecke gemeinsam in Angriff nehmen können, obwohl es inzwischen in der

Gruppe verdächtig still geworden ist. Ab Kilometer 30 schlägt im Marathon üblicherweise der »Mann mit dem Hammer« zu, und einige, die von Anfang an dabei sind, bekommen ihn sicherlich gerade zu spüren. Mir selbst geht es, wie man so schön sagt, den Umständen entsprechend gut. Klar, es ist heiß, die Oberschenkel schmerzen, und ich habe Durst. Aber es ist alles im Plan. Bewusst halte ich ein Tempo, das weit unter dem liegt, mit dem ich normalerweise 42,2 Kilometer absolvieren würde. Überzöge ich bereits am ersten Tag, könnte das ein sehr frühes Aus meiner Deutschlandumrundung bedeuten, und das Risiko will ich definitiv nicht eingehen. Es gilt, jeden Tag so entspannt wie möglich durchzulaufen und mit dem Gefühl anzukommen, dass es eigentlich noch einmal genauso lange weitergehen dürfte.

Das gelingt mir heute recht gut.

Zwei Bonuskilometer

Die letzten Kilometer über das Kopfsteinpflaster von Eisenhüttenstadt reißen wir easy ab, und die Stimmung unter den Damen und Herren in meiner Begleitung hebt sich wieder. Klar, die letzte Verpflegungsstation mit den Köstlichkeiten, die der Praktikant bereitstellt, wartet auf uns. Und der Zielschuss.

Leider zu früh gefreut. Wir stellen fest, dass wir uns durch die falsche Navigation und unsere eigenen Wegfindungskünste keine Umwege, sondern sogar eine Abkürzung eingefangen haben. So stehen am Zielpunkt erst 40 Kilometer auf der Uhr.

Es hilft nichts, wir müssen weiter. Wieder aus der Stadt raus, geht es noch einmal als Bonus für einen 15-minütigen Rundkurs auf den in der Hitze gleißenden Asphaltweg durch die Wiesen.

Schließlich sind sich unsere Laufuhren aber doch einig, dass die Marathondistanz voll ist. Jubel, Erleichterung, Händeabklatschen. Feierabend.

Der erste Tag von vielen Tagen ist geschafft. Es war der schönste Auftakt, den ich mir hätte denken können, vor allem, weil so viele dabei waren, mit denen ich dieses Erlebnis teilen konnte: zwei Freunde und mehrere mir zuvor fremde Menschen als Laufbegleitung und mein Freund aus Kenia als Praktikant 2.0 im Auto. Ich bin gespannt, wie es morgen weitergeht und ob überhaupt irgendwer am Start ist. Das wäre zweifellos der Beginn einer neuen Herausforderung, denn so schön es ist, alleine zu laufen, so hilfreich ist es, wenn man sich unter freundlichen Mitläufern gegenseitig motivieren kann.

Aber egal, das wird alles erst in ungefähr 17 Stunden relevant sein. Momentan zählt nur, dass der Auftakt mir Mut gemacht hat. Trotz kleinerer Schwierigkeiten hat alles funktioniert, und irgendwie bestätigt mich das etwas in der Hoffnung, dass das, was ich hier vorhabe, überhaupt möglich ist.

Jetzt erst recht

»Das ist unmöglich.«

Wie oft habe ich diesen Satz bereits zu hören bekommen?

Es begann in meiner Jugend. Aufgewachsen in einem kleinen Dorf in Brandenburg, erwachte schon in jungen Jahren der Wunsch nach Unabhängigkeit in mir. Bereits als Kind hatte ich »Chefrin« werden wollen, weil ich das Wort »Chefin« zur bis heute andauernden Belustigung meiner Mutter und Großmutter nicht aussprechen konnte. Sich von anderen etwas vorschreiben zu lassen hatte mir nie gefallen. Noch weniger wollte ich mich damit abfinden, dass ich weniger zählen sollte, nur weil ich ein Mädchen war. Insbesondere mein Großvater war im Grunde seines Herzens enttäuscht davon, dass aus mir kein Junge geworden war.

Aus seiner Sicht konnte ich es nachvollziehen: Er hatte noch zu DDR-Zeiten eine florierende Autowerkstatt aufgebaut und sich dadurch im Dorf einen Namen gemacht. Wenn man mit Autos zu tun hatte, zählte man in diesen Zeiten etwas. Nach der Wende wurde der Betrieb zu einem großen Autohaus, und zahlreiche Familienmitglieder stiegen in das Business mit ein. Dass einmal die Enkelkinder den Betrieb fortführen würden, stand eigentlich klar in den Geschichtsbüchern geschrieben. Ich wäre eine sehr gute Besetzung gewesen. Das Problem war nur: Einem Mädchen traute mein Großvater das nicht zu. Davon abgesehen hatte ich nicht das geringste Interesse daran, das Autohaus zu übernehmen. Ich wollte raus aus dieser Enge des Dorfes, mir etwas ganz Eigenes aufbauen. Ich träumte von einer großen, richtig krassen Karriere. Sollten sie hier doch mit ihren Kleinwagen handeln. Eines Tages würde ich mit dem Porsche vorfahren und es allen zeigen.

»Das schaffst du ohnehin nicht«, hörte ich dann von meinem Großvater. »Vielleicht erbst du das hier alles einmal, aber ansonsten wird aus dir sicherlich nicht viel werden.«

Das werden wir noch sehen, dachte ich mir. Jetzt erst recht.

Weg von hier

Noch hatte ich aber mit ganz anderen Problemen zu kämpfen. Meine beginnende Pubertät und die Scheidung meiner strengen Eltern machten die Situation für alle nicht einfacher, und ich führte mich sicherlich nicht wie ein Musterkind auf. Erst wohnte ich bei meiner Mutter, bis sie mich rauswarf. Dann war ich bei meinem Vater, bis der dasselbe tat. Also wieder zurück zur Mutter.

Eine absolute Notwendigkeit stand mir vor Augen: Ich musste ausziehen. Und weg von hier. Weit weg.

Also schmiss ich die Schule. Kaum dass die zehnte Klasse absolviert war, verließ ich mein Dorf und bewarb mich um eine kaufmännische Ausbildung. Allerdings nicht in Potsdam oder Berlin, sondern in Düsseldorf, 500 Kilometer weit weg.

Nun hatte ich endlich eine eigene Wohnung und verdiente mein eigenes Geld. Das fühlte sich wunderbar unabhängig an und bestätigte mich darin, dass es der richtige Weg gewesen war. Die Ausbildung schloss ich ab und hängte noch ein Studium an, das mich zur staatlich geprüften Betriebswirtin mit Fachrichtung Marketing machte. Ich hegte die Hoffnung, dass mir die Welt ein Stück offenstehen würde, doch die Ernüchterung kam schnell. Der Job, den ich damit bekam, war eine Assistenzstelle, mit der ich nicht sonderlich glücklich war. Ich begann zu kellnern, was mir sehr gut gefiel, und spielte sogar mit dem Gedanken, ein eigenes Café zu eröffnen. Meine Mutter erinnerte mich jedoch daran, dass es noch andere Optionen gab, und schlug mir vor, nach Berlin zurückzukehren und in der Immobilienbranche zu arbeiten, in der sie gut vernetzt war. Ich beschloss, dass es nicht schaden könne, es durch ein dreimonatiges Praktikum auszuprobieren. Zu meiner eigenen Überraschung lief es recht gut. Mein Arbeitgeber wollte mich halten und gab mir die Möglichkeit, nebenberuflich weiter zu studieren, sodass ich schließlich zur Immobilienökonomin wurde. Nach einigen weiteren Stationen landete ich bei einem Wohnungsbauträger als »technische Erwerbermanagerin«. Hinter dieser etwas kryptischen Bezeichnung verbirgt sich ein Bindeglied zwischen Bauträger, Kunden und Projektentwickler.

War das die große Karriere, von der ich immer geträumt hatte? Die, die mir einen Porsche verschaffen würde? Sicher nicht.

Das Bild, das ich einige Jahre zuvor vor Augen gehabt hatte – Joyce hupt im Cabrio vor dem Eingang des Autohauses –, ließ sich allerdings ohnehin nicht mehr verwirklichen. Denn das Autohaus war inzwischen insolvent gegangen.

Dies hatte meinen Großvater schwer getroffen, es war so etwas wie sein Lebenswerk gewesen. Und ich reihte mich aus seiner Sicht vermutlich endgültig ein in die Reihe derer, denen er nicht sonderlich viel zugetraut hatte.

Jahre später, als er bereits pensioniert war, überraschte er mich dann aber mit einer von Herzen kommenden Entschuldigung. Er habe erkannt, dass noch andere Dinge im Leben zählten als die Karriere. Was er damals gesagt habe, tue ihm leid. Er habe verstanden, dass die vorgezeichneten Wege nichts für mich seien und dass ich meinen eigenen gehen würde. Und er sei überzeugt, dass ich eines Tages meine Bestimmung finden würde.

Die Worte meines Großvaters bedeuteten mir viel. Und wir beide ahnten nicht, dass ich diese Bestimmung bereits gefunden hatte. Ich hatte es nur noch nicht verstanden. Denn sie war schon immer ein Teil meines Lebens gewesen: der Sport.

Alles außer laufen

Wenn ich etwas tue, kann ich mich ziemlich gut hineinsteigern. Und das gilt auch für den Sport. Schon als Kind hatte ich sieben Jahre lang im Verein getanzt und unter anderem an Vorführungen in Opas Autohaus teilgenommen. Ich fand mich ziemlich engagiert. Irgendwann wurde ich aber zu groß für die Kinder-Showdance-Gruppe und versuchte mich an Leichtathletik, was – wie ich schnell feststellte – einfach nur langweilig war. Also probierte ich so ziemlich alles andere aus: Volleyball, Handball, Reiten. Dann rutschte ich in die Boxszene. Dazu muss man wissen, dass der Boxsport in meiner Familie seit jeher von Bedeutung ist: Mein Vater und mein Onkel hatten beide im gleichen Verein wie Henry Maske geboxt, und dieser Ruhm strahlte auf die gesamte Familie aus. Deswegen hatten sich auch mein Bruder Roy, meine Cousine und mein Cousin diesem Sport gewidmet, und in jedem Haus unseres Familienverbands hingen Boxhandschuhe an der Wand.

Boxen sagte mir zu, und darin verbiss ich mich richtig. Das allerdings so sehr, dass ich bald wieder damit aufhören musste. Denn ich hatte die Angewohnheit, so stark auf den Sandsack einzudreschen, dass ich den Stift in der Schule nicht mehr festhalten konnte.

Das nebenberufliche Kellnern in Düsseldorf habe ich als Sport definiert – körperlich anstrengend war es allemal. Als ich dann allerdings nur noch im Büro saß, spürte ich, dass ich wieder einen wirklich sportlichen Ausgleich brauchte. Was lag da näher als das Fitnessstudio? Es war die bequemste Art, sich nach getaner Arbeit noch ohne großen Aufwand auszupowern. Für mich bedeutete es natürlich von Tag eins an eine exzessive Nutzung. Ich fand mich sechsmal die Woche an den Geräten wieder. Wenn ich dann so den Rhein entlang nach Hause schlenderte, schlich sich aber eine andere Erkenntnis ein: Noch einfacher, als ständig ins Fitnessstudio zu spazieren, wäre es doch, die Laufschuhe zu schnüren, aus der Haustür zu treten – und los.

Also begann ich zu laufen. Und überraschenderweise gefiel es mir. Das, was mich beim Boxen stets gestört hatte, war das Aufwärmen gewesen: fünf Kilometer um ein kleines Waldstück zu rennen. Ich hasste es und fand es einfach nur öde. Also kürzte ich regelmäßig mitten durchs Unterholz ab, und die anderen wunderten sich jedes Mal, wie schnell ich die Strecke wieder runtergerissen hatte. Mein Trainer wunderte sich sogar so sehr, dass er sich irgendwann ins Auto setzte und uns verfolgte. Ich wurde erwischt und hatte fortan beschämt unter regelmäßiger Kontrolle die vollen fünf Kilometer durchzuziehen, koste es, was es wolle.

Nun also, mit Mitte 20, begann ich erstmals in meinem Leben, mit Freude zu laufen, aber Ambitionen entwickelte ich dabei nicht wirklich. Im Gegenteil. Veranstaltungen interessierten mich nicht. Und wenn ein Kollege, der Marathon lief, am Morgen nach dem Wettkampf humpelnd ins Büro kam, dachte ich nur verächtlich: Wie verrückt muss man sein, das zu tun?

Ich sollte es bald erfahren.

Der Umzug nach Berlin bedeutete einen erneuten Umbruch. Ich kam nicht so richtig wieder ins Laufen und ahnte, dass ich noch ewig so vor mich hin trotten würde, wenn ich mir nicht einen Anlass gab, mehr zu tun. Also meldete ich mich spontan für den 2016er Halbmarathon in Berlin an.

Es wurde der Lauf, der alles änderte.

Immer wieder lese und höre ich davon, wie sehr sich das Laufen im Training und das im Wettbewerb unterscheiden. Eigentlich ist es für mich das Gleiche. Aber dann auch wieder nicht. Denn sonst joggte ich alleine durch die Parks. Nun befand ich mich inmitten Tausender Menschen, die mindestens so verrückt waren wie ich. Die sich gegenseitig pushten, motivierten, anfeuerten. Am Tag des Wettkampfs sorgt bereits das Adrenalin dafür, dass man weitaus schneller läuft als auf seiner Trainingsrunde. Manchmal gar zu schnell, sodass die Gefahr besteht, zu überziehen, also so viel zu schnell zu laufen, dass man sich damit selbst zu schnell erschöpft, was zum kompletten Einbrechen führen kann. Ich war Teil einer Bewegung geworden, die ich nicht gekannt hatte, und das war erhebend und aufregend. Ein ganz neues Erlebnis, so unter Gleichgesinnten zu laufen, mit dem sicheren Gefühl, dass es nichts anderes gab, das wichtiger war als das, was wir hier gerade taten.

Mit Überschreiten der Ziellinie hatte ich etwas geschafft, das ich nie für möglich gehalten hatte – 21,1 Kilometer am Stück. Und fühlte mich erschöpft, aber großartig. So großartig, dass ich noch lange von diesem Ereignis zehrte und mich immer wieder bei Wettbewerben anmeldete.

Zugleich fragte ich mich, ob ich noch mehr erreichen konnte, als Halbmarathons zu finishen. Was wäre die nächste Eskalationsstufe? Vielleicht ein Marathon? Daran dachte ich aber noch gar nicht. Es erschien mir immer noch viel zu weit weg.

»Das werde ich niemals tun«, versicherte ich Sven.

»Natürlich nicht«, erwiderte er und grinste dabei irgendwie wissend in sich hinein.

Für mich stand nach den nächsten Halbmarathons und 10-Kilometer-Läufen aber fest, dass ich etwas anderes ausprobieren wollte: 100 Kilometer beim Mammutmarsch 2018. Ja, der war lang, aber ich musste ihn schließlich nicht rennen, sondern nur wandern. Das würde schon zu machen sein. Und was der Körper nicht bereit war zu leisten, würde der Kopf wettmachen.

Leider gab es niemanden in meinem läuferischen Umfeld, der das genauso sah. Also meldete ich mich ganz alleine an. Und da Berlin und München ausgebucht waren und es nur noch freie Plätze in Wuppertal gab, trat ich eben dort an.

Die Teilnehmer trafen immer wieder auf der Strecke zusammen. Viele Menschen erzählten mir ihre Geschichten. Und nicht alle waren Novizen wie ich. Also kam schnell das Thema Marathon auf. So viele Menschen versicherten mir, dass ich das unbedingt machen sollte, und ließen keinen Zweifel daran, dass ich es schaffen würde. Das klang alles so logisch und richtig, dass ich noch vor der Ziellinie den Entschluss gefasst hatte, nun doch bei einem Marathon zu starten.

Als ich es nach dem Finish Sven am Telefon berichtete, lachte er: »Ja, das habe ich mir schon gedacht.«

Den ersten Marathon lief ich dann noch im gleichen Jahr. Und zwar heimlich. Es war ein kleiner Wettbewerb im Grunewald, und niemand sollte es mitbekommen, daher hatte ich außer Sven auch niemanden eingeweiht. Denn was, wenn ich mich völlig übernommen hatte? Wenn ich das nicht schaffte? Alle würden es wissen. Wie unangenehm. Wie. Unfassbar. Peinlich.

Ich schaffte es mit Ach und Krach. Es war alles andere als ein Vergnügen gewesen, sondern ein Kampf, gegen den mir der Mammutmarsch wie ein fröhlicher Betriebsausflug erschien. Aber ich hatte gefinisht und war die nächsten fünf Tage lang, in denen die Beine hart wie Eisen waren und ich zur allgemeinen Erheiterung vom Schreibtisch zur Teeküche humpeln musste, der glücklichste Mensch der Welt.

Mein Umfeld erkannte langsam, dass da etwas in mir vorging, das in dieser Größenordnung niemand erwartet hatte. Und selbst mein Großvater überraschte mich damit, dass er verkündete, er habe alle möglichen Apps heruntergeladen, um meine Läufe live tracken zu können (er formulierte es etwas altmodischer). Das berührte mich.

Ich war nun komplett drin in der Laufbubble: Ein Marathon folgte dem nächsten, Trailwettbewerbe wie der Zugspitz Ultratrail kamen hinzu. Ohne dass ich es so wirklich geplant hatte, war aus mir eine Langstreckenläuferin geworden. Und das hatte mich verändert. Inzwischen konnte ich mir kaum vorstellen, dass mir noch vor wenigen Jahren sechsmal die Woche Fitnessstudio gereicht hatte. Das Laufen in der Natur wollte ich nie mehr missen. Und da ich mich so gern draußen bewegte, begann ich als Ausgleich zum Laufen noch mit dem Rennradfahren und paddelte mit meinem Vater zusammen auf SUPs über die Seen.

Das Laufen wurde in meinem Kopf jeden Tag präsenter, und je mehr Menschen ich kennenlernte, je mehr Geschichten sie mir erzählten, desto faszinierter war ich davon, was alles möglich war: Es gab Menschen, die liefen 100 Meilen am Stück. Es gab welche, die zehn Marathons in zehn Tagen runterrissen. Oder 600 Kilometer nonstop durch die Wüste rannten.

Nur so eine Idee

Über dies alles sprachen wir an einem warmen Abend im Juni 2022 gemeinsam mit Freunden in Potsdam.

In einem Sportgeschäft hatte ein Schuhtesting stattgefunden. Und mit einigen der Läuferfreunde gingen Sven und ich anschließend noch in den Biergarten. Einige Wochen zuvor hatte ich Jonas Deichmann live erlebt, und ich berichtete den anderen, wie begeistert ich von seinem Vortrag gewesen war. Und wie beeindruckt davon, dass er es tatsächlich geschafft hatte, einen Triathlon um die ganze Welt zu machen.

Nun muss man wissen, dass Sven zu jeder erdenklichen Situation einen passenden Spruch auf den Lippen hat. Irgendwer wirft ihm einen Brocken hin, und er zaubert daraus entweder einen blöden Witz oder eine gute Idee – oder beides. Also erwiderte er: »Dann lauf doch einmal um Deutschland herum. Hat noch keiner gemacht.«

Das sorgte für allgemeine Erheiterung in der Runde. Spaßeshalber googelten wir, wie lang die deutsche Grenze eigentlich ist, und kamen zu der Erkenntnis, dass sie um die 3900 Kilometer misst.

Damit war das Thema dann auch schon wieder erledigt, und wir verbrachten noch einen lustigen Abend mit anderen Themen.

Vielleicht hatte Sven bemerkt, dass ich irgendwann etwas ruhiger wurde. Vermutlich dachte er, dass ich einfach nur müde sei.

Als wir jedoch wieder im Auto auf dem Nachhauseweg waren, begann ich wie beiläufig: »3900 Kilometer ... das kann man doch laufen. Ich meine, mal ehrlich. In einem Jahr kann man das schaffen, oder?«

Er war nicht überrascht. Er musste den Blick nicht mal von der Straße wenden.

»Das war mir so klar«, gab er nur zurück und lächelte feinsinnig.

Kein »Das schaffst du nicht«. Kein »Das ist unmöglich«.

Das macht ihn aus, und auch deswegen ist er einer der Menschen, die ich am meisten wertschätze. Sven hatte bereits in diesem Moment keine Zweifel daran, dass ich die Entscheidung getroffen hatte, das durchzuziehen. Und ich hatte keine Zweifel daran, dass es genau das war, was ich gesucht hatte.

Am nächsten Tag machten wir uns an die Planung eines Projekts, das der Lauf meines Lebens werden würde.

Die ganze Grenze

Zuallererst musste ich mich noch einmal als Grenzvermesserin betätigen. Deutschland, stellte ich fest, hat mit neun Ländern gemeinsame Außengrenzen: Polen, Tschechien, Österreich, Schweiz, Frankreich, Luxemburg, Belgien, Niederlande und Dänemark. Die 3900 Kilometer kamen ungefähr hin. Etwas überraschend für mich war dabei, dass unsere Bundesrepublik die längsten Abschnitte mit Tschechien und Österreich teilt. Denn die Rechtskurve, die man von Norden kommend unterhalb Zittaus einschlagen muss, geleitet einen über einen gewaltigen Umweg erst nach Westen und dann wieder nach Südosten. Das summiert sich auf über 800 Kilometer. Und die gemeinsame Grenze mit Österreich zieht sich ebenfalls deutlich weiter in die Länge, als ich angenommen hatte – es würden abermals mehr als 800 Kilometer werden, um diese Passage vollständig hinter sich zu bringen. Bei Dänemark begnügt sich die Grenze dagegen mit bescheidenen 68 Kilometern. Das würde man gewissermaßen im Vorbeilaufen erledigen.

So weit die Theorie.

Denn in Wirklichkeit würde ich mich nicht immer direkt auf dem Grenzstreifen bewegen können. Als ich mich an die Feinplanung der ersten Etappen machte, begriff ich, dass die Kilometeruhr schneller heiß lief, als ich gedacht hatte. Der Sommer 2022 wurde zu einer intensiven Auseinandersetzung mit dem Planungsprogramm auf meinem Rechner. Jeden Tag machte ich mich am Feierabend daran, die laufbaren Wege auf oder nahe der Grenze herauszusuchen und mich so vom auserwählten Startpunkt Frankfurt (Oder) Richtung Süden und später weiter wieder Richtung Norden vorzutasten. Warum Frankfurt (Oder)? Ich kannte die Stadt nicht. Aber sie war nicht weit von Berlin entfernt und lag direkt an der Grenze. Also Haken dran.

Nach ein paar Wochen prangte die ganze Strecke als blaue Linie auf dem Bildschirm des Laptops: Es waren in der ersten, noch imperfekten Fassung bereits 4800 Kilometer geworden. Nach dem Finetuning ergaben sich schließlich ungefähr 5100 Kilometer.

Das war eine Zahl, die auf eine fatalistische Weise gut klang. Irgendwie war es schon egal, dass es noch mal 1200 Kilometer mehr waren, als das Statistische Bundesamt beteuert. Ich wäre es auch angegangen, hätte ich 7000 Kilometer errechnet.

Klar war nur, dass ich mir dafür keinesfalls ein Jahr Zeit lassen konnte, wie ich es anfänglich erwogen hatte. Im Gegenteil, ich würde so schnell wie möglich unterwegs sein müssen, schon allein deshalb, weil ich einen festen Job hatte und nicht ewig würde weg sein können.

Da ich die Marathondistanz inzwischen ziemlich verinnerlicht hatte, hielt ich sie für eine gute Idee – als Tagesetappe. Mein Taschenrechner sagte mir, dass sich die Gesamtdistanz auf ziemlich genau 120 Marathons aufteilen ließ, wobei das für die einzelnen Routen jeweils ein paar Kilometer mehr als die klassischen 42,2 Kilometer bedeutete. Das klang schon mal hervorragend.

Die Distanzen waren vergleichbar, die Zeiten, in denen ich die jeweilige Tagesetappe absolvierte, würden sich allerdings deutlich voneinander unterscheiden. Es würde lange flache Etappen geben und, vor allem in den Alpen, extrem steile und technisch anspruchsvolle Passagen. Während ich also am Ufer eines Flusses in fünf oder sechs Stunden ins Ziel gelangen könnte, würden es im Gebirge vielleicht zehn Stunden werden. Die Höhenmeter, die man unter die Füße nehmen musste, um unsere mitteleuropäische Heimat zu umrunden, waren nicht zu unterschätzen. Sie summierten sich bereits in der Theorie auf stolze 57 000.

Es war inzwischen September, und Sven und ich beschlossen, das Ganze im Mai 2023 starten zu lassen. Dann würde sich das Unterfangen über den Sommer ziehen, was Fluch und Segen zugleich wäre. Für die Gebirgsetappen war es essenziell, denn es würde auf über 2000 Metern durch die Alpen gehen, und diese Wege waren im Winter sicherlich ohnehin nicht begehbar. Der Vorteil war also, dass ich mir um Schneefall und Kälte nicht sonderlich viel Sorgen machen musste und Stunden, Tage und Wochen bei strahlendem Sonnenschein würde verbringen können. Der Nachteil war, dass ich Stunden, Tage und Wochen bei strahlendem ... Nun ja, es würde definitiv eine Hitzeschlacht werden, erst recht auf den späten Etappen im Westen und im Norden.

Denn wir wollten das Ganze im Uhrzeigersinn angehen, oder etwas philosophischer gesagt: der Sonne nach. Im Osten geht die Sonne auf, im Süden nimmt sie ihren Lauf ... Das klang für die Deutschlandumrundung nach einer einleuchtenden Wegführung und hatte zudem den Vorteil, dass ich bereits nach ca. 27 Marathons ins für mich herausfordernde Gebirge gelangen würde. So wäre ich noch relativ frisch und würde die Alpenetappen hoffentlich souverän hinter mich bringen. Berge waren meine Achillesferse. Als Stadtläuferin, die jahrelang hauptsächlich auf Asphalt gerannt war, hielt sich meine Trailerfahrung in Grenzen und erschöpfte sich in gelegentlichen Ausflügen in den Wald sowie ein paar Trailwettbewerben, und ja, irgendwie auch in den brüchigen Gehsteigen Berlins, die ihre eigene technische Herausforderung darstellten. Ernsthafte Trails hatte ich lediglich im Sommer beim Zugspitz Ultratrail kennengelernt. Auf der Distanz, die liebevoll Basetrail XL genannt wurde, waren wir über teils abenteuerliche Pfade mit 1650 Höhenmetern kreuz und quer durch das Wettersteingebirge geführt worden. Ich hatte glücklich gefinisht und dabei meine Liebe zu den Bergen entdeckt. Großen Respekt vor dem unberechenbaren Terrain, das mich bei meinem jetzigen Vorhaben erwartete, hatte ich trotzdem.

Im Anschluss an die Alpen würde es etwas entspannter werden: lange flache Passagen am Bodensee und am Hoch- und Oberrhein in Richtung meiner alten Wahlheimat, des Rheinlands, bis es irgendwann an die Küste ginge.

Wenn ich da erst mal wäre.

Ich konnte es kaum erwarten, endlich loszulegen. In dieser Phase war es nervenaufreibend, mit anderen Läufern über mein

Vorhaben zu sprechen. Anders als sonst waren die Gespräche mit Gleichgesinnten nicht gerade motivierend. »Das ist Wahnsinn«, sagten die meisten. Und einige holten wieder den Spruch heraus, den ich am liebsten mochte: »Vergiss das, Joyce. Das ist unmöglich.« Leider war mein Großvater inzwischen verstorben und hatte nichts mehr von meinem Vorhaben erfahren. Ich bin mir sicher, er hätte sich den Zweiflern nicht mehr angeschlossen. Ich weiß, er wäre stolz auf mich gewesen.

Andere redeten mir aber unablässig ins Gewissen. Insbesondere die erfahrenen Ultraläufer appellierten mit Engelszungen an mich, von diesem Projekt Abstand zu nehmen. Es wäre ohnehin nicht zu schaffen, und ich würde meine Gesundheit ruinieren, mich womöglich sogar in Lebensgefahr bringen.

Die, die mich kannten, wussten, wie ich auf solche gut gemeinten Warnungen und Ratschläge reagierte. Und die, die mich nicht kannten, ahnten nicht, dass sie mich mit ihren Horrorszenarios noch mehr anstachelten.

Jetzt erst recht!

Zugegeben, ich würde das nicht mit einer Marathon-Pace von 3:58-Minuten pro Kilometer durchziehen können. Solche Distanzen back-to-back zu schaffen bedeutete, dass ich sowohl möglichst langsam und entspannt laufen als auch regelmäßig Ruhetage einplanen musste. Einer pro Woche erschien mir eine sinnvolle Anzahl für die Planung. Würde es nach einzelnen Etappen notwendig werden, früher eine Pause einzulegen, wären wir flexibel.

Wir, das waren natürlich Sven und ich. Denn so wie ihm bewusst war, dass an meiner Entscheidung nicht mehr zu rütteln war, so stand für ihn fest, dass er mich begleiten würde. Die meiste Zeit würde ich in der freien Natur, abseits von Siedlungen unterwegs sein, wo es nicht einmal Tankstellen gäbe, an denen ich mich verpflegen könnte. Svens Aufgabe würde es also sein, alle paar Kilometer einen Verpflegungspunkt aus der Heckklappe des Autos aufzubauen, mich nach Erreichen des Zielpunkts aufzulesen und ins

Hotel oder eine andere Unterkunft zu fahren. Nicht überall stand nach 43 Kilometern ein Motel One am Wegesrand. Daher fiel Sven die gesamte Planung der Logistik unserer Übernachtungen zu, eine nervenaufreibende Aufgabe, an die er mich noch viele Male erinnern würde. Während ich laufen durfte, würde es für ihn eine gewaltige Fahrerei werden, um unsere mobile Zentrale von einem Punkt zum nächsten, von einer Etappe zur folgenden zu bewegen. Sven nahm diese Berufung mit souveräner Begeisterung an. Er würde all das tun, was es außer Laufen noch zu tun gab. Und mich vermutlich auch als Pace Car von der Strecke schubsen, wenn ich am Nachmittag zu langsam würde.

Wenn wir das Ganze in 140 Tagen brutto schaffen wollten, hieß das für uns, wir mussten mit unseren Arbeitgebern sprechen. Sven, der als E-Commerce-Manager arbeitet, konnte recht leicht einen Deal mit seinem Unternehmen aushandeln. Und ich freute mich schon auf den Tag im September 2022, als ich voller Tatendrang ins Büro meines Chefs marschierte und verkündete: »Ich habe eine Entscheidung getroffen. Also, wie machen wir's?«

Ich war mir ziemlich sicher, dass es nicht problematisch werden würde, eine Auszeit von ein paar Monaten zu bekommen. Denn ich hatte von Kollegen gehört, dass es ein Sabbatical-Programm in der Firma gab. Durch geplantes Vorarbeiten ab sofort konnte man sich eine Freistellung für mehrere Monate verdienen, während der noch die Hälfte des Gehalts floss, und dazu war ich zweifellos bereit.

Umso ratloser wurde ich, als ich in das ebenfalls ratlose Gesicht meines Vorgesetzten blickte, nachdem er sich meine wahnwitzige Geschichte angehört hatte.

»Das ist ja schön und gut, Frau Hübner«, begann er. »Aber wie stellen Sie sich das vor?«

»Na ja«, begann ich, »ich dachte, das Sabbatical ...«

»Da sind Sie, glaube ich, nicht auf dem neuesten Stand«, fiel er mir etwas mitleidig ins Wort. »Das Programm ist leider schon lange ausgelaufen.«

»Oh«, sagte ich. Nun hatten wir doch ein Problem. Aber was war mein Credo noch mal? Ach ja: Jetzt erst recht.

Also bestand ich darauf, dass wir weiterredeten.

Und das taten wir auch. Wir redeten. Und überlegten. Und redeten noch einmal. Und irgendwann gab es die Lösung, mit der beide Seiten leben konnten: Ich beantragte unbezahlten Urlaub für die Zeit meines Projekts.

Als der genehmigt war, fiel eine gewaltige Hürde weg. Eine andere wurde allerdings dadurch direkt vor unserer Nase aufgestellt – denn finanziell war das ganze Projekt nun noch prekärer, als es sich ohnehin schon gestaltet hatte.

Das nötige Kleingeld

Ich war weder Profisportlerin, noch verfügte ich sonst über unbegrenzte Ressourcen, mal eben die Münzen für 140 Hotelübernachtungen aus dem Sparschwein zu schütteln. Und ich war zwar stur und aus der Sicht einiger Leute ziemlich verrückt, aber sich während der Deutschlandumrundung im Schlafsack in den Wald zu legen und von Beeren und Käfern zu ernähren wäre sicherlich etwas für Rüdiger Nehberg gewesen, jedoch nicht für mich. So etwas überließ ich denen, die sich damit auskannten. So hart war ich nicht.

Also machten wir uns noch intensiver als zuvor auf die Suche nach Sponsoren – was vor allem zu einer Menge Frustration führte. Die Idee, das Budget mit Unterstützung der Branche aufzubessern, erschien rasch aussichtsloser als das Projekt selbst. Als Außenstehender denkt man, Unternehmen aus der Sportbranche würden sich für ungewöhnliche Abenteuer mehr interessieren. In Wahrheit sitzt das Geld dort alles andere als locker, und wenn es überhaupt eine Antwort gibt, handelt es sich entweder um eine Absage oder das Versprechen eines Sonderrabatts auf die Kollektion von letztem Jahr.

So war ich heilfroh über die Zusage einiger Hersteller, mir Laufschuhe und anderes Equipment kostenfrei zur Verfügung zu stellen. Da ich plante, mindestens zwölf Paar Schuhe mitzunehmen, die ich täglich im Wechsel trüge, sodass sich die Füße gar nicht erst an irgendwelche Fehlstellungen gewöhnen könnten, war das finanziell durchaus eine große Hilfe.

Den Rest allerdings, wurde uns spätestens Anfang des Jahres 2023 klar, würden wir tatsächlich von unserem Ersparten aufbringen müssen, auch wenn das bedeutete, dass wir mehr als genau auf die Kosten blicken müssten.

Aber wir waren so weit gekommen, dass wir auch dazu bereit waren.

Zwischendurch hatte sich die Hoffnung auf einen Autosponsor zerschlagen. Zwar hatten wir schon fast die Zusage eines Herstellers, der uns mit Begeisterung unterstützen und uns einen Wagen zur Verfügung stellen wollte. Dann jedoch kam der Anruf, dass es aufgrund der seit Corona anhaltenden Schwierigkeiten in der Branche einfach kein Fahrzeug gebe, das sie entbehren könnten. Wenn jetzt noch das Autohaus der Familie da gewesen wäre!

So blieb uns nur unser 25 Jahre alter Golf. Er hatte schon 200 000 Kilometer auf dem Tacho und sollte nun noch einmal ganz um Deutschland herumfahren. Wir waren skeptisch, ob er das durchhalten würde. Aber es blieb uns nichts anderes übrig, als auf das Beste zu hoffen.

Der Vorteil war, dass wir die Karre und ihre Macken kannten. Wir müssten nur die Rückbank ausbauen, um das gesamte Gepäck unterzukriegen, dann wäre alles bereit.

Bereit fühlte ich mich auch in sportlicher Hinsicht.

Trainiert man für lange Läufe, sollte man im Alltag vor allem eines tun: viel laufen. Allerdings nicht so viel, dass man sich bereits im Vorfeld verletzt und damit den Wettkampf verloren geben muss. Es geht darum, Körper und Geist ein wenig auf das vorzubereiten, was sie erwartet. Und vor allem sollte man spezifisch trainieren. Viele Einheiten, die ich für das reguläre Marathontraining brauchte, wie Intervalle oder Sprints, konnte ich vernachlässigen. Sie würden mir bei dem, was ich vorhatte, nichts nützen. Stattdessen ging es darum, die Muskeln auf die immer wiederkehrende, gleichförmige Dauerbelastung einzustellen. Daher hatte ich bereits im Sommer damit begonnen, meine Wochenkilometer behutsam zu steigern.

Im Herbst absolvierte ich einen kleinen Test: Im Wochenabstand trat ich bei den Marathons in Berlin, Köln und München an. Ich lief alle relativ zügig durch und stellte fest, dass sich das viel besser anfühlte als geahnt. Wenn ich das Tempo deutlich drosselte, würde ich vermutlich jeden Tag solch eine Distanz schaffen können.

Selbst das Fitnessstudio entdeckte ich wieder für mich. Das gleichförmige Auftreten auf hartem Untergrund jagt jedes Mal einen beachtlichen Stoß durch den Körper, und die Gelenke und Muskeln haben ganze Arbeit damit, das abzufangen. Die innere Stabilität zu stärken ist also auch für einen Läufer äußerst hilfreich, und das kann man am besten mit Fitness- und Krafttraining. Ein paar Einheiten auf dem Rennrad und dem Hometrainer nahm ich mir noch vor, um die Muskelbelastungen etwas zu verlagern.

Ab Februar würde ich keine vollen Marathons mehr trainieren, aber täglich Umfänge von mindestens 20 Kilometern laufen.

So würde ich bald auf ca. 120 Kilometer in der Woche kommen, im April das Training runterfahren, um meinem Körper einen Erholungsbooster zu verschaffen, und am 1. Mai auf den Punkt fit sein, um den Deutschlandlauf zu beginnen.

So weit der Plan. Ich war eigentlich überzeugt, dass nun nicht mehr viel passieren konnte.

Doch ich hatte mich auf furchtbare Weise getäuscht.

Meine Packliste für die Deutschlandumrundung

- 12 Paar Laufschuhe (Straße, Trail)
- 8 Longsleeves
- 6 lange Hosen
- 20 kurze Hosen
- 6 Jacken (dünne und dicke)
- 19 Laufshirts
- 10 Sport-BHs
- 30 Slips
- 28 Paar Laufsocken
- GPS-Uhr
- Diverse Sonnenbrillen
- Trinkrucksack
- Sonnenmilch in allen Stärkefaktoren
- Cremes in allen Varianten
- 20 Haarbänder für die Zöpfe
- Essen und Getränke (frisch für jede Etappe zugekauft vom Praktikanten)

Run, Joyce, run!
Etappe 2

Dienstag, 2. Mai: Von Eisenhüttenstadt nach Taubendorf

Da wir nicht jeden Abend direkt am Zielpunkt übernachten können, hat der Praktikant sich bereit erklärt, mich jeden Morgen zum Endpunkt des Vortags zurückzufahren, sodass ich die Strecke von dort aus direkt fortsetzen kann.

Im Auto mache ich mir noch Gedanken, ob ich wohl gleich am zweiten Tag alleine laufen muss, aber als wir kurz vor 10 Uhr am Startpunkt ankommen, warten bereits zwei sympathische Mitläufer auf uns – Tina und ihr Mann. Sie hat sich heute extra frei genommen, um mich für einen Teil der Strecke zu begleiten, er läuft die ersten Kilometer mit und beginnt dafür später mit der Arbeit. Ich freue mich sehr, dass wir gemeinsam in den Tag starten, werfe noch ein Fisherman's Friend ein, und dann sind wir schon im Rennmodus.

Die ersten paar Kilometer protestieren meine Beine noch etwas. Sie haben den Marathon von gestern nicht vergessen und sich dem Plan noch nicht ganz ergeben, das nun noch 119 weitere Male durchstehen zu müssen. Nach 20 Minuten haben sie aber verstanden, dass alles Meckern nichts hilft, und fügen sich dem gleichförmigen Trab über den Asphalt.

Wir gehen es heute ja auch ganz entspannt an. Manche Begleiter warten erst in späteren Abschnitten der Etappe darauf einzusteigen, und sie sollten nicht davon ausgehen, dass ich hier mit Weltrekordtempo durch die Gegend dresche. Geduld heißt das Zauberwort auf einem Lauf dieses Ausmaßes, und daher komme ich bei Kilometer 20 oder 30 manchmal erst etwas später an als gedacht.

Durch meine Sonnenbrille sieht der Himmel heute ziemlich düster aus, und auch wenn ich sie absetze, wird das Grau nicht viel heller. Aber dennoch ist es überraschend heiß. Bereits nach kurzer Zeit, die wir auf dem Damm am Fluss entlangtraben, wo wir einen Grenzpfahl nach dem anderen hinter uns lassen, ist mein sommerliches Outfit komplett verschwitzt. Die Luftfeuchtigkeit liegt bei gefühlten 300 000 Prozent, und es schwirrt allerlei Getier um uns herum, das zwar auf den Gläsern der Brille abprallt, sich aber immer wieder in den Mund verirrt.

Das ist aber nicht der Grund, warum es mir heute nicht besonders gut geht. Irgendwas stimmt mit meinem Magen nicht. Es ist ein subtiles Gefühl, dass ihm die Mischung aus Rennen, Hitze und dem lauwarmen Wasser an den Verpflegungspunkten nicht sonderlich gefällt. Oder war das Minzbonbon zu stark für mich? Sind sie zu stark, bist du ... Ja, ich weiß. Momentan kann ich allerdings nichts daran ändern und konzentriere mich lieber darauf, einen Fuß vor den anderen zu setzen. Die Tätigkeit, der ich mich für die nächsten Monate verschrieben habe.

Umso erfreulicher, dass ein unbekannter Verehrer meinen Namen mit Kreide und einen motivierenden Smiley auf dem Weg hinterlassen hat. Ein Stück weiter erwarten mich sogar noch Luftballons an einer Brücke. »Run, Joyce, run« steht darauf und »Du schaffst das«. Das zaubert mir ein Lächeln ins Gesicht. Wie schön, dass da jemand so lieb an mich gedacht hat. Ich kann das Anfeuern gerade gut gebrauchen. Man fühlt sich fast wie bei der Tour de France.

Nun bin ich erst einmal eine längere Strecke allein durch Felder und Wiesen unterwegs und genieße es einfach, die Umgebung in mich aufzunehmen. Ich befinde mich auf historischem Grund, das sehe ich deutlich mit jedem Grenzstein. Die Grenze zwischen Deutschland und Polen wirkt hier in diesem Niemandsland, das als Hochwassergebiet schon manche dramatische Zeit erlebt hat, manchmal fast unsichtbar, dennoch werde ich ihr im weiteren Verlauf des Tages sogar noch näher kommen. In der Stadt Guben, die aufgrund ihrer Grenzlage eine spannende Geschichte vorzuweisen hat.

Zunächst gabele ich aber eine neue Begleiterin auf: Lea will heute über zehn Kilometer bei mir bleiben, was für sie einen persönlichen Rekord bedeuten würde. Das motiviert sie, und mich gleich noch einmal mit.

Die sterbende Stadt

Bald verlassen wir das Ufer der Oder und folgen stattdessen der schmaleren Lausitzer Neiße in Richtung der über 1000 Jahre alten Stadt Guben. Sie wurde im Laufe ihrer Geschichte bereits von diversen Feuersbrünsten und Seuchen gebeutelt, war einst ein bedeutender Industriestandort und wurde nach dem Zweiten Weltkrieg gewissermaßen in der Mitte geteilt, in eine deutsche Hälfte westlich der Neiße und eine polnische auf östlicher Seite des Flusses. Die politische Bedeutung der Oder-Neiße-Linie wird mir, als wir in das überraschend grüne Städtchen gelangen, besonders deutlich. Die von der Sowjetunion 1945 beschlossene Teilung legte zunächst die Grenze zwischen polnischem Territorium und der sowjetischen Besatzungszone Deutschlands und dann ab 1949 der Deutschen Demokratischen Republik fest. Im Rahmen der Wiedervereinigung erkannte auch die Bundesrepublik die Oder-Neiße-Linie als Außengrenze zu Polen an. So gibt es noch heute die beiden Teilstädte Guben und Gubin, die durch verstärkte Zusammenarbeit versuchen, zu einer Gemeinschaft zurückzufinden. Guben, so heißt es hier, sei eine Stadt in zwei Ländern. Dennoch ist der Austausch rege: Einwohner der polnischen Seite arbeiten links der Neiße. In den Fußballvereinen vermischen sich junge Menschen beider Städte. Deutsche und polnische Polizisten patrouillieren gemeinsam entlang der Grenze. Es gibt eine gemeinsame Kläranlage der Kommunen und den Wunsch, die Herausforderungen gemeinsam zu bewältigen. Denn während das polnische Gubin wächst, wandern immer mehr Menschen aus dem deutschen Guben in Richtung der Großstädte ab, in denen sie weitaus bessere berufliche Perspektiven haben.

Guben, so sagen manche, sei eine sterbende Stadt. Da erscheint es irgendwie passend, dass ich im Vorbeigehen die riesigen Lettern »Körperwelten« erblicke. Die Dauerausstellung des Plastinationskünstlers Gunther von Hagens lockt mit ihren für die Ewigkeit konservierten Körpern.

Das ist heute definitiv nichts für mich. Allein beim Gedanken daran meldet sich schon wieder mein Magen mit einem unschönen Grummeln.

Nach 27 Kilometern hat Lea ihre Rekordstrecke gemeistert und verabschiedet sich hochzufrieden von mir. Ich habe noch 15 Kilometer offen und verbringe das Solo mit dem kurzweiligen Zeitvertreib, die Grenzpfähle zu zählen. Bei Nummer 441 war ich heute gestartet, nun ist schon Nummer 400 erreicht. Ja, solche einfachen Dinge können einem bei einem derartigen Lauf Freude machen. Zugleich steht mir längst die Erkenntnis vor Augen, dass ich ohne Zweifel alle diese Grenzpfähle bis auf null werde runterzählen müssen. Und dann werde ich noch lange nicht im Ziel sein. Die Pfähle werden durch neue ersetzt werden. Vielleicht werden sie wieder mit dieser grausigen Form des Countdowns beschriftet sein, nur um mich Tag für Tag daran zu erinnern, was noch alles vor mir liegt.

Die kleinen Schritte

Aber an die Gesamtdistanz zu denken muss ich so gut wie möglich vermeiden. Es sind die kleinen Schritte, die zählen. In meinem Fall heißt das: Jeder Marathon, der geschafft ist, bringt mich ein Stück weiter.

Und heute ist es nicht mehr lang bis zu diesem weiteren Stück.

Bei Kilometer 39 wiederholt sich allerdings das Spiel vom Vortag. Eigentlich befindet sich dort vorne, wenige Hundert Meter entfernt, der offizielle Zielpunkt. Erneut habe ich jedoch zu wenige Kilometer auf der Uhr. Wieder muss ich eine Ehrenrunde drehen. Und es ist die ernüchternde Wahrheit, die jeder Läufer kennt: dass die Naturgesetze in diesen Momenten ihre Gültigkeit verlieren und der Kilometerzähler auf solchen Extratouren stets besonders langsam vorankriecht. Obwohl es gar nicht sein kann, dass die nächsten 100 Meter noch immer nicht geschafft sind. Ich laufe und laufe und starre auf jede Stelle hinter dem Komma, bis die Uhr endlich auf die Zahl umgesprungen ist, die ich so herbeisehne.

Irgendwann ist dann aber auch dieser Tag geschafft, 42,2 Kilometer in 4:47 Stunden stehen offiziell auf dem Display, und ich kann mich guten Gewissens der Zielverpflegung hingeben: Schwarzbrot mit Butter. Es tut meinem Magen wahnsinnig gut. Vielleicht sollte ich mich in den kommenden Tagen einfach nur noch davon ernähren.

Zäune
Etappe 3

Mittwoch, 3. Mai: Von Taubendorf nach Bad Muskau

Jeden Abend schneide ich aus dem gesammelten Videomaterial einen ca. fünf- bis zehnminütigen Film über die jeweilige Etappe zusammen und lade ihn auf meinen Social-Media-Kanälen hoch. Langweilig soll es jedoch nicht werden. Daher zähle ich heute zur Abwechslung im Video erst mal nur in Zweierschritten durch, und der Marathon ist schon geschafft: Kilometer 2, 4, 6, 8 ... 42. Was über einer Million Zuschauern auf TikTok gefällt, gestaltet sich in Wirklichkeit dann nicht ganz so einfach. Denn die Strecke zwischen den runden Kilometern muss ich auch noch laufen. Und das heute nicht in Begleitung gut aufgelegter Menschen, sondern ganz allein.

Es ist aber durchaus angenehm, so ohne viel Aufhebens am Start zu stehen. Der sonnige Feldweg liegt vor mir und weist mir den Weg in einen wunderbaren Tag, der nichts als Laufen verheißt. Ich kann los, wann ich will.

Es ist kurz vor zehn, und ich will.

In dieser Gegend, das habe ich bereits in den letzten Tagen gemerkt, finden sich allerlei Gebäude mit interessanter Historie am Wegesrand. Gestern erhob sich irgendwo eine halb verfallene Brücke aus den Hochwasserwiesen. Heute stehe ich vor einem imposanten Bau, der sich als Wasserwerk Grießen entpuppt. Erst halte ich es für einen Lost Place, beim näheren Hinsehen erweist es sich aber als voll funktionstüchtig, sehr laut und gut in Schuss. Der mit roten Klinkern verputzte Turm erinnert an einen Leuchtturm.

Dennoch, so zeigt mir später ein Blick ins allwissende Netz, habe ich ein wenig recht, denn das Kraftwerk, das ursprünglich

Ende der 1920er-Jahre in Betrieb gegangen war, die Stadt Guben mit Strom versorgt hatte und im Zweiten Weltkrieg teilweise zerstört worden war, wurde später erst wieder aufgebaut und dann erneut dem Verfall preisgegeben. Der in der DDR florierende Braunkohletagebau war der weitaus wichtigere Industriezweig und schickte das Kraftwerk aufs Abstellgleis. Erst nach der Wende restaurierte man Gebäude und Technik, sodass es heute wieder seinen ursprünglichen Zweck erfüllen kann.

Der Halbmarathon ist bald geschafft, und ich freue mich ein wenig darüber, dass alles heute einfach nur super glattgeht. Dann stehe ich vor dem ersten Zaun.

Durchgang geschlossen

Es ist der Eingang zum Ostdeutschen Rosengarten Forst, einem riesigen Park, der Anfang des letzten Jahrhunderts eröffnet wurde und neben einer Vielzahl anderer botanischer Schmuckstücke fast 1000 Rosenarten beherbergt. Die Anlage wurde schon einmal zum schönsten Park Deutschlands gekürt, und ich habe keine Zweifel daran, dass dies zu Recht geschah. Nur muss ich laut GPS durch den Park hindurch, und das Problem ist: Er ist geschlossen. Außen herum wäre ein wenig erstrebenswerter Umweg. Daher bleibt die Frage, ob ich einfach über den Zaun klettern soll. Ein paar Hundert Meter weiter finde ich aber noch eine andere Lösung. Denn das Tor eines Hintereingangs steht offen, und ich schlüpfe hindurch.

Der Park mit seinen Alleen, streng geometrisch angelegten Beeten und Wasserspielen ist wirklich beeindruckend, aber so recht genießen kann ich den Anblick nicht, denn mich plagt die ganze Zeit die Sorge, ob ich eigentlich auf der anderen Seite wieder herauskommen werde.

Als der Zaun vor mir auftaucht, erkenne ich gleich, dass ich mich in eine Sackgasse manövriert habe. Außerdem wartet ein paar Dutzend Meter weiter eine Gruppe Polizisten. Ich weiß nicht, was hier los ist, frage mich, ob sie wohl auf mich warten, jedenfalls trabe ich möglichst unbeteiligt weiter, springe kurz entschlossen über den Zaun und bin draußen. Niemanden scheint das zu stören, und die Polizisten hatten wohl doch eine andere Agenda als das Aufgreifen einer Joggerin, die ihre Strecke falsch geplant hat.

Nun, das ist schon mal gut gegangen, und ich kann mich wieder entspannen.

Frisch asphaltiert

Doch das nächste Hindernis lässt nicht lange auf sich warten. Heute ist irgendwie der Tag der Zäune, denn schon wieder ist mir der Weg, den das Navi weist, versperrt.

Widerwillig verlasse ich den schönen Wiesenweg und klettere zu einer Straßentrasse hinauf. Immerhin gibt es keinen Verkehr, denn die beiden Spuren bis zur Mittelleitplanke sind noch im Bau, und ich habe ein etwas schlechtes Gewissen, weil der Asphalt, über den ich hier behutsam tapse, noch sehr frisch scheint. Auf der anderen Seite der Mittelleitplanke verlaufen zwei weitere Fahrspuren, auf denen glücklicherweise gerade nur wenig Verkehr herrscht. Dies ist die Spreewaldautobahn, die auf polnischer Seite als Autobahn 18 weiter in Richtung Breslau führt. Die ganze Straße ist Teil der ehemaligen Reichsautobahn Berlin–Breslau und soll Ende des Jahres vollständig in allen Abschnitten saniert sein. Ich hoffe, dass sie nicht mit den Sohlenabdrücken von Joyce Hübner eröffnet werden muss.

Nach der Autobahnquerung geht es direkt in die Wildnis. Ab Kilometer 36 führt mich das Navi einfach nur noch weglos über Wiesen. Das ist eine willkommene Abwechslung, und es fühlt sich herrlich an, so durch das hohe Gras zu traben. Für mich als Stadtkind, das gewohnt ist, dass überall ein Weg entlangführt, ist es eine ganz besondere Erfahrung.

Bemerkenswert ist, dass mir heute, im dritten Marathon, lauftechnisch ein absolutes Hoch beschert wird. Und das, obgleich ich den ganzen Tag allein unterwegs bin. Die Beine mucken kein einziges Mal auf, dem Magen geht's gut und dem Kopf sowieso. Irgendwie habe ich einen flippigen Tag heute und kann gar nicht aufhören, mich zu bewegen. Selbst in den Verpflegungspausen falle ich dem Praktikanten damit auf die Nerven, dass ich entweder ums Auto oder direkt um ihn herumtänzele. Und draußen auf der Strecke verfliegt die Zeit einfach nur so. Dabei bin ich heute deutlich schneller unterwegs als geplant, mit einer Pace zwischen 5:30 und 5:45 Minuten/Kilometer. Das scheint mir sowohl körperlich als auch mental sehr gut zu tun. Ob die Muskeln ein solches Tempo allerdings auf Dauer mitmachen, bleibt abzuwarten.

Für heute jedenfalls kann ich einen dicken Haken in mein inneres Tagebuch machen. Das war ein verdammt guter Marathontag.

Check.

Den Führerschein bitte!
Etappe 4

Donnerstag, 4. Mai:
Von Bad Muskau nach Ungast

Heute nehme ich mir als Challenge vor, jede ungerade erlaufene Kilometerangabe in ein Video zu verpacken. Und damit es noch anspruchsvoller wird, vermelde ich gleich noch die jeweilige Pace dazu, die heute zwischen 6:00 und 9:00 Minuten pro Kilometer pendelt, je nach Wegfindungsschwierigkeiten.

Nach gerade einmal zwei Kilometern habe ich mich das erste Mal verirrt und klettere quer durch den Wald. Gestern lief ich wie auf rosa Zuckerwatte und hätte die Welt umarmen können, heute will dagegen keine rechte Lust aufkommen. Es ist von Beginn an der Wurm drin. Schon beim Aufstehen hatte ich irgendwie das Gefühl, dass heute nur ein überschaubar großartiger Tag werden würde. Die ambitionierte Videochallenge befreit mich für einige Minuten von meiner Unlust, aber dass ich, noch bevor ich mich warmgelaufen habe, gleich wieder über Zäune klettern muss, zieht meine Laune sofort wieder herunter.

Die Route an der Neiße entlang entschädigt dann aber für die Startschwierigkeiten, und ich verstehe bald gar nicht mehr, warum ich bis gerade eben noch so mies gelaunt war. Denn der Fluss plätschert hier naturbelassen vor sich hin, der Waldweg ist weich und herrlich kühl, und Rehe chillen überall in den Feldern.

Inzwischen habe ich das Bundesland gewechselt und befinde mich in Sachsen. Neben den immer niedrigeren Nummern auf den Grenzpfählen ein weiteres Indiz dafür, dass ich vorankomme.

Der Praktikant kann froh sein, dass er nicht mehr in der Probezeit ist, denn er glänzt heute nicht gerade mit Zuverlässigkeit.

Da, wo er auf mich warten soll, finde ich jedenfalls weder ihn noch einen Verpflegungspunkt vor. Wenn man sich schon seit mehreren Kilometern auf etwas Essbares gefreut hat, ist das ernüchternd. Ich muss noch mehrere Kilometer durchhalten, bis ich wieder frische Energie tanken kann.

Sperrzone II

Kaum bin ich wieder in den herrlich schimmernden Wald eingetaucht, verlaufe ich mich erneut. Das liegt aber hauptsächlich daran, dass ich den Weg, auf dem ich gerade so entspannt vor mich hin jogge, nicht verlassen will und die Abzweigung, auf die mich das Navi lenken will, einfach ignoriere.

Das fühlt sich in den ersten Minuten gut an, dann beschleicht mich unweigerlich das Gefühl, dass das nicht sinnvoll ist und ich ohnehin irgendwann umdrehen muss. Also mache ich kehrt, um doch in den Pfad abzubiegen, der mir eigentlich gar nicht gefiel.

Er hält nach wenigen Metern eine Überraschung bereit: eine in der Hitze dampfende Asphaltstraße mitten im Wald. Drei Straßenwalzen, die hier rauf und runter ihre Bahnen ziehen, künden davon, dass der Asphalt ganz frisch ist. Nun, noch einmal will ich keine Spuren auf dem Belag hinterlassen, dann könnte man fast eine Schnitzeljagd daraus machen: Folgt Joyce' Abdrücken im Asphalt!

Außerdem mache ich mir Sorgen um die Sohlen meiner noch fast neuen Schuhe. Ich will sie nicht einfach so verkokeln lassen. Erst als mir einer der Arbeiter versichert, dass der Belag das aushält, nehme ich ihn unter die Füße. Es fühlt sich weich und frisch an, und man hat ein wenig den Eindruck, als würde man auf der frisch eingeweihten Startbahn eines Flughafens laufen.

Die Asphaltstraße endet allerdings wieder einmal an einem Zaun. Ein Schild weist das dahinterliegende Gebiet wegen Afrikanischer Schweinepest als »Sperrzone II« aus. Sperrzone II, das klingt irgendwie gefährlich. Gefährlicher als Sperrzone I. So viel steht fest: Sperrzone I wäre mir lieber gewesen. Aber es ist bestimmt immer noch besser als Sperrzone III, rede ich mir ein, wenngleich ich nicht weiß, ob es diese Kategorien überhaupt gibt und was sie bedeuten.

Es ist einerlei, denn ich muss hier durch, sonst kann der Praktikant mich nicht aufsammeln. Mit einem mulmigen Gefühl quetsche ich mich durch den Bauzaun. Wildschweine sehe ich keine, und meine hauptsächliche Sorge ist, dass ich von einem Förster erwischt werden könnte.

Die letzten Kilometer laufe ich auf einem Feldweg, bevor ich mich nach fast fünf Stunden erschöpft auf den Autositz sinken lasse und resümiere, dass der Tag heute nicht einfach war. Ich kann nicht einmal beschreiben, was das große Problem war, aber es hakte bei Motivation und Streckenführung an allen möglichen Ecken und Enden. Nun bin ich froh, dass Feierabend ist.

Achtung, Kontrolle!

Wir ahnen allerdings, dass wir uns zu früh gefreut haben, als wir auf eine personell überraschend stark besetzte Verkehrskontrolle zufahren. Na, das kann ja nicht so lange dauern, denn außer der Durchquerung des Schweinepestgebiets haben wir uns meiner Meinung nach heute noch nichts zuschulden kommen lassen. Die freundlichen Polizisten wollen allerdings nicht nur den Führerschein sehen, sondern das ganze Programm durchziehen: Überprüfung des Fahrzeugs, Funktion der Rücklichter und alles, was sonst noch so im Handbuch steht. Verständlich, begreifen wir, denn wir stehen direkt vor der Fachhochschule der Polizei, die hier zu Ausbildungszwecken Kontrollen durchführt.

Wenigstens auf das Vorzeigen des Warndreiecks verzichten sie, was eine immense Erleichterung ist. Es ist unter dem gesamten

Gepäck begraben, und es wäre ein größerer Aufstand, zwischen Laufschuhen, dreckiger Wäsche und Schokoladenriegeln herumzuwühlen.

Mit einem Blick auf das bis oben hin vollgestopfte Auto ist man dann aber doch neugierig, was wir hier machen.

»Sie fahren gerade in den Urlaub?«, fragt die Polizistin und klingt dabei etwas mitleidig. Hier hat offenbar ein Messi-Pärchen seinen gesamten Hausstand mitgenommen.

»Nein, wir machen eine Deutschlandumrundung«, erklärt Sven freundlich. »Die junge Dame hier läuft jeden Tag einen Marathon.«

»Ach wirklich?«, ruft einer der Polizisten. »Davon hab ich gelesen. Das sind Sie?«

»Ich bin die Bekloppte«, lache ich.

Während seine Kollegin unser Kennzeichen überprüft, fährt der Beamte fort: »Wir haben auch einen Kollegen von der ›Sächsischen Zeitung‹ da. Er soll eigentlich unseren Ausbildungstag hier dokumentieren. Aber wenn Sie schon mal da sind, würden wir Sie gerne mal für ein Foto aus dem Fahrzeug bitten.«

Inzwischen versammeln sich immer mehr Menschen in Uniform um unser Auto.

»Sind Sie die Marathoni?«, fragt einer begeistert.

An der gegenüberliegenden Oberschule läutet gerade der Gong, und ein Haufen Mädchen strömt heraus. Sie alle wissen offenbar sofort Bescheid, was hier los ist, denn in Kürze umringt eine aufgeregt schwatzende Schar uns alle, Handys klicken, und Selfies werden gemacht.

Kurz darauf steht mein Foto im Intranet der sächsischen Polizei, und die Beamten versprechen, ihre Kollegen zum Mitlaufen auf einer der künftigen Etappen zu überreden. Das wäre doch mal was! Die Schwierigkeiten der Etappe heute sind schon vergessen. Dass mein Projekt offenbar schon größere Wellen schlägt, als wir ahnten, hellt meine Laune für den Rest des Abends auf.

Am östlichsten Punkt
Etappe 5

Samstag, 6. Mai:
Von Ungast nach Görlitz

Auch heute sind wieder einige Begleiter am Start. Gut gelaunt startet unsere kleine Gruppe in den etwas verregneten und kühlen Tag. Meine Schuhe werden zwar gleich auf der ersten Wiese nass, die Witterung erweist sich aber als ideales Läuferwetter, und die Strecke, die heute vermehrt aus Asphaltwegen an Landstraßen besteht, trägt dazu bei, dass wir recht flott unterwegs sind.

Die von mir abermals perfekt geplante Route führt heute quer durch einen Freizeitpark, der aufgrund des Wetters allerdings nur überschaubar besucht ist. Da einer der Mitläufer mit dem Herrn an der Kasse verwandt ist, lässt dieser uns kostenlos passieren. Danke, wir werden auch nicht Karussell fahren, versprochen.

Ein weiteres Highlight: An einer Flussbiegung der Neiße in der Nähe von Zentendorf befindet sich der offiziell östlichste Punkt Deutschlands. Es gibt sogar ein »Zipfelbuch«, in das wir uns selbstverständlich auch eintragen. Der Felsen mit entsprechender Inschrift ist natürlich das perfekte Fotomotiv.

Sven hat heute seinen großen Auftritt auf TikTok. Dass ich ihn ständig ins Bild hole, liegt nicht nur daran, dass es sich (zumindest aus meiner Sicht) um ein ansehnliches Exemplar der männlichen Spezies handelt, sondern auch daran, dass ich mich auf diese Weise mal öffentlich bei ihm bedanken kann. Ohne seine logistischen Meisterleistungen und seine selbstverständliche Gewissheit, dass ich das alles schaffen werde, wäre ich verloren. Ich wäre vermutlich nicht einmal von Frankfurt (Oder) bis Görlitz gekommen. Er lässt die Praktikanten-Sonderfolge brav über sich ergehen.

Schon in der Vorbereitungsphase war es Sven, der mich unerschütterlich daran erinnerte, dass das, was ich vorhatte, genau das Richtige war, womit er mir den Gedanken daran, das Handtuch zu werfen, gleich wieder austrieb. Das wird mir in manchen ruhigen Augenblicken während eines langen Tages immer wieder klar, und ich werde von stiller Dankbarkeit erfüllt. In Wahrheit freue ich mich ja nicht nur aufs Essen und Trinken, wenn Sven dort mit unserem abgehalfterten Golf auf mich wartet. Sondern auch darauf, dass jemand da ist, der das alles mit mir teilt.

In solchen Momenten muss ich auch an die anderen Menschen denken, die mir viel bedeuten. Und an einen ganz bestimmten, der die Vorbereitungsphase des Projekts Deutschlandumrundung besonders geprägt hat, auch wenn niemand von uns damit gerechnet hatte.

Meinen Bruder.

Ein herausforderndes Leben

Zu meinem fünf Jahre jüngeren Bruder Roy hatte ich nie ein besonders inniges Verhältnis. Schon als Kinder haben wir uns nicht sonderlich füreinander interessiert. Es verhielt sich so wie vermutlich bei vielen Geschwistern: Jeder lebt sein Leben und macht eben sein eigenes Ding.

Die Besonderheit bei meinem Bruder war, dass er diese Dinge langsamer angehen musste als andere. Erst spät stellten meine Eltern fest, dass er mit einem Sehfehler auf die Welt gekommen war, weshalb er verzögert das Sprechen gelernt hatte. Er hatte einfach nicht so viel von dem, was ihn in dieser Welt umgab, erkennen und es damit auch nicht sprachlich zuordnen können. Mit anderen mitzuhalten fiel ihm von Anfang an etwas schwer. Außerdem diagnostizierte ein Arzt ihm bald darauf eine narzisstische Persönlichkeitsstörung. Wenn man Roy so traf, merkte man ihm dies im ersten Moment gar nicht an. Aber je länger man mit ihm sprach und je besser man ihn kannte, desto deutlicher wurde es, dass er in bestimmten Dingen beeinträchtigt war: Er konnte keine Empathie für andere empfinden, und sein Denken drehte sich vor allem um sich selbst. Zugleich kam er mit vielen Herausforderungen im Alltag nicht zurecht, der Umgang mit Geld und mit geschäftlichen Dingen fiel ihm schwer.

Dies alles war für mich manchmal nicht leicht zu bewältigen. Am schwierigsten auszuhalten waren für mich seine Lügengeschichten. Als Narzisst wollte er stets der Beste sein, das Tollste erreicht haben – die Geschichten, die er dazu erzählte, erwiesen sich aber allzu schnell als Schwindel. Ich versuchte, es ihm nicht übel zu nehmen, denn ich wusste, dass diese Denkmuster Teil seines Krankheitsbilds waren, aber es setzte mir doch immer wieder zu.

Denn in dieser Hinsicht waren wir besonders unterschiedlich: Ich komme mit der schlimmsten Wahrheit zurecht, aber Lügen finde ich einfach ganz furchtbar. Das am eigenen Bruder zu erfahren und zu akzeptieren war oft schwierig.

Die Planung des Projekts Deutschlandlauf führte etwas überraschend zu einer Verbesserung des Verhältnisses zwischen uns Geschwistern. Denn etwa zur gleichen Zeit, als ich abends Stunde um Stunde am Computer verbrachte, um eine Marathonetappe nach der anderen zu planen, hatte Roy sich entschlossen, sein Leben mehr als zuvor selbst in die Hand zu nehmen und aus seiner WG auszuziehen. Er bestellte seine Betreuer ab, und es sah alles danach aus, als würde er sein Leben jetzt, mit Ende 20, tatsächlich unter Kontrolle bekommen. Uns als Familie freute das, und es machte uns zuversichtlich, dass sich seine Situation nun verbessern würde. Er zog bei seiner Freundin ein, die ihn auf wunderbare Weise unterstützte und auf seinem Weg begleitete.

Und dann, wenige Wochen später, stand er vor der Haustür unserer Mutter und bat darum, einziehen zu dürfen. Er war von seiner Freundin rausgeschmissen worden.

Natürlich durfte er erst einmal bleiben. Nach einigen Tagen jedoch verfiel er erneut in alte Muster, und meine Mutter traf eine Entscheidung: Sie erklärte ihm, dass es keinen Sinn habe, wenn er weiter bei ihr wohne. Das Gleiche galt für meinen Vater und für mich. Wir alle wussten, dass es nicht gut gehen würde, wenn wir Roy bei uns aufnahmen. Er musste versuchen, seinen eigenen Weg zu gehen, und wir wollten ihn bei Job- und Wohnungssuche auch gern unterstützen, aber es konnte nicht weitergehen wie früher.

Roy entschloss sich daraufhin, Bekannte zu kontaktieren, die in der Nähe von Cottbus wohnten und denen er Jahre zuvor einmal beim Umzug geholfen hatte. Mir war gar nicht bewusst gewesen, dass er ein so enges Verhältnis zu diesen Menschen pflegte. Und das tat er wohl auch gar nicht, denn sie hatten offenbar jahrelang nichts voneinander gehört. Bis Roy eben anrief und sie davon überzeugte, ihn bei sich wohnen zu lassen. Also zog er dorthin, mitten in die Pampa.

Die Nachricht

Zwei Tage später rief einer der Bekannten aus seinem neuen Zuhause mich an. Es war der Anruf, der alles änderte.

»Mit deinem Bruder ist etwas nicht in Ordnung. Er übergibt sich die ganze Zeit. Vielleicht ist es der Liebeskummer. Kannst du uns die Telefonnummer von seiner Ex-Freundin geben? Wir wollen sie kontaktieren, vielleicht hilft ihm das.«

Ich fand es nicht richtig, das zu tun. Ich war überzeugt, dass es triftige Gründe für die Trennung gab und wollte mich nicht auf diese Weise einmischen.

Als der Mann etwas später erneut anrief und abermals betonte, wie schlecht es Roy gehe, lief in meinen Gedanken wie so oft dieser fatale Film ab, den ich seit Jahren vor Augen hatte, wenn es um meinen Bruder ging: Jetzt zieht Roy wieder eine Show ab. Klar, er hat es nicht leicht, aber jetzt will er mit seinen Problemen wieder einmal im Mittelpunkt stehen. Nimm es nicht so ernst. Du darfst es nicht ernst nehmen. Um dich selbst zu schützen und letztlich auch ihn.

Wie sehr ich, wie sehr wir uns alle getäuscht hatten, erfuhren wir wenig später: Roys Zustand war immer dramatischer geworden, und schließlich hatten seine Bekannten den Rettungswagen gerufen. Im Krankenhaus hatten die Ärzte einen Gehirntumor diagnostiziert. Es handelte sich um ein so fortgeschrittenes Stadium, dass mehrere Notoperationen erforderlich waren, bis er nicht mehr in akuter Lebensgefahr schwebte.

Sowohl mich als auch unsere Eltern und den Rest der Familie plagte neben dem Schock ein sofortiges Schuldgefühl. Wie hatten wir das so lange nicht erkennen können? Wieso hatten wir ihn nicht bei uns aufgenommen, als es ihm schlecht ging?

Zunächst stand aber die Sorge um Roys Leben im Vordergrund. Die Operationen waren aufwendig. Es stellte sich heraus, dass es fast Schicksal war, dass er in der Nähe von Cottbus gewohnt hatte und daher auch dort ins Krankenhaus gekommen war. Denn es gab dort eine Spezialabteilung, einen Ableger der Berliner Charité, die eine hohe Kompetenz im Umgang mit Hirntumoren besitzt und in der Roy besonders gut aufgehoben war.

Da lag er also auf der Intensivstation. Die immer noch bestehenden Coronabeschränkungen machten die Besuche kompliziert. Gemeinsam durften wir ihn gar nicht besuchen, sondern nur im Wechsel und lediglich an einer begrenzten Anzahl von Terminen pro Woche.

In kürzester Zeit war alles, was unsere Familie betraf, wie ein Kartenhaus in sich zusammengefallen. Es war eine sehr nervenaufreibende Zeit. Plötzlich mussten wir uns damit auseinandersetzen, dass mein Bruder jeden Tag sterben könnte. Dass er möglicherweise schon sehr lange am Krebs gelitten hatte, ohne dass es jemand von uns erkannt hatte.

Die Sorge um Roy war in den Mittelpunkt allen Denkens getreten und beherrschte fortan unseren Alltag. Ich besuchte ihn so häufig wie möglich. In der Anfangsphase befand sich Roy noch in einem künstlichen Koma, und ich saß einfach nur die zwei Besuchsstunden lang neben ihm und streichelte seine Hand. Dabei erzählte ich ihm Geschichten. Von dem, was wir als Kinder gemeinsam erlebt hatten. Und von meinem Projekt.

Es war Herbst 2022, und ich war gerade richtig in die Vorbereitung eingestiegen. Die Pläne waren sehr konkret geworden, kurz vor Roys Umzug nach Cottbus hatte ich auch meine Kollegen über meinen Ausstieg und die geplante Deutschlandumrundung informiert. Somit hatte ich ihm viel zu berichten. Manchmal zählte ich ihm in allen Einzelheiten einfach auf, was ich alles mitnehmen würde. Ich glaubte, dass es ihm auf eine unbestimmte Weise helfen könnte, wenn ich ihn mit solchen Dingen zum Denken anregte, und vertraute tief im Innern darauf, dass er mich hörte.

Irgendwann kam Roy wieder zu sich. Seine komplette linke Seite war gelähmt. Unser aller Sorge, dass er nun ein vollständiger Pflegefall sein würde, war groß. Gleich zu Anfang hatten die Ärzte uns beigebracht, dass das, was Roy ereilt hatte, die schlimmste Form von Krebs war und dass sie nicht alle befallenen Teile des Gehirns entfernen konnten. Der Tumor wucherte schnell, und es war eine Frage von Wochen, bestenfalls von Monaten, bis er den Kampf verlieren würde. Wenn wir ganz viel Glück hatten, vielleicht sogar ein Dreivierteljahr. So richtig festlegen wollte sich niemand. Man nimmt solche Nachrichten auf und kann sie kaum fassen.

Wenn er wach war, befeuchteten wir ihm die Lippen, weil er nichts trinken durfte und künstlich ernährt wurde. Aus allen Ecken seines Körpers führten Kabel zu irgendwelchen Geräten, die rund um das Bett aufgebaut waren.

In diesen anfänglich kurzen Momenten, in denen er wach war, passierte etwas Sonderbares: Er sah mich und erkannte mich sofort.

Obwohl ich im Alltag meine Emotionen ganz gut verbergen kann und mir bei jeder Fahrt ins Krankenhaus vorgenommen hatte, nicht zu weinen, gelang es mir doch meist nicht, die Tränen zurückzuhalten. Wann war es das letzte Mal gewesen, dass mein Bruder und ich uns so wahrhaftig in die Augen geblickt hatten wie jetzt?

Es mag medizinisch gesehen Unsinn sein, vielleicht aber auch nicht, aber der Tumor, der entfernt worden war, hatte auf die Teile des Gehirns gedrückt, die für bestimmte Empfindungen und Fähigkeiten wie Empathie zuständig sind. Was, wenn er all die Jahre der Grund dafür gewesen war, dass Roy nicht so hatte empfinden können? Und war er jetzt endlich davon befreit worden?

Ob diese Erklärung, die ich mir dort am Krankenbett zurechtlegte, wissenschaftlich Sinn machte oder nicht – ich hatte zum ersten Mal seit Jahren die Gewissheit, dass mein Bruder mich wirklich sah. Er wirkte regelrecht glücklich. So glücklich darüber, dass ich hier vor ihm saß. Dass ich da war.

Bald wurde Roy auf eigenen Wunsch in ein Hospiz verlegt. Die folgenden Wochen verbrachten wir damit, viel zu sprechen, unter anderem über mein Projekt. Ich erzählte ihm, dass ich das Training nach wie vor durchzog und den Weg zum Krankenhaus immer häufiger in Laufschuhen zurücklegte. Denn so gelang es mir einigermaßen, im Training zu bleiben, während ich zugleich so viel Zeit wie möglich mit Roy verbringen konnte. Er freute sich darüber, wie ich dort verschwitzt bei ihm ankam, fragte immer wieder, ob es mir gut gehe, und sagte, dass er sich Sorgen um mich mache. Was für andere Menschen eine Plattitüde ist, bedeutete mir unendlich viel. So schrecklich die Geschehnisse waren, so eindrücklich hatte sich unser Verhältnis doch geändert und uns eine überraschend innige gemeinsame Zeit geschenkt.

Roy wusste, dass er sterben würde. Er kam damit klar, und er beteuerte stets, dass es für ihn so in Ordnung sei. Zugleich wollte er alles regeln, solange er noch da war. Das war ihm wichtig, und man spürte deutlich, es hielt ihn am Leben. Bis er alles geordnet und geklärt hatte, hatte er eine Aufgabe zu erfüllen. Er schien jetzt in wenigen Wochen all das nachzuholen, das er in den letzten Jahren, ja in seinem ganzen Leben nicht zu tun vermocht hatte.

Oft war ich fünf bis acht Stunden bei ihm, so lange, bis er eingeschlafen war. Ich brachte ihm Kuchen mit oder etwas von McDonald's. Es kam nicht mehr darauf an, welches Essen gesund oder ungesund war. Nur darauf, dass er solche kleinen Freuden noch einmal erleben durfte. So lagen wir also oft gemeinsam auf seinem Bett, aßen Fast Food und sprachen über alles, was es bei ihm oder bei mir Neues gab. Er erzählte, was ihm den Tag über widerfahren war, und wollte immer alles wissen über mich, mein Leben und das Projekt.

Wenn die Burger vertilgt und die Finger klebrig von Ketchup waren, wollte er immer die neuesten Videos sehen, die ich auf Social Media hochgeladen hatte.

Auf manche Laufvideos und Zusammenschnitte war er ganz besonders stolz. Diese Lieblingsclips wollte er immer wieder ansehen. Und immer, wenn die Pflegekraft oder ein Arzt ins Zimmer kamen, berichtete er ihnen aufgeregt davon, was seine große Schwester für coole Sachen erlebte. Und das aus seinem Mund zu hören war wie ein Wunder. Früher war es meinem Bruder in seinen Erzählungen nur um sich selbst gegangen. Nun schöpfte er Kraft aus dem, was ich tat, und das berührte mich sehr. Er betonte immer, wie viel es ihm bedeutete, dass ich in wenigen Wochen dieses Projekt angehen würde.

Du musst auch für mich laufen

Ich hatte längst darüber nachgedacht, ob ich den Lauf nicht verschieben sollte, um ein Jahr oder noch länger. Es gab Dinge, die wichtiger waren. Würde ich eben zu meinem Arbeitgeber gehen und verkünden: »Die Dinge haben sich geändert. Überraschung, ich bleibe doch da.«

Doch das war es nicht, was Roy wollte. Irgendwann sagte er: »Glaub mir, am liebsten würde ich selbst mitlaufen. Aber wenn ich es nicht kann, dann musst du das machen. Du musst auch für mich laufen.«

Es lag eine Überzeugung in seinen Worten, die keinen Zweifel ließ. Wir alle wussten nicht, wie lange Roy noch hatte, und keine Verschiebung würde etwas daran ändern. Es war eine schwierige Entscheidung, aber wir trafen sie gemeinsam.

Okay, dachte ich. Dann machen wir das genau so wie geplant.

Leider gingen die guten Wochen, in denen Roy und ich uns ganz wahrhaftig nah waren, vorbei. Zu schwer waren die Schädigungen seines Gehirns. Der Krebs wuchs rasant, Roys Zustand verschlechterte sich, und er konnte bald nur noch wenige Minuten die Aufmerksamkeit auf etwas lenken, bevor sein Denken in alle möglichen Richtungen zerfaserte. Körperlich zumindest verspürte er keine Schmerzen, und das war sehr viel wert.

Unsere Mutter betreute Roy nun praktisch 24 Stunden am Tag. Immer häufiger berichtete sie mir, wie er nach einem Telefongespräch mit mir direkt nach dem Auflegen nicht mehr wusste, mit wem er gerade gesprochen hatte. Das tat weh, doch zugleich vertraute ich darauf, dass er die letzten gemeinsamen Wochen in seiner Erinnerung bewahrt hatte.

Ende April, wenige Tage vor dem Start, hatte sich sein Zustand abermals verschlechtert. Die wachen Momente währten inzwischen nur noch kurz, und ich spürte, dass die Dinge, die ich ihm erzählte, einen kurzen Augenblick später wieder vergessen waren.

Aber ich habe nicht vergessen, dachte ich. Wir haben eine Übereinkunft, flüsterte ich ihm zu, während ich seine Hand hielt. Wir haben eine Abmachung, und ich werde mich daran halten.

Ich werde laufen.

Und ich werde es auch für dich tun.

Sonntagsausflug
Etappe 6

Sonntag, 7. Mai: Von Görlitz nach Oybin

Der Gedanke an meinen Bruder begleitet mich wie jeden Tag auch heute. Meine Mutter gibt mir regelmäßige Updates zu seinem Zustand. Und leider geht es ihm nicht gut. Wir rechnen jeden Tag mit der schlimmen Nachricht.

Die tägliche Routine, das immer gleiche Anziehen, Frühstücken, Losfahren, lenkt mich davon ab und gibt mir Halt.

Umso besser, wenn ich am Startpunkt auf freundliche Menschen treffe. Heute erwarten mich gleich neun Mitläufer, was sicherlich der Tatsache geschuldet ist, dass Zeit für den Sonntagsausflug ist und man zur Abwechslung ja einmal den Grenzweg unter die Füße nehmen kann. Der jüngste Begleiter ist noch nicht einmal zehn Jahre alt und radelt motiviert mit. Wie schön, dass mein Projekt so viele unterschiedliche Altersgruppen begeistert. Es kann ja auch jeder so lange dabeibleiben, wie er will. Niemand muss bis zum Ende durchhalten, aber wer es tut, den belohnt der Praktikant mit etwas Glück mit einem Bier, einer Cola oder Schokolade.

Die Grenzsteine sind hier zu diesen kleinen Quadern geschrumpft, die man ab und zu im Unterholz sieht und denen man im Alltag kaum Beachtung schenkt. Ich freue mich dennoch über jede dieser Markierungen, denn sie geben mir irgendwie ein Gefühl der Geborgenheit und die Sicherheit, dass ich auf dem richtigen Weg bin, egal, was die Linie auf dem Bildschirm meiner GPS-Uhr dazu sagt.

Die Schar der Begleiter lichtet sich unterwegs. Bei Kilometer 10 sind wir nur noch zu sechst, eine halbe Stunde später ist ein weiterer Läufer ausgestiegen. Die Stimmung ist aber nach wie vor blendend.

Bei Kilometer 35 sind es noch ein Läufer und eine Radfahrerin, die mich begleiten. Ein bisschen Schwund ist immer.

Dafür hängen wir noch etwas Strecke dran, denn die volle Marathondistanz ist erreicht, als wir noch mitten irgendwo im Wald stehen. Es werden heute also über 43 Kilometer werden, die wir trotz der teilweise sehr technischen Trails in rasanten 4:44 Stunden runtergerissen haben. Man muss stolz auf sich sein können, wenn sich die Gelegenheit bietet.

Deutsch-tschechische Sümpfe
Etappe 7

Montag, 8. Mai: Von Oybin nach Ebersbach-Neugersdorf

Läuferisch kommt meinen beiden Mitläufern und mir heute einiges an Abwechslung zugute. Auf Straßen und befestigten Wegen dürfen wir nur wenig laufen, dafür geht es über von Traktoren hoffnungslos zerfahrene Feldwege, Treppen, Geröll, wurzelige Pfade im Wald, bei denen erstmals meine Trailstöcke zum Einsatz kommen.

Links neben mir liegt inzwischen nicht mehr Polen, sondern Tschechien. Und es geht immer steiler nach oben. Der Naturpark Zittauer Gebirge macht seinem Namen alle Ehre, denn die Route führt uns regelrecht in felsige Höhen.

Das ist ein Vorgeschmack auf die Alpen, die mich in ungefähr 900 Kilometern erwarten werden. Gar nicht mehr so weit, finde ich.

Zur Abwechslung geht es nun direkt durchs Unterholz. Über Sumpfgebiete leiten uns Holzstege. Die auf der tschechischen Seite sind definitiv besser in Schuss als die deutschen, bei denen ein falscher Tritt dazu führen würde, dass man in eine der Lücken zwischen den Brettern stürzte. Selbst die vermeintlich intakten scheinen jeden Moment unter der Last unserer Schritte bersten zu wollen.

Letztlich geht aber alles gut, und die ersten rund 300 Kilometer der Deutschlandumrundung gehen zu Ende, ohne dass jemand in den Sumpf stürzt. Essen, Dusche und ab in die Massagestrümpfe.

Was ein bisschen wie die abgeschnittenen Beine eines Astronautenanzugs aussieht, verschafft mit seinen elektrisch gesteuerten Kompressionen tatsächlich so etwas wie ein Massagegefühl an Oberschenkel und Waden. Für die Durchblutung sind die Strümpfe zweifellos hilfreich, und danach fühlen sich die Muskeln durchaus erfrischt an. Sie haben zwar keine Lust, schon wieder einen Marathon zu laufen, aber das müssen sie ja auch erst morgen wieder tun.

Im Niemandsland
Etappe 8

Dienstag, 9. Mai:
Von Ebersbach-Neugersdorf nach Sebnitz

Am Ziel fragt man sich vielleicht, warum ich heute so lange brauche – ich habe mich bereits mehrfach so heftig im Nirgendwo verstrickt, dass ich nicht einmal mehr weiß, wie ich zum Start zurückfinden sollte.

Zudem gestaltet sich die Grenze zwischen Deutschland und Tschechien hier als wirkliches Niemandsland. Sie führt mitten durch die Wildnis über Gestein und durch Unterholz, und nur die hier und da niedergetretenen Grashalme weisen darauf hin, dass es hier so etwas wie einen offiziellen Weg geben soll. Immer wieder muss ich das gerade gefundene Wohlfühltempo reduzieren und versuchen, in die richtige Richtung vorzudringen, ohne mir dabei die Beine zu brechen.

Auch der Foodtruck des Praktikanten hat seine Schwierigkeiten, in den gebotenen Abständen seinen Weg durch dieses weglose Nirgendwo zu finden, also kommt heute erstmals der Trinkrucksack zum Einsatz. Und wenn das Wasser alle ist, trinke ich eben aus den munter plätschernden Bächlein, die ganz vertrauenserweckend aussehen.

Das weglose Klettern durch die dicht bewachsenen Wälder ist zwar ein herrliches Naturerlebnis, aber ins Laufen komme ich inzwischen fast gar nicht mehr, und die Zeit schreitet unbarmherzig voran. Nach 4:09 Stunden habe ich heute erst 27 Kilometer zurückgelegt. Und wirklich beeilen, um Zeit wieder reinzuholen, kann ich mich nicht, wenn die Strecke direkt über einen umgestürzten Baum führt, der die einzige Möglichkeit bietet, den Bach unter mir zu überqueren. Das Balancieren gelingt einigermaßen. Dafür verlangt mir ein rutschiger Anstieg nach 35 Kilometern noch einmal alles ab.

»Der ganze Scheiß wird doch am Ende wieder gut«, verbreite ich Optimismus in die Kamera.

Und natürlich stimmt das, denn nach über sechs Stunden hat das Navi ein Erbarmen mit mir und zeigt die ersehnten 42,2 Kilometer an.

Dennoch war das ein Tag, der mir noch einmal gehörig Respekt eingeflößt hat. Das schwierige Terrain hat gerade erst begonnen, und ich ahne, was noch alles auf mich zukommen wird.

Wie eine Daily Soap

Nach so einem Brett freue ich mich besonders auf die Kommentare meiner Fans auf Social Media. »Unglaubliche Powerfrau!«, lese ich dann und »Du motivierst mich, wieder mit dem Laufen anzufangen«. Andere schreiben, dass sie schon von der Schultreppe völlig erschöpft sind. Oder: »Ich könnte nicht mal 50 Meter joggen und dabei so viel reden.« Das gibt mir sehr viel und ist nach einem langen Tag immer ein Energieboost. Manche schreiben, dass sie mein Vorankommen in den Videos mit der ganzen Familie verfolgen, als wäre es ihre Daily Soap. Sie freuen sich jeden Tag darauf, gemeinsam die neue Folge anzuschauen. Was für ein Wahnsinn!

Der Zuspruch aus der Community, der mich täglich erreicht, erfüllt mich mit großer Freude. Überhaupt bin ich noch immer selbst darüber überrascht, wie groß die Resonanz inzwischen geworden ist und wie viele Menschen auch virtuell an meinem Abenteuer teilhaben und mit mir mitfiebern. Mit Instagram habe ich vor einigen Jahren angefangen, auf TikTok bin ich erst seit 2021. Ursprünglich wollte ich den Menschen, die ich kenne, einfach einen Einblick in meine sportlichen Leidenschaften geben – ob es sich nun um den Trainingslauf vor der Haustür, einen Marathon oder das Eisschwimmen am Neujahrstag handelte. Die Kanäle wurden aber größer und größer, und die Videos im Vorfeld der Deutschlandumrundung sahen nicht mehr nur 1000 oder 2000 Interessierte, sondern ein paar Hunderttausend. Wahnsinn!

Denen wollte und will ich etwas bieten. Das bedeutet für mich einen nicht zu unterschätzenden Aufwand. Wenn eine Etappe der Deutschlandumrundung beendet ist, kann ich mich noch nicht halb erschlagen ins Bett sinken lassen und ausschlafen, bis Sven mich liebevoll mit einer duftenden Tasse Tee weckt. Die Menschen da draußen freuen sich auf meine Berichte und wollen wissen, was am Tag geschehen ist. Daher verbringe ich täglich mehrere Stunden damit, das aufgenommene Material zu sichten, zu schneiden und nachzuvertonen, sodass eine mehr oder weniger sinnvolle und spannende Geschichte daraus wird.

Was mir auch immer Spaß macht, wenngleich die Community inzwischen sehr groß geworden ist, ist der direkte Dialog mit den Fans, die Kommentare zu meinen Videos hinterlassen. Viele stellen Fragen oder drücken einfach nur ihre Bewunderung aus, und es tut mir gut, sich mit ihnen auszutauschen. Andere finden das, was ich tue, eher merkwürdig oder machen sich gar darüber lustig. Jeder hat das Recht auf seine Meinung, und ich kann mit Hatern bislang recht gut umgehen, bilde ich mir ein. Freuen tue ich mich natürlich nicht sonderlich darüber, aber ich habe längst verstanden, dass man es nicht jedem da draußen recht machen kann, besonders dann nicht, wenn er sich seine Meinung bereits selber vollständig gebildet hat.

Das ist eine der viel beschworenen Schattenseiten von Social Media, aber ich will mich nicht beschweren. Es gehört dazu und ist völlig in Ordnung.

Mein Rückzugsraum

Worauf ich allerdings achten muss und möchte, ist, dass es zwei Versionen von mir gibt: die Joyce, die auf den Kanälen öffentlich ist, und die Privatperson Joyce. Jeder ist willkommen, mir auf Social Media zu folgen oder, noch besser, mich tatsächlich auf einer der Etappen zu begleiten. Den Rest des Tages brauche ich allerdings manchmal, um mich zurückzuziehen. Es ist, glaube ich, für jeden Menschen wichtig, sich einen geschützten Bereich zu erhalten, und das gilt auch für mich. Ganz bewusst haben Sven und ich uns daher entschieden, keine Details über die Orte zu posten, an denen wir übernachten. Diese sind unser Rückzugsraum, und wir brauchen die Zeit und die Ruhe dort, um dieses Projekt überhaupt durchziehen zu können.

Die allermeisten Menschen respektieren das. Allerdings kam es schon vor, dass wir, als wir am Morgen aus dem Hotel traten, auf der Heckscheibe des Autos eine Tüte mit Müsliriegeln fanden. Da wollte mir jemand viel Glück für die neue Etappe wünschen. Diese Geste ist zweifellos lieb gemeint, aber sie zeigt, dass die Grenze unserer strikten Privatsphäre an einem nicht öffentlich preisgegebenen Rückzugsort mit unserer Bekanntheit – und der unseres Golfs – immer weiter aufweicht. Es ist ein schmaler Grat, auf dem man mit so einem Projekt wandelt, das einen mehr und mehr ins Bewusstsein der Öffentlichkeit rückt. Man muss verantwortlich mit den Möglichkeiten der sozialen Medien umgehen, das gilt für die Community genauso wie für uns sogenannte Influencer. Wenn einem das gelingt, ist das wunderbar. Denn der Zuspruch der Community gibt mir sehr viel zurück. Ich bin euch dankbar, dass ihr da seid!

Kunstblumen
Etappe 9

Mittwoch, 10. Mai: Von Sebnitz nach Kleingießhübel

Nach 50 Metern im Auto fällt uns beiden dieses ungewöhnliche Geräusch auf. Es ist ein verräterisches Flappen auf der linken Seite, und irgendwie scheint der Wagen zu eiern.

Autopanne. Ein Nagel im Reifen.

Sven wäre nicht der Mann für jede Lebenslage, könnte er nicht einen Wagenheber aus unseren 100 Kilogramm gestapelten Gepäcks wühlen, den Schaden notdürftig beheben und mich wenigstens zum Startpunkt fahren. Während ich laufe, muss er erst mal eine Werkstatt suchen.

Ich starte in Sebnitz, dort, wo ich am Vorabend aufgehört habe. Es ist die Stadt der Kunstblumen. Schon Mitte des 19. Jahrhunderts widmeten sich zahlreiche Betriebe diesem besonderen Handwerk und machten die Stadt schließlich zur bedeutendsten Manufaktur künstlicher Blumen weltweit. Vom ehemaligen Reichtum zeugen in Sebnitz noch die zahlreichen, gut gepflegten Häuserzeilen. Und die idyllische Lage am Tor zur Sächsischen Schweiz verleiht dem Ganzen noch eine besondere Atmosphäre. Auch für mich, denn dieser Nationalpark wird mein heutiges Laufrevier sein.

Mit der jungen Dresdnerin Francis habe ich heute auf den ersten Kilometern eine Mitläuferin, was mir sehr willkommen ist. Denn jeden Tag stelle ich erneut fest, dass ich mich erst mal körperlich und mental auf die Etappe einlassen und gewissermaßen aufwärmen muss. In den ersten Minuten zwickt noch das Bein, die Schritte sind irgendwie unbeholfen, und ich hangele mich irgendwo zwischen Müdigkeit und Lustlosigkeit nach vorne. Dann hilft es besonders, wenn ich mit jemandem sprechen und mich ablenken kann. Zugleich weiß ich: Diese Phase vergeht. Sie wird zwar jeden Tag da sein, aber ich werde sie auch täglich überwinden.

Abartig schön

So auch heute. Nach etwa 30 Minuten habe ich meinen Rhythmus gefunden, und obgleich Francis sich leider in ihren Arbeitstag verabschieden muss, ist die Lust am Laufen in mir wieder so richtig erwacht. Kein Wunder bei der beeindruckenden Kulisse, die die Sächsische Schweiz ausmacht: Die dramatischen Felsformationen erinnern stellenweise an den Grand Canyon, nur mit Wald. Dort, wo der Blick über die Weite dieses Teils des Elbsandsteingebirges fällt, ist die Aussicht spektakulär, und dort, wo ich den schmalen Pfaden durch den kühlen Wald folge, ist es einfach nur träumerisch schön.

Aber es gibt auch die Passagen, die mich daran erinnern, dass nicht alles heile Welt ist: Die fast vollständig brach liegenden Hochflächen, die nur von Stümpfen und vertrocknenden Ästen gesäumt sind, sind offenbar das Werk des Borkenkäfers.

Apropos heil: So ganz auf der Höhe scheint meine linke Hüfte auch nicht mehr zu sein. Schon gestern habe ich ein unangenehmes Ziehen dort verspürt, heute fährt mir jeder Schritt in die Knochen. Es ist nicht dramatisch, aber wenn ich beim nächsten Ruhetag die Möglichkeit habe, einen Physiotherapeuten aufzusuchen, soll er sich dieses Wehwehchens mal annehmen. Ich weiß nur zu gut, dass es nicht ratsam ist, in Verletzungen hineinzulaufen und sie dadurch zu vertiefen. Und die nächsten 111 Marathons durchzuhumpeln scheint mir keine erstrebenswerte Aussicht zu sein.

Der Praktikant würde sicherlich ebenfalls nur wenig Lust verspüren, statt einer Marathon-Deutschlandumrundung eine Mammutwanderung zu begleiten. Überhaupt hat er heute ganz andere

Sorgen, denn er ist noch immer auf der Suche nach einer Autowerkstatt, in der jemand den Reifen wieder auf Vordermann bringt.

Daher bin ich erneut auf den Trinkrucksack angewiesen, aus dem ich mich die nächsten 20 Kilometer durch diese Traumgegend Deutschlands verpflege. Kaum zu glauben, dass ich der Sächsischen Schweiz vorher nie viel Beachtung geschenkt habe. Es gibt eigentlich nur zwei Worte für diese Trails, die an sprudelnden Bächen vorbei- und an schroffen Felsen entlangführen: abartig schön.

Der Community bin ich heute zu Dank verpflichtet. Gestern hat mich der gute Geist Tom noch darauf hingewiesen, dass einige Wege durch die Sächsische Schweiz gesperrt seien und ich daher Umwege in Kauf nehmen müsse. Und siehe da, eine der Umleitungen führt über eine lange Treppe direkt durch die Felsen hindurch. So habe ich noch diverse Höhenmeter als Kür obendrauf gelegt. Yeah!

Auch dunkle Geschichte atmet man hier, das zeigt beispielsweise ein Weltkriegsmonument am Wegesrand. Die Namen diverser Gefallener sind dort eingraviert. Fürs Video lese ich einige Namen vor. Doch was ich Blindfisch nicht sehe, obwohl ich die Kamera direkt draufhalte, darauf weisen mich dann später gleich einige User hin: »J. Hübner, 1912–1942« steht dort in einer Zeile. Was für ein ... wirklich verrückter Zufall.

Endgegner

Ich habe schon über 1000 Höhenmeter im Kasten, aber bei Kilometer 25 geht es noch ein letztes Mal steil nach oben. Mein Endgegner für heute. Er zeigt sich in Gestalt einer Treppe, die sich über einen Kilometer lang unablässig hinaufwindet.

Belohnt werde ich aber damit, dass ich nach dem Anstieg alles wieder hinunterlaufen darf und plötzlich vor dem Ufer der Elbe stehe. Ich muss auf die andere Seite und darf die Überfahrt mit der

Fähre machen. Herrlich, ich komme mir fast vor wie bei einem touristischen Tagesausflug.

Etwas bedauerlich, dass ich die Sächsische Schweiz, die ich gerade erst lieb gewonnen habe, schon wieder hinter mir lassen muss. In einem kleinen Dorf kurz vor dem Ziel darf ich dann aber doch noch mal einen Blick darauf werfen: In einem Vorgarten weist ein Schild in Richtung »Mini-Sächsische-Schweiz«. Jemand hat hier liebevoll einen sandigen Felsgarten zu Ehren dieser schönen Landschaft angelegt. Ich werde definitiv wiederkommen.

Seit ich wieder auf Asphalt laufe, meldet sich die Hüfte mit ihrem dumpfen Protest zurück. Ich muss das wirklich checken lassen. Wenigstens erwartet mich der Praktikant mit der guten Nachricht, dass er einen Automechaniker aus der Mittagspause klingeln konnte und der Golf wieder mit vier prall gefüllten Rädern fährt. So darf für uns alle also die Reise weitergehen.

Fast sieben Stunden waren das heute, der bislang anspruchsvollste Tag. 2800 Kilokalorien habe ich auch noch verbrannt, und von denen werde ich – wie jeden Tag – nur einen Teil wieder reinholen können. Eine kalte Cola ist schon mal der Anfang.

Polizei im Einsatz
Etappe 10

Donnerstag, 11. Mai: Von Kleingießhübel nach Geising

Das Intranet der sächsischen Polizei scheint eine große Reichweite zu haben. Jedenfalls stehen heute tatsächlich sechs Polizisten in dunkelblauen Shirts am Start, die mich begleiten wollen, drei Herren und ebenso viele Damen. Sie sind allerdings nicht Teil der Landes-, sondern der Bundespolizei und können daher auf der Strecke nebenbei noch die Grenze sichern.

Bevor wir uns auf den Weg machen, schenken sie mir als Andenken eine Polizeitasse. Wie cool wird sich die in der Teeküche des Büros machen! Der Praktikant bekommt einen kleinen Polizeiaufnäher geschenkt und freut sich darüber wie über seine erste Modelleisenbahn unter dem Tannenbaum.

Nach so viel Bescherung starten wir, und es geht einfach nur bergauf, Kilometer um Kilometer. Nach sechseinhalb Kilometern wird die Polizeieskorte zu meinem Bedauern schon wieder abgeholt. Sicherlich haben sie noch etwas Besseres zu tun, als einer in die Selfiekamera plappernden Joyce hinterherzujoggen. Danke, dass ihr mich begleitet habt, das hat megaviel Spaß gemacht.

Abgelöst wird die Truppe von Aylin, die heute schon das zweite Mal dabei ist und mir gleich noch eine Tüte Süßigkeiten mitbringt. Das ist ja wirklich wie Weihnachten heute.

Gemeinsam erlaufen wir uns heute die stillen Waldwege und erklimmen Felsgebilde.

Das Ganze ist unerwartet energieraubend, und wir sehnen uns beide dem nächsten Verpflegungspunkt entgegen. Wie schön, dass Sven und Aylins Freund dort gemeinsam auf uns warten wollten. An der verabredeten Stelle taucht allerdings gar niemand auf. Entweder haben sie sich verquatscht oder verfahren. Wir bewegen uns hier schon ein bisschen untertourig, was Essen und Trinken angeht, aber es hilft nichts, und ein wenig Vorrat ist ja noch in der Süßigkeitentüte.

Einfach nur »wow«!

Die Felstürme, die sich unerwartet vor uns in die Höhe schrauben, sehen aus, als balancierten in physikalisch unmöglicher Weise riesige Felsbrocken auf schmalen Hälsen. Eigentlich müssten diese Herkulessäulen jeden Moment zusammenbrechen. Sie stehen aber offenbar schon so lange hier, dass sie ein weithin bekanntes Wahrzeichen dieser Gegend geworden sind, und werden noch so lange durchhalten, bis wir sie über Treppen und durch Schneisen gequert haben. Das ist wahrlich der wilde Osten! Auch wenn wir in dem technischen Terrain immer wieder die Hände zu Hilfe nehmen müssen, ist der Blick einfach nur »wow«!

Aylin war am Sonntag zum ersten Mal zehn Kilometer am Stück gelaufen, heute zieht sie gleich einen Halbmarathon durch. Gut gemacht!

Ich lasse sie ungern gehen, aber neue Begleiter schließen sich mir an, und als hätte ich's geahnt, haben auch sie ein Mitbringsel im Gepäck. Diesmal ist es ein T-Shirt. Mannomann, lieben Dank dafür!

Es gibt ja aber auch etwas zu feiern, denn heute ist es der zehnte Marathon, und mein innerer Etappenzähler ist endlich zweistellig.

Der übermütige Eindruck, dass ich schon weit gekommen bin und auf diesem Projekt schnell vorankomme, wird gleich von einem meiner Begleiter zurechtgerückt, als er auf eine Bergkuppe neben uns verweist: »Dort wirst du in zwei Tagen rübermüssen, in die Gegenrichtung.«

Ja, die Grenze verläuft hier in unzähligen Schleifen und Kurven, die mich immer wieder dorthin zu führen scheinen, wo ich schon einmal war. Hätte da nicht jemand einfach ein Lineal anlegen können?

Schließlich zeigt die Uhr 42,2 Kilometer, und der zehnte Marathon ist absolviert. Als hätte es nicht bereits genug Belohnungen heute gegeben, winkt morgen ein Ruhetag. Den kann ich gut gebrauchen, und meine Hüfte erst recht. Zwar verhielt sie sich heute still, aber von einem Physiotherapeuten begutachten lassen muss ich sie auf jeden Fall. Schließlich sind noch über 4700 Kilometer durchzuhalten.

Bitte nicht belasten!
Etappe 11

Samstag, 13. Mai: Von Geising nach Brüderwiese

So ein Ruhetag ist Fluch und Segen.

Zwar hat der Physiotherapeut mich beruhigt, denn mit meiner Hüfte ist offenbar alles in Ordnung – zu stark belasten solle ich sie aber nicht. Ähem.

Nach einem ganzen Tag Pause ist es umso schwerer, wieder in den täglichen Trott hineinzufinden. Die liebe Ronja, die hier aus der Gegend stammt, darf sich auf den ersten fünf Kilometern heute mein Gejammer anhören, bis auch bei mir die Motoren wieder warmgelaufen sind.

Vorgestern habe ich noch das Lineal vermisst, heute hat es jemand angelegt: Ein asphaltierter Weg führt Kilometer für Kilometer schnurgerade durch den Wald. So kann ich es gut gebrauchen. Auf dem folgenden Downhill ergreift mich dann das Runner's High. Dieses Gefühl, der glücklichste Mensch der Welt zu sein, muss ich genießen. Ich weiß, wie schnell es wieder vorübergehen kann. In einem langen Lauf sind emotionale Schwankungen so üblich wie im Teammeeting im Büro – eben noch waren alle super drauf, plötzlich kippt die Stimmung. So versuche ich, mich über den einsetzenden Regen zu freuen und die ordentliche Pace so lange wie möglich durchzuhalten.

Die Panzerbrücke

Die zahlreichen kleinen Grenzsteine am Wegrand leiten mich mal wieder zu einem offiziellen Übergang zwischen Deutschland und Tschechien. In Deutschgeorgenthal wohnen zwar nur knapp 30 Menschen, aber hier befindet sich mit der Brücke über den Fluss Flöha ein geschichtsträchtiger Grenzübergang. Seine unrühmliche Rolle kommt ihm nicht nur dadurch zu, dass er seit 1945 geschlossen war und damit die wirtschaftlich eng verbundenen Dörfer auf deutscher und tschechischer Seite voneinander trennte. Es drangen zudem im Jahr 1968 sowjetische Panzer von hier aus nach Tschechien vor, um den Prager Frühling niederzuschlagen.

Seit Mitte der 1990er-Jahre ist der Grenzübergang wieder offen, und heutzutage führen zahlreiche grenzüberschreitende Wanderwege durch die Region.

Einer davon ist heute gesperrt, und das ist der, den ich eigentlich einschlagen muss. Egal, mich kann heute irgendwie nichts erschüttern, und ich kann mir alles schönreden. Obwohl die niedlichen Ziegen am Straßenrand nichts mit mir zu tun haben wollen und ich der Gruppe von Eselswanderern, die mir so gemütlich entgegenkommen, leider nicht folgen kann, höre ich nicht auf, es super zu finden, dass sich die Strecke heute zieht wie Kleister. So kann man sich auch durch einen zähen Tag mogeln. Wieder was gelernt.

Der kälteste Ort
Etappe 12

Sonntag, 14. Mai: Von Brüderwiese nach Satzung

Es ist ein bisschen peinlich, dass wir ausgerechnet heute 20 Minuten zu spät am bekannt gemachten Startpunkt eintrudeln, denn wie am letzten Sonntag wartet auch heute eine größere Schar Laufbegeisterter auf uns. Manche nehmen weite Anreisen auf sich, um einige Kilometer mitzumachen.

Auch heute hat sich eine bunte Mischung an Mitläufern eingefunden. Einige stammen aus Dresden oder Chemnitz. Einer meiner Begleiter, Toni, seines Zeichens seit über 20 Jahren aktiver Läufer und Triathlet, ist heute zum ersten Mal dabei und wird mich noch mehrere Tage begleiten. Auch zwei Beamte von der Bundespolizei sind wieder mit am Start. Sie haben sogar Funkgeräte mit dabei. Sehr praktisch, sollten wir uns verfranzen. Wahrscheinlich beruht diese professionelle Vorsichtsmaßnahme auf der Tatsache, dass ich andere Menschen in den letzten Tagen bereits oft genug ins Dickicht geführt habe.

Nach zwölf Kilometern wartet aber schon der Polizeibus auf sie, und wir sind fortan dazu verdammt, den Grenzweg auf eigene Gefahr unter die Füße zu nehmen. Dieser wird bald zum Plattenweg, den die ostdeutschen Mitläufer und ich noch allzu gut kennen und dem ich in den letzten Tagen immer wieder begegnet bin. Inzwischen ist der Beton hier und da aufgesprungen. Dennoch macht so ein Plattenweg aus Läufersicht durchaus Spaß: Die Kurzweiligkeit des Versuchs, jede der etwas krumm und schief in den Boden gelassenen Betonquader nur mit einem Fuß zu berühren, darf man nicht unterschätzen.

Nach 15 Kilometern schließt sich uns noch eine weitere Traube Menschen an, dabei die bislang jüngste Läuferin mit nur zwölf Jahren. Bravo!

Eine fast noch größere Leistung vollbringt heute der Praktikant. Zum allerersten Mal traut er sich gemeinsam mit mir auf die Laufstrecke, und das in einem kongenialen Outfit – Eichhörnchenpullover, Jogginghose und weiße Schuhe mit neonfarbenen Sohlen. Dass er sich so dick eingepackt hat, ist legitim: Schließlich gilt das nahe gelegene Kühnhaide als der kälteste bewohnte Ort Deutschlands. Nur dass man heute nicht besonders viel davon merkt.

Sven setzt sich sogleich an die Spitze unseres Trupps und führt uns bis zu dem Straßenschild, von dem Einheimische uns berichteten und das er sich nicht entgehen lassen wollte: Wir befinden uns auf der Hübnerstraße.

Der Grüne Graben

Nach diesen 200 Metern begibt er sich dann aber wieder in sein natürliches Ökosystem, das Auto. Und wir traben weiter an der Grenze entlang. Der in der Gegend wohlbekannte Grüne Graben ist ein künstlich angelegter Bach, der einst Flusswasser zu den nahe gelegenen Gruben des Bergbaus führte. So richtig grün erscheint mir das Gewässer nicht, eher braun, aber es führt ein schöner Wanderweg daran entlang, den man einmal gesondert unter die Füße nehmen sollte.

Die Polizei lässt sich noch ein paarmal blicken. An einer Verpflegungsstation wird mir verkündet, dass weitere Beamte in die Etappe einsteigen werden, allerdings erst, wenn wir den vor uns liegenden Berg überquert haben. So geht es auch, ihr seid immer willkommen.

Willkommen fühlen auch wir uns hier heute außerordentlich. Im Ziel hat sich eine große Gruppe versammelt, um den geschafften Marathon mit Kuchen und Kaffee zu feiern. Da macht es gar nichts, dass wir heute am Ende mal wieder drei Zusatzkilometer dranhängen mussten, weil der Routenplan bereits bei Kilometer 39 freudig das Ziel vermeldete. Wie gesagt, ich kann jeden verstehen, der ein Funkgerät mitnimmt, bevor er sich überlegt, mit mir zu laufen.

Der höchste Berg
Etappe 13

Montag, 15. Mai:
Von Satzung nach Rittersgrün

Marathon Nummer 13. Ich halte nicht viel von Aberglauben, daher starte ich mit super Stimmung in den Tag. Die Hüfte merke ich zwar immer noch, aber daran habe ich mich inzwischen gewöhnt. Solange sie sich nicht noch energischer meldet, diagnostiziere ich mal: Alles so weit in Ordnung.

Nach einem Kilometer muss ich eine sumpfige Hochwiese überqueren und darf als Belohnung die nächsten Stunden in durchnässten Schuhen verbringen. Ein Wechsel würde sich nicht lohnen, denn den ganzen Tag führt das Navi zielsicher durch jede Matschpfütze im Umkreis. Von der bombigen Laune am Start ist irgendwann trotz besten Willens nicht mehr viel übrig.

Zu gerne würde ich so selig schlafen wie der Praktikant an der Verpflegungsstation. Sorry, dass ich dich wecken muss.

Gemeinsam mit Begleiterin Antonia geht es heute noch auf den stets am Horizont drohenden Fichtelberg.

1214,88 Meter hoch ist er, der höchste Berg Sachsens, und je näher wir seinem Gipfelplateau kommen, desto stürmischer, regnerischer und kälter wird es. Bei Sonnenwetter ist der Fichtelberg sicherlich gut besucht und mit einer großartigen Aussicht gesegnet. Heute sieht man nichts, und Besucher gibt es auch keine. Doch, einer ist vor Ort, und der ist der wichtigste: Sven hat den Golf bis hier oben hinaufgequält und versorgt uns mit Schokoladenriegeln. Außerdem kann er mir eine Regenjacke aus dem Vorrat heraussuchen. Antonia und ich drängen uns inzwischen in den Schutz eines kleinen Unterstands, trotzdem kühlen wir sofort aus. Also lieber nicht zu lange stehen bleiben und den ganzen Berg auf der anderen Seite wieder runter. Kurz vor Schluss bricht die Sonne aus den dunklen Wolken, verwandelt alles in sommerliche Pracht und bringt mich zum Dampfen. Das war irgendwie so klar. Da oben hätten wir die Sonne gut gebrauchen können!

Bist du Joyce Hübner?

Die Nacht verbringen wir in einem Hotel auf der tschechischen Seite. Es handelt sich eigentlich um einen umgebauten Bauernhof, und als wir auf den Hof rollen, sieht er gar nicht sonderlich umgebaut aus. Alles wirkt ziemlich trist und in die Jahre gekommen. Würde hier auf TripAdvisor ein »Don't go there?« stehen? Wir werden sogleich eines Besseren belehrt. Denn die Wirtsleute, die uns aus dem Haus entgegenkommen, sind supernett und führen uns in eine komplett neu ausgebaute Ferienwohnung. Aus dem Fenster blicken uns allerlei große und kleine Kinder mit großen Augen an. Ist es nur ein Gefühl, oder erkennen sie mich etwa?

Wir fühlen uns in unserem Heim für die Nacht sofort wohl. Einziger Wermutstropfen: Die Toilette befindet sich im anderen Haus. Eigentlich kein Problem, doch mein Magen ist mal wieder nicht gerade im Ruhemodus, und der heutige Marathon hat mich ziemlich geschlaucht.

Es hilft nichts, also schleppe ich mich etwas missgelaunt quer über den Hof und suche die kleine Toilette im Treppenhaus. Noch bevor ich den Deckel hochgeklappt habe, vernehme ich draußen auf der Treppe Schritte. Sie kommen näher, aber sie gehen nicht vorbei. Da wartet jemand.

Oh nein. Ich bin ja sonst nicht so, aber gerade fühle ich mich nicht in der Stimmung für Gespräche. Eigentlich möchte ich heute am liebsten niemanden mehr sehen und einfach ins Bett fallen.

Aber wenn ich genug Geduld aufbringe ... So wasche ich mir lange die Hände, trockne sie umständlich ab und lausche.

Nichts.

Also drehe ich noch mal den Wasserhahn auf und wiederhole die ganze Prozedur.

Horche erneut.

Absolute Stille draußen.

Da ist niemand. Und ich Idiotin habe mich hier extra lange eingeschlossen.

Als ich die Tür öffne, steht ein Mädchen direkt vor mir und starrt mich aus großen Augen an. Um ein Haar hätte ich aufgeschrien, so sehr hat sie mich erschreckt.

»Bist du Joyce Hübner?«

Nun winden sich meine Synapsen in einem hektischen Kampf. Soll ich bejahen oder es einfach leugnen? Ernsthaft? Natürlich nicke ich. Das zaubert ein breites Lächeln auf ihr Gesicht, und sie hält mir einen Notizblock und einen Stift hin. »Bekomme ich ein Autogramm?«

Ich muss grinsen. Das ist so nett, und ich kann gar nicht anders, als gute Laune zu bekommen. Klar kriegt sie ein Autogramm. Und ich anschließend meinen Feierabend. Eine Win-win-Situation.

Den Wald harken
Etappe 14

Dienstag, 16. Mai: Von Rittersgrün nach Klingenthal

Es ist ein Auf und Ab bei diesem Vorhaben, und das nicht nur vom Streckenprofil her. Heute läuft es, das merke ich gleich auf dem ersten Kilometer, weitaus runder als am Vortag. Warum? Das kann ich nicht erklären. Eigentlich seltsam, dass man in solch unterschiedliche Stimmungen verfallen kann, obwohl man doch stets das Gleiche tut: einen Fuß vor den anderen zu setzen.

Aber es sind die kleinen Dinge, die einem manchmal den entscheidenden Kick geben können. Und heute fühlt sich einfach alles rund an. Die Muskeln sind weich und angenehm warm in der langen Laufhose, selbst die Hüfte schweigt sich zufrieden aus. Und die äußeren Bedingungen liegen mir: Zwar hängt immer noch der Nebel über den Wäldern, und der Himmel ist grau, aber ich genieße diese herbe Romantik und die erfrischend kühle Luft heute erst mal ganz für mich allein.

Ganz allein? Nein, ab und zu begegne ich schon Abgesandten der Zivilisation. Hier steht ein Auto vom Sachsenforst, und dort hinten harkt jemand ganz akribisch den Wald. So etwas habe ich auch noch nicht gesehen.

Die Förster scheinen hier aber ein wirklich vorbildliches Berufsethos zu haben. Da wundert es mich ein wenig, dass sie die alte Skischanzenanlage im Wald so achtlos verrotten lassen. Noch in den 1930er-Jahren stand hier eine Holzschanze, die zu jenem Zeitpunkt als größte Deutschlands galt. Sie brach allerdings zusammen und wurde in den 1960er-Jahren durch die Beton- und Stahlanlage ersetzt, die ich gerade mit etwas mulmigem Gefühl unterquere. Dass die Schanze seit Beginn der 2000er-Jahre nicht mehr genutzt wird und trotzig vor sich hin rottet, sieht man ihr deutlich an. Sie abzureißen ist vermutlich zu teuer. Nun, die paar Minuten, die ich hier bin, wird sie sicher noch halten.

Umso fürsorglicher wird sich hier übrigens um die Grenzsteine gekümmert. Damit ihnen nicht zu kalt wird, hat man sie in dicke orange Westen eingepackt.

Zur Halbzeit bekomme ich dann doch noch Besuch in Form von Mike, der seine Mittagspause nutzt, um mit Joyce Hübner auf der Suche nach einem Weg durch den Matsch zu traben.

Der Gipfel des nicht ganz 1000 Meter erreichenden Aschbergs liegt auf tschechischer Seite. Die Aussicht ist wieder einmal enttäuschend, aber ich habe sowieso keinen rechten Sinn dafür, da das Hungergefühl heute irgendwie größer ist als sonst. So wird der letzte Abschnitt der heutigen 43 Kilometer noch mal zu einem Kampf gegen die Unterzuckerung. Und kurz vor das Ziel hat der sächsische Laufgott noch eine lange, lange Treppe gesetzt.

Aber dann: Am Endpunkt wartet nicht nur der Praktikant auf mich, sondern zudem vier freundliche Mädels, die selbst gebackene Schokomuffins mitgebracht haben. Wie nett! Mein leerer Magen macht einen inneren Luftsprung, und die vergangenen 5:43 Stunden sind schon fast wieder vergessen. Eigentlich war das doch ein guter, ja ein hervorragender Tag.

Das Versprechen
Etappe 15

Mittwoch, 17. Mai: Von Klingenthal nach Sigmundsgrün

Tag für Tag jubele ich meine Ansagen in die Kamera. »Marathon Nummer fünf der Deutschlandumrundung«, »Leute, es ist schon Marathon Nummer zehn«. Heute steht Marathon Nummer 15 an, und ich grinse wie immer ziemlich aufgedreht in die Kamera. Ich glaube, es sieht so leicht und locker aus wie immer. Und das ist auch gut so.

Was niemand da draußen ahnt, ist, dass mir das heute extrem schwerfällt.

Am Morgen, noch vor dem Frühstück, kam der Anruf. Mein Bruder ist am frühen Morgen verstorben.

Selbst wenn es unausweichlich war und ich mit der traurigen Gewissheit in dieses Projekt gegangen bin, dass es irgendwann so weit ist – dass nun tatsächlich eingetreten ist, was wir alle befürchtet hatten, reißt mich in ein tiefes Loch.

Eigentlich will ich mich nur noch verkriechen. Ich verspüre keine Lust, etwas zu essen. Und noch weniger verspüre ich Lust darauf zu laufen. Aber zugleich weiß ich, dass ich es tun werde. Ich zieh das durch und habe es Roy versprochen. Jetzt erst recht und auch für Roy. Also wische ich mir die Tränen aus dem Gesicht und starte in die ewig gleiche Routine: in Hose und Shirt schlüpfen, die Taschen aus dem Hotelzimmer räumen, ins Auto steigen.

Auf der Fahrt zum Startpunkt schweige ich, während Sven sich redlich bemüht, mich mit allerlei Unsinn abzulenken. Er ist derjenige, der mir am nächsten ist, und ich bin ihm so dankbar dafür, aber mein Kopf ist einfach nur von einem dumpfen Schmerz erfüllt.

Ich habe heute einen wichtigen Menschen in meinem Leben verloren. Ein Stück weit glaube ich daran, dass ich ihn auf den letzten Etappen mitnehmen konnte, und das werde ich weiterhin tun. Ich hoffe, dass er mit der Gewissheit eingeschlafen ist, dass wir eine Vereinbarung haben, er und ich. Und dass ich sie einhalten werde.

Nur reden möchte ich eigentlich mit niemandem.

Ausgerechnet heute wartet eine Schulklasse am Start. 20 fröhlich winkende Kinder und ihre Mathelehrerin, die mich ein kleines Stück begleiten wollen. Ich fühle mich überfordert von dem Trubel und muss schon wieder damit kämpfen, die Tränen zurückzuhalten. Sie sind alle wahnsinnig nett und freuen sich wie die Schnitzel über ein Selfie, ein Autogramm oder einfach nur ein Abklatschen. Der Praktikant verteilt fleißig die Erinnerungsarmbändchen, die jeder Mutige bekommt, der mich begleitet.

Und ich stelle fest, dass es mir gelingt, wieder in den *@runninggirl.joyce*-Modus zu gehen. Normalerweise nehme ich für mich in Anspruch, dass es sich bei der Joyce in den Videos um die gleiche Persönlichkeit handelt wie die private Joyce, mit allen Eigenheiten, Stärken, Schwächen und Gefühlen. Heute fällt das in emotionaler Hinsicht sehr auseinander, aber ich habe bereits auf den ersten paar Hundert Metern, auf denen mir die herumwuselnden Kinder tatsächlich wieder ein Lächeln aufs Gesicht zaubern, eine Entscheidung getroffen. Ich werde mir, wenn möglich, nichts anmerken lassen. Nicht heute und nicht in den nächsten Tagen.

Es geht hier darum, den Spaß am Sport zu vermitteln und nicht meine persönlichen Probleme zu wälzen oder von irgendjemandem Mitleid zu bekommen. Aus diesem Grund habe ich auf keinem meiner Kanäle die Geschichte meines Bruders erwähnt und tue das auch weiterhin nicht.

Einfach nur laufen

Dennoch bin ich etwas erleichtert, als sich die Klasse verabschiedet. Noch ein weiterer Mitläufer ist dabei, den ich, mea culpa, in dem ganzen Gewusel bislang übersehen hatte. Theo aus Dresden begleitet mich auf den nächsten Kilometern durch den kühlen Wald und ist offenbar völlig zufrieden damit, einfach zu laufen. Er spricht nicht viel, und damit ergänzen wir uns heute perfekt. Wir lauschen dem regelmäßigen Knirschen der Sohlen auf dem feuchten Boden, hängen unseren Gedanken nach. In meinem Fall ziehen die letzten Wochen mit Roy an mir vorüber.

Die Strecke verschont mich heute mit besonderen Herausforderungen. Zwar verirre ich mich immer wieder auf Privatgrundstücke und stehe plötzlich auf irgendwelchen Bauernhöfen, wo mich ein wild kläffender Hund daran erinnert, dass ich mich nicht blind auf das GPS verlassen sollte, aber im Übrigen haben die dichten Wolken etwas Beruhigendes und lassen mich in Ruhe meinen Gedanken nachhängen.

Ganz nebenbei passiere ich das »Dreiländereck« aus Tschechien, Sachsen und Bayern. Ab jetzt werde ich lange in diesem Bundesland unterwegs sein. Da steht gleich ein weiterer dieser Grenzpfähle, die ich bereits seit Frankfurt (Oder) begeistert runterzähle. Nur prangt hier nicht etwa die Nummer Null auf der Plakette, sondern die etwas erschreckende 2735. Alles geht wieder von vorne los. Darauf hätten sie mich ja wenigstens vorbereiten können.

Ich bin froh, als ich heute im Ziel ankomme. Ein liebes Mädel schenkt mir dort die leckeren tschechischen Oblaten sowie zwei Porzellantassen, die hier vor Ort in einer Manufaktur hergestellt wurden. Wir befinden uns auf der Bayerischen Porzellanstraße, die auf einer Länge von 550 Kilometern durch Oberfranken und die Oberpfalz führt, vorbei an zahlreichen Produktionsstätten und vor allem durch schöne Landschaften. Das wäre mal eine Inspiration für ein neues Projekt.

Zu guter Letzt kommt noch ein Kamerateam von Oberfranken TV vorbei und macht ein Interview auf der grünen Wiese.

Der Tag ist geschafft, und ich habe ihn einigermaßen gefasst durchgestanden. Laufen ist eben nicht nur ein schöner Zeitvertreib, wenn man sich großartig fühlt. Es kann auch helfen und vielleicht sogar ein Stück weit heilen.

Vertatag
Etappe 16

Donnerstag, 18. Mai:
Von Sigmundsgrün nach Schirnding

In den kommenden Tagen bin ich stiller als sonst und kann nicht die Kraft aufbringen, mit meiner Familie zu sprechen. Ich will das mit mir selbst ausmachen, und das Laufen hilft mir dabei.

Roy hat sich eine Seebestattung gewünscht, und diese wird erst in einigen Wochen stattfinden können. Ich werde dann die Entscheidung treffen müssen, ob ich an der Trauerfeier teilnehmen und das Projekt dafür unterbrechen möchte, oder nicht. Noch ist es aber noch nicht so weit, ich habe noch Zeit, mich festzulegen, und darüber bin ich ganz froh.

Es ist die 16. Etappe, und die Beine sind zwar immer noch in der Lage, einen Marathon hinter sich zu bringen, das Aussteigen aus dem Auto fällt aber zunehmend schwerer. Es ist Himmelfahrt aka Vatertag, und es sind nur Frauen am Start. Sind die Männer alle bereits mit den Bierkisten losgezogen? Nun, da haben wir in jedem Fall etwas Besseres vor.

Zwischen zwei Triathletinnen und einer Kickboxerin komme ich schon beim ersten Anstieg ins Schnaufen, während sie noch nicht mal warmgelaufen sind.

Bitte mal rechts ranlaufen!

Ein paar trinkende Männer erblicken wir heute tatsächlich in den Wiesen. Und auch mein eigener braucht mal wieder eine Sonderbehandlung. Obwohl es gestern Abend richtig kalt war, hat er seine Jacke im Restaurant vergessen. Mir ist nicht ganz klar, wie das passieren kann, denn man merkt doch beim Rausgehen, dass man friert. Nun ja, daher haben wir heute Abend einen weiteren guten Grund, noch mal in die gleiche Location zum Essen zu gehen. Das Essen war nämlich ziemlich gut.

Mit einer roten Kelle werde ich von der Polizei rausgewunken. Bitte mal rechts ranlaufen. Allerdings nicht, weil sie mich anlässlich des Vatertags um einen Alkoholtest bitten, sondern weil sie mitlaufen wollen. Die beiden Bundespolizisten stammen aus meiner Wahlheimat NRW und lernen auf diese Weise mit mir das schöne Oberfranken kennen. Einer ist gar ein Praktikant. Es gibt also noch weitere dieser raren Spezies.

Aus einem Festzelt hören wir ausgelassenes Männergegröle, die Beamten verzichten allerdings auf eine Kontrolle. Sie sind schließlich nicht zum Spaß hier. Läuferisch erweisen sie sich ohnehin als ziemlich determiniert und ausdauernd und zeigen keinerlei Anzeichen von Müdigkeit.

Zur Gruppe haben sich inzwischen einige Radfahrer und weitere Mädels zu Fuß gesellt, unter anderem die 19-jährige Tamara, die noch nie in ihrem Leben zuvor gejoggt ist und für ihre Teilnahme daher von der Community besonders gefeiert wird – von mir natürlich ebenfalls. Applaus, Applaus!

Bei Kilometer 36 erwarten uns noch mal elf Prozent Anstieg, und die Männer von der Bundespolizei müssen mit einem Sprint beweisen, dass das heute ihr Tag ist. Ich lasse ihnen gerne den Vortritt. »Let's go, Jungs!«

Ich wähle die vernünftige und nachhaltige Variante und verfalle in meinen Powerwalk. Das überambitionierte Marschieren sieht richtig dämlich aus, fühlt sich aber gut an und ist vor allem effizient. Während den Jungs oben der Herzschlag durch die Decke geht, komme ich entspannt und nicht mal sonderlich viel später an.

Die alte Stadt Hohenberg an der Eger empfängt uns mit einer herrschaftlichen Burg und einigen herrschaftlichen Männergruppen, die ihrer heutigen Aufgabe frönen. Ich selbst widme mich lieber dem mineralhaltigen Heilwasser aus der Quelle, für das die Region seit Jahrhunderten berühmt ist. Wie jedes Heilwasser auf der Welt schmeckt auch dieses scheußlich, gibt einem aber das gute Gefühl, das Richtige zu tun. Mein Magen freut sich nachher erst mal auf eine Cola.

Mit der geballten Polizeiunterstützung bleiben wir heute tatsächlich seit einigen Tagen erstmals wieder unter der 5-Stunden-Marke. Well done!

Der bayerische Vulkan
Etappe 17

Samstag, 20. Mai: Von Schirnding nach Mähring

Ich darf eine versierte Begleitung in Gestalt des Ultramarathonläufers Sören begrüßen, vielfacher Finisher des Supermarathons beim Rennsteiglauf. Er will bis zur Marathonmarke dabeibleiben. Seine Tochter steigt ebenfalls noch mit ein, ihres Zeichens Leichtathletin auf der Sportschule. Hier fällt der viel beschworene Laufschuh nicht weit vom Stamm. Eine krass sportliche Familie.

Und noch ein Vater-Tochter-Gespann findet zu uns: Thomas und Katharina erweisen sich als zähe Knochen, die sich mehrmals vorzeitig verabschieden, um dann ein paar Kilometer weiter doch wieder einzusteigen, einfach, weil es einfach so schön ist.

Der Grenzweg zeigt sich heute ja auch von seiner lieblichen Seite. Hier blühen die Kirschbäume, dort schimmern die Rapsfelder in der Sonne. Dass ein so schöner Weg ebenfalls von anderen Sportlern genutzt wird, ist verständlich. Immer wieder kommen uns größere Gruppen auf E-Bikes entgegen. Alles, was Bewegung ist, tut gut, also bitte sehr.

Das herausgeputzte Fachwerkstädtchen Neualbenreuth ist ebenfalls ein Heilbad, aber sollte es eine Schwefelquelle geben, so verzichte ich heute dankend. Spannend ist die Entdeckung eines kreisrunden Lochs in der Umgebung, das Überbleibsel des jüngsten Vulkanausbruchs in Bayern sein soll. Dieser ist allerdings auch schon wieder 200 000 Jahre her.

Am Mittelpunkt

Und noch etwas Geschichtsträchtiges steht uns auf dieser Etappe bevor: Mein Endgegner ist heute sogar der Mittelpunkt Europas. Wer kann so was schon von sich behaupten?

Sören zieht mich mit sturer Entschlossenheit mit, sodass uns selbst mein ungeschicktes Stolpern auf dem felsigen Pfad nicht mehr stoppen kann.

Schließlich stehen wir auf dem Tillenberg vor einem Granitstein, der diese Waldlichtung an der deutsch-tschechischen Grenze als Mittelpunkt Europas ausweist. Nachgemessen hat das ein österreichischer Landvermesser noch zur Kaiserzeit. Der Originalstein aus dem Jahr 1865 ist leider verschwunden, und nachdem der Ort lange Zeit als militärisches Sperrgebiet ein einsames Dasein gefristet hatte, spendete man ihm 1985 einen neuen Gedenkstein und dazu gleich noch eine Landkarte mit Tafel, aufgestellt vom französischen Nationalen Institut für Geografie. Dort, so lese ich noch außer Atem und mit einiger Enttäuschung, waren offenbar die Nörgler am Werk, denn die Inschrift klärt uns darüber auf, dass man sich keineswegs so sicher sein könne, ob dies tatsächlich der geografische Mittelpunkt Europas sei. Es gebe schließlich verschiedene Berechnungsmethoden und keine absolute Wahrheit. Also bitte, halten wir uns nicht mit solchen Kleinigkeiten auf. Für mich ist das der Mittelpunkt Europas und zugleich auch der Höhepunkt des Tages, denn von nun an geht es eigentlich nur noch in munteren Downhills der Zielmarke entgegen. Die heutigen 44 Kilometer haben mich ordentlich geschafft, Sören wirkt dagegen noch so frisch, als würde er gleich weiterlaufen, wenn ich im Auto verstaut bin. Wie schön, dass ich dich heute den ganzen Tag dabeihatte.

Warum das alles?
Etappe 18

Sonntag, 21. Mai: Von Mähring nach Waidhaus

Etappe 18 beginnt großartig mit dem Begleiter Andi, der sogar eine Medaille der Deutschlandumrundung für mich gebastelt hat. Wie cool ist das denn?!

Allerdings haben wir uns nach dem entspannten Start heute definitiv zu früh gefreut, denn das wird der härteste Tag, den ich bei diesem Projekt bislang hatte. Nachdem Andi mich nach 15 Kilometern wieder in mein Sololäuferinnendasein katapultiert, darf ich mich auf den nächsten 20 Kilometern mit mir selbst beschäftigen. Ich komme heute mal wieder nicht richtig ins Laufen. Und das bleibt auch den ganzen Tag so, weshalb sich die einsamen Stunden richtig zäh hinziehen. Dabei kann ich mich über die äußeren Bedingungen wahrlich nicht beklagen: Der Grenzweg folgt einer idyllische Route entlang breiter Wege und Wurzelpfaden. Wenn es dann aber weglos über die Wiesen und in die pralle Sonne geht, kann ich erahnen, was mir im Sommer bevorstehen wird.

Und die alte Frage formt sich wieder in meinem Kopf: Warum?

Manche Fragen, die mir User stellen, sind überraschend detailversessen und technisch: Trittst du immer mit dem Vorfuß auf? Wie kannst du das alles ohne Seitenstechen schaffen?

Die am häufigsten gestellte Frage ist aber immer noch: Warum tust du das alles? Warum läufst du überhaupt? Es ist zugleich die, die am schwierigsten zu beantworten ist.

Es gibt so viele Gründe. Ganz profan: Laufen macht Spaß, und eigentlich kann man es überall und spontan tun. Das war der Grund für mich, überhaupt mit diesem Sport zu beginnen, da alles andere, sei es nun das Boxen, Rennradfahren oder das Fitnessstudio, eine gewisse Infrastruktur braucht und manchmal schlicht zu umständlich ist. Laufen ist ein physischer und psychischer Gesundheitsboost und bedeutet einen Ausbruch aus dem Alltag. Zeit, in der man sich ganz bewusst sich selbst und den eigenen Gedanken widmen kann.

Diese Dinge wollen aber die Menschen gar nicht hören, wenn sie mich nach meiner Motivation fragen, täglich für einen Marathon in die Schuhe zu steigen. Sie wollen wissen, was mir das gibt und was ich suche. Ich glaube, genau wie alle anderen Menschen bin auch ich bewusst oder unbewusst auf der Suche nach meinem Platz im Leben oder, etwas pathetischer formuliert, nach meiner Bestimmung. Ich glaube, diese kann man überall finden, und sie erfüllt sich in jenen Momenten, in denen man glücklich ist. Ob das nun Geigespielen, Segeln, Bücherschreiben oder Schach ist – oder eben das Laufen. Es kommt darauf an, die Momente im Leben für sich zu entdecken, die einen ein Stück glücklicher werden lassen. Und für mich ist Laufen dieses Mittel, das mich Tag für Tag mit solchen glücklichen Gedanken erfüllen kann. Es ist Genuss und Herausforderung zugleich und verbindet damit möglicherweise zwei grundlegende Dinge, die unsere Existenz auszeichnen. Und manchmal – das gehört dazu – bedeutet es Quälerei. Dann wird ein Lauf zu einem Brennglas für all das, was das Leben auszeichnet: Man fordert sich heraus und überwindet Grenzen. Oder man hangelt sich, wie ich derzeit, an der Grenze entlang, bis sie irgendwann vollständig bezwungen ist.

Das Laufen ist eine Reise

Muss es immer ein Marathon sein? Oder ein Mammutprojekt wie dieses, das ich gerade durchziehe? Nein, jede Strecke, jede Distanz vermag es, einen herauszufordern, einem Bestätigung zu geben und ein positives Gefühl zu vermitteln. Ich erinnere mich an die Euphorie nach ein paar schnellen Runden um den Sportplatz und schwebte schon nach 5-Kilometer-Wettkämpfen im siebten Himmel. Natürlich verschieben sich, wie im echten Leben, mit dem Erreichten die Maßstäbe für neue Herausforderungen, je nachdem, wie ehrgeizig man ist. Besonders stolz bin ich auf die Tage, an denen ich läuferisch etwas schaffe, das mir zuvor nicht gelungen ist. Man kann ganz klein beginnen, mit einer Runde um den Block, und sobald man Feuer gefangen hat, ergibt es sich ganz von selbst, dass man weiterkommen will. So war es bei mir, und so ist es bei vielen anderen auch. Das Laufen ist eine Reise. Jeder kann sie genauso gut wie ich beginnen, zu jeder Zeit. Ich bin nicht anders als die anderen Menschen, die von etwas träumen und sich irgendwann dazu entscheiden, diesen Traum Wirklichkeit werden zu lassen. Die sich auf ihre eigene Reise begeben.

Und sie ist nicht nur zehn Kilometer, einen Marathon oder 120 Marathons lang. Sie ist so lang, wie wir wollen, denn die Möglichkeiten, diese Welt läuferisch zu erkunden, sind gewissermaßen grenzenlos.

Viele fragen mich überdies: Wenn du diese Deutschlandumrundung geschafft hast – was kommt danach? Was kann überhaupt noch danach kommen? Darüber mache ich mir durchaus Gedanken. Im Vorfeld erschien dieses Projekt wie ein gigantischer Berg, an dem ich mir möglicherweise die Zähne ausbeiße. Wenn ich das geschafft habe, muss ich eigentlich nichts weiter tun. Aber wenn ich mal ganz ehrlich mit mir selbst bin, kenne ich mich gut genug, um zu wissen, was selbst nach den härtesten und unbarmherzigsten Läufen gilt: einen Fuß über die Ziellinie, und in meinem Kopf tuscheln bereits die Nervenzellen miteinander, was sie mir als nächstes Projekt einflüstern wollen.

Diese Gewissheit und die Tatsache, dass ich noch lange, lange laufen darf, bevor ich solch eine Entscheidung treffen muss, beruhigen mich etwas. Das ist einer der guten Gründe für das, was ich tue: Während man läuft, muss man nichts anderes tun. Vieles, was einem im wahren Leben Sorgen bereitet, kann man ausblenden. Es zählt allein, nicht da vorne über die Wurzel zu stolpern.

Nach diesem Tag, an dem eigentlich nichts Spektakuläres geschah und ich für meine Verhältnisse eigentlich gut durchgekommen bin, fühle ich mich trotzdem fix und alle. So unterschiedlich können sich 43 Kilometer anfühlen.

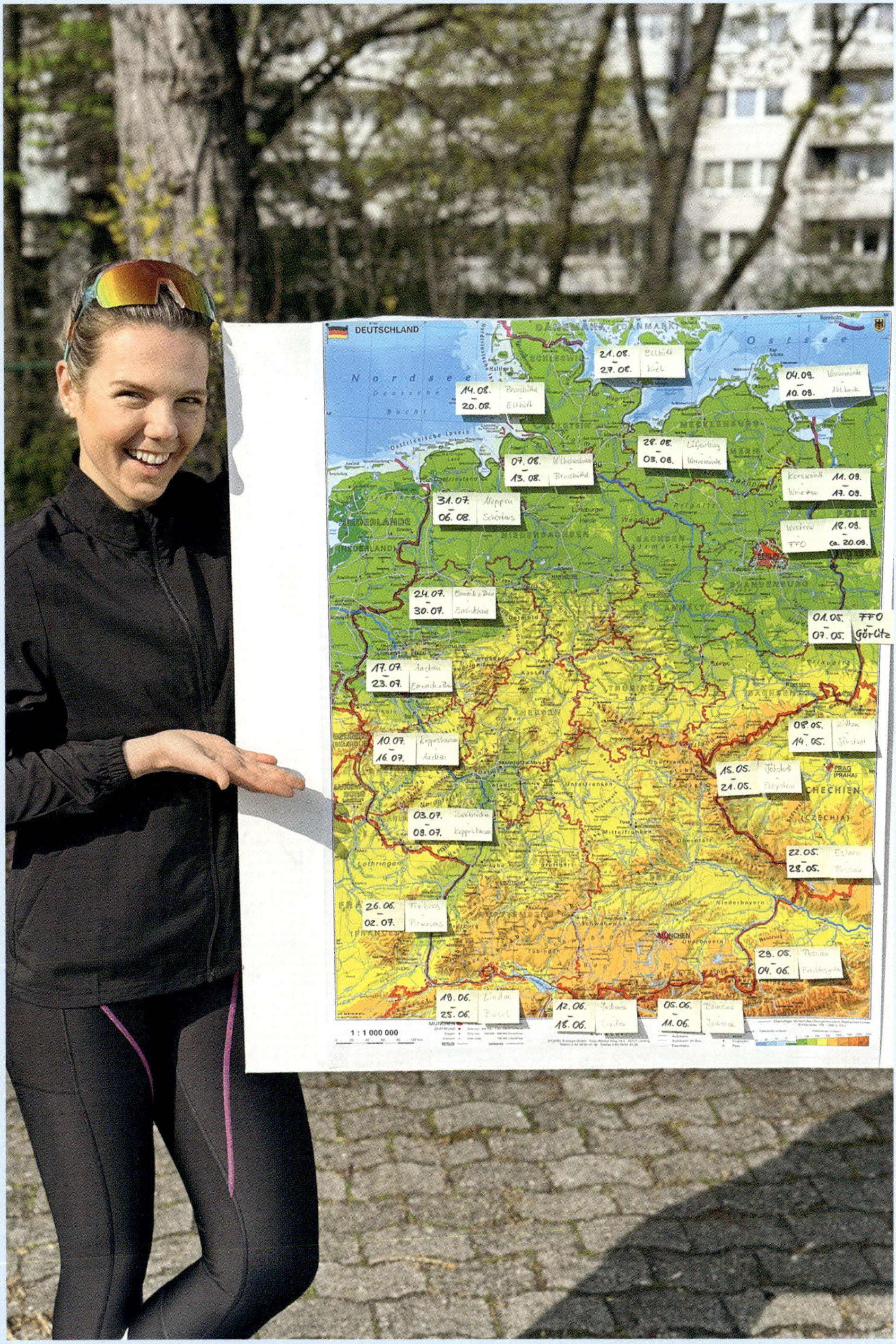

Startbereit Nach Monaten der Vorbereitung ist es so weit: Alle Etappen sind geplant, und nun geht es wirklich bald los, einmal um Deutschland herum.

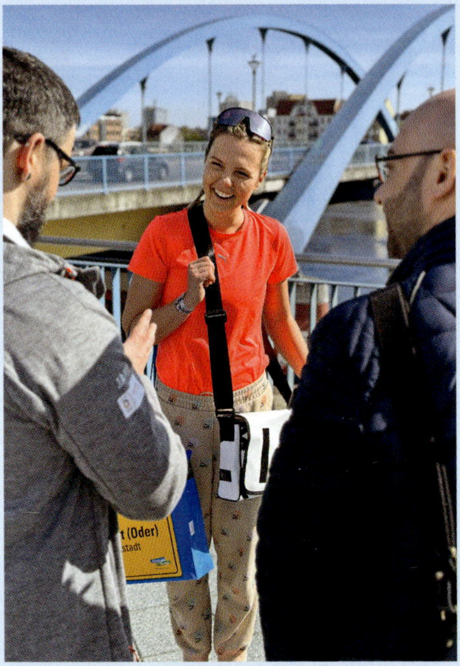

Etappe 1 Übergabe der praktischen Frankfurt-Tasche, die mir gute Dienste leisten wird

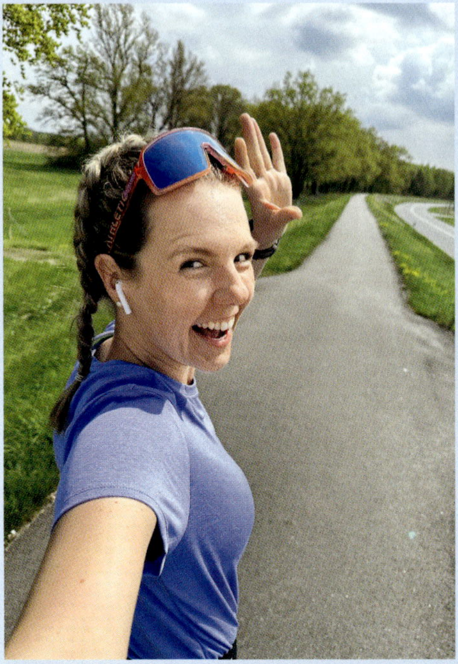

Etappe 2 Von nun an bin ich allein unterwegs, aber es geht ohnehin nur geradeaus.

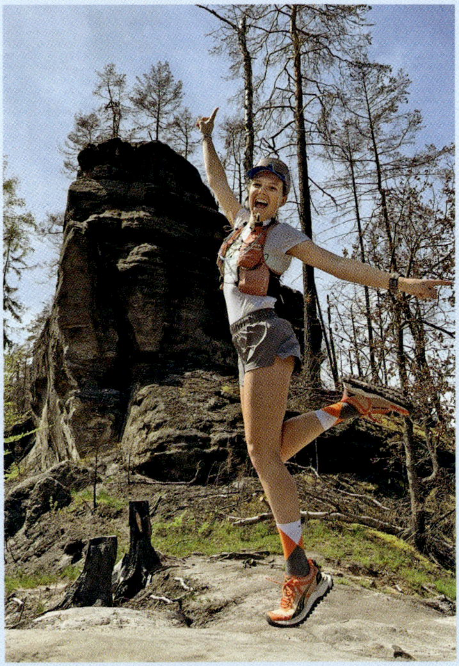

Etappe 9 Glücklich angelangt am höchsten Punkt der heutigen Strecke

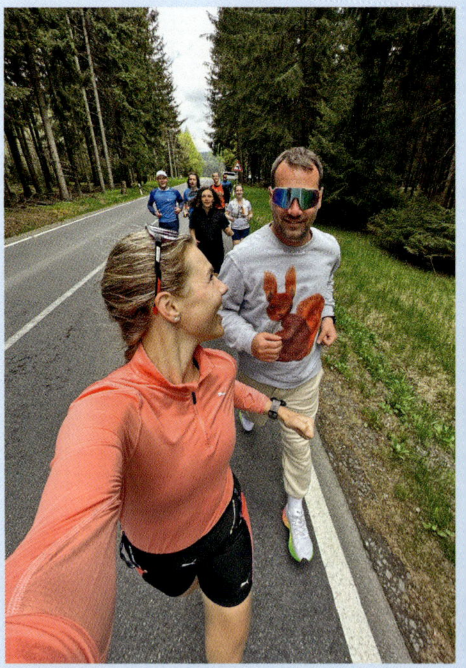

Etappe 12 Der Praktikant läuft ganze 200 Meter im Eichhörnchenpulli mit.

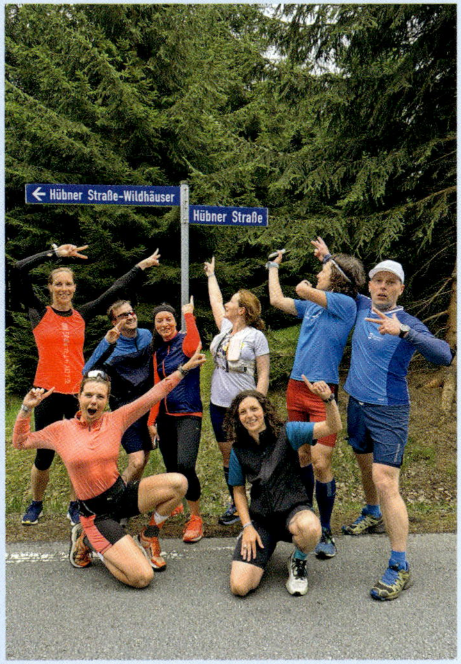

Etappe 12 Zeit für ein gemeinsames Foto an der Hübner Straße

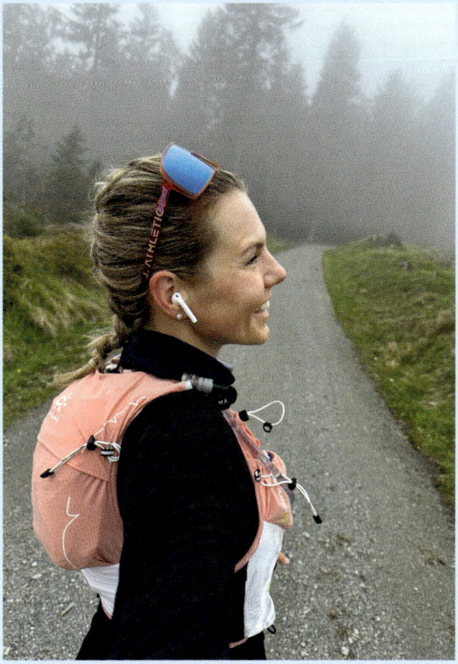

Etappe 14 Einer dieser Tage, an denen ich lange Strecken alleine laufe

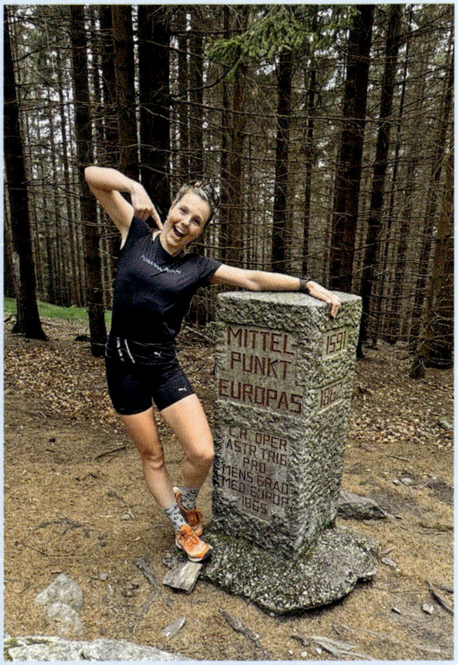

Etappe 17 So häufig ist man ja auch nicht am Mittelpunkt Europas.

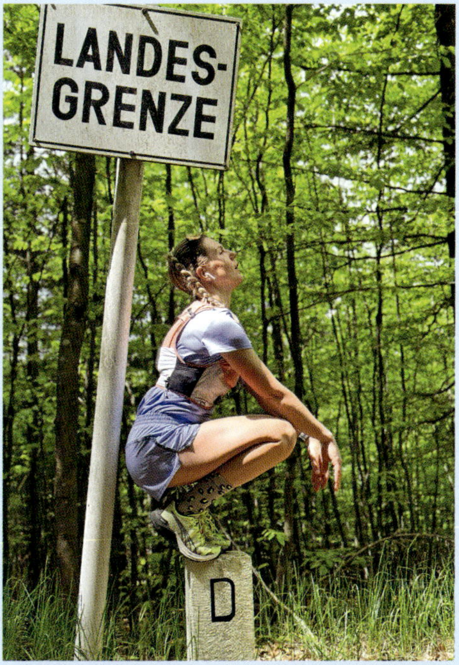

Etappe 18 Schilder wie diese erfüllen mich immer wieder mit Freude.

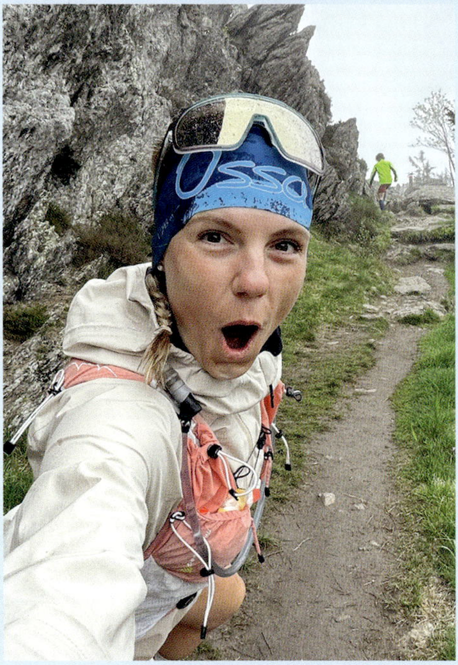

Etappe 21 Im Bayerischen Wald kommt zum ersten Mal richtiges Bergfeeling auf.

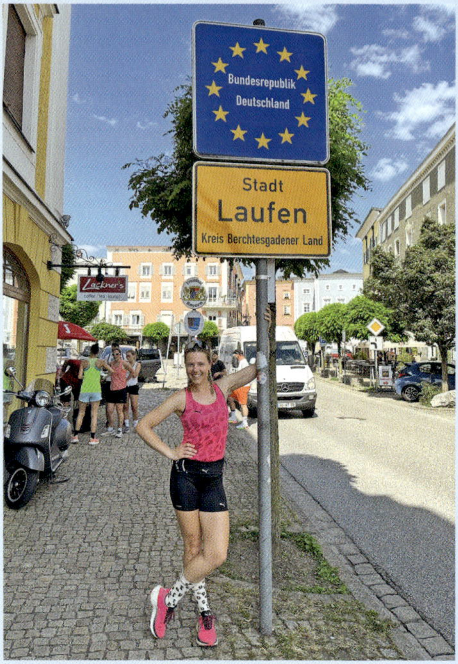

Etappe 28 Was sollte man in dieser Stadt anderes tun als …?

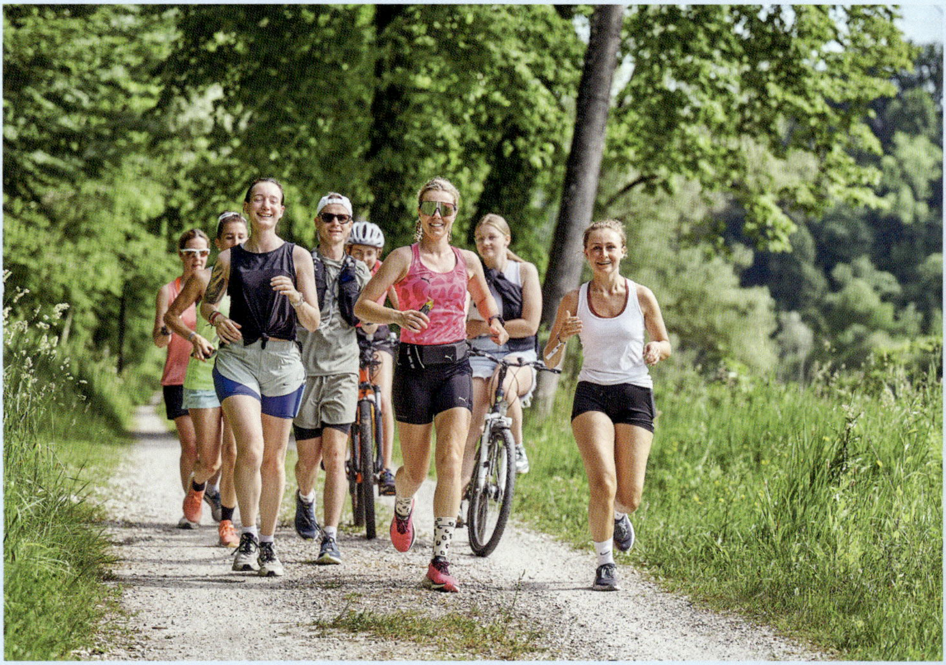

Etappe 28 Mit Anna Bereiter auf dem Rad ist eine echte Olympionikin dabei, was uns gleich noch mal etwas schneller laufen lässt.

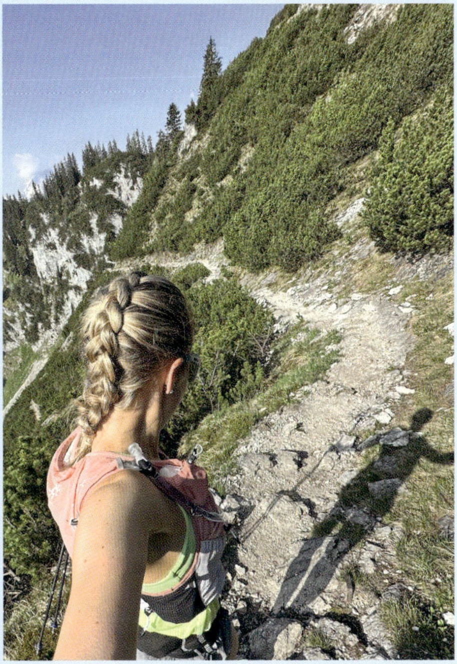

Etappe 29 Traumhafte Trails, so weit das Auge reicht

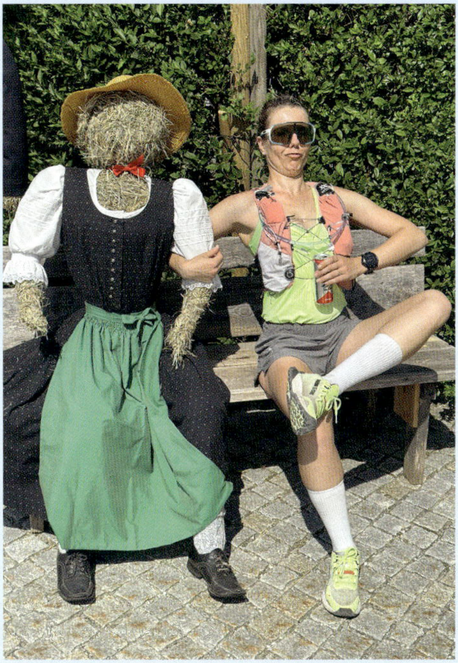

Etappe 29 So sieht eine wirklich zünftige Verpflegungspause aus.

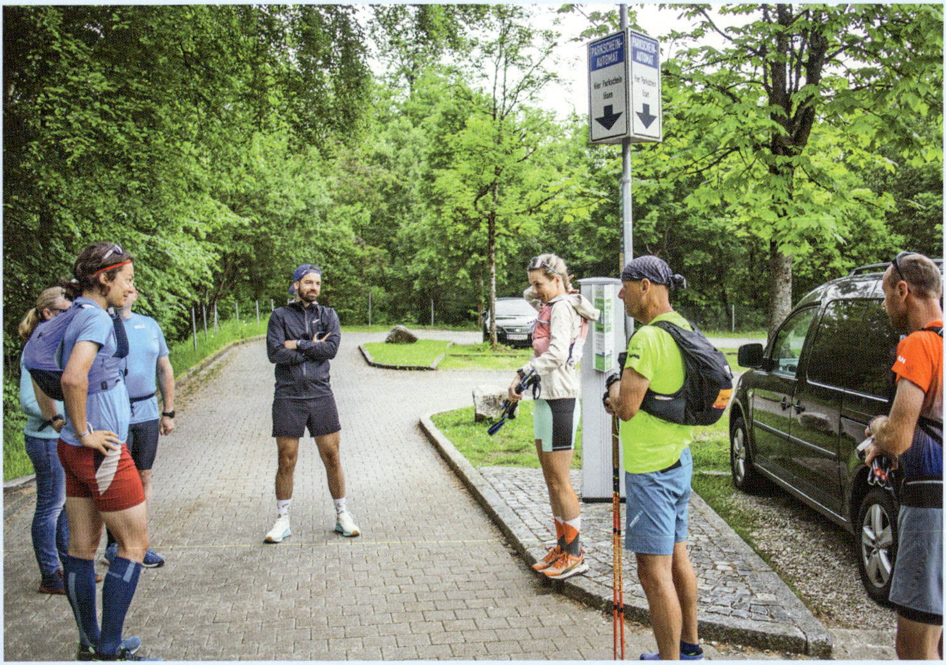

Etappe 30 Christians erste Teilnahme. Noch ahnt er nicht, was ihm bevorsteht, und dass er bald den Beinamen »Todesangst« tragen wird.

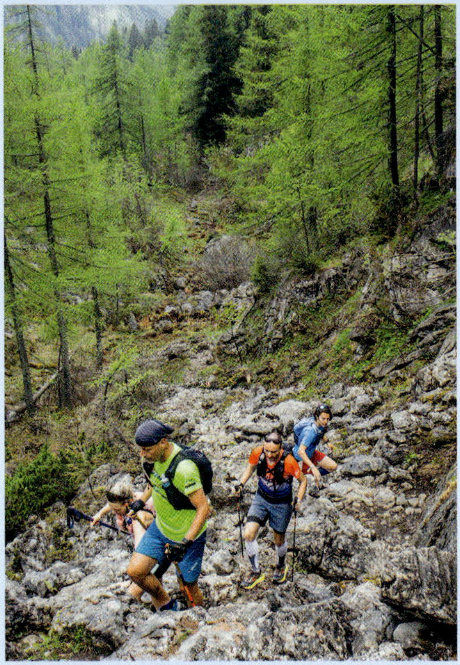

Etappe 30 Solche Anstiege machen aus dem Deutschlandlauf einen Kletterparcours.

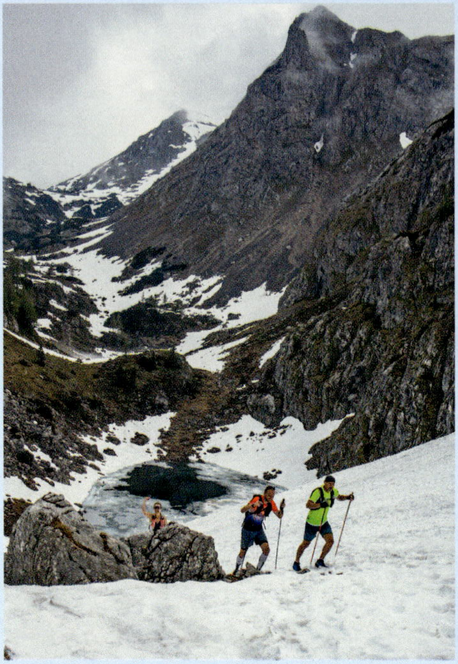

Etappe 30 Unweigerlich sind wir im Schnee angekommen.

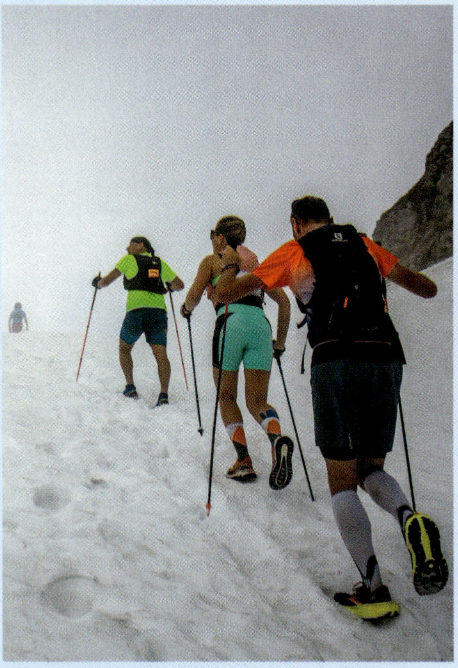

Etappe 30 In solchen Momenten ist nur noch der Himmel über uns.

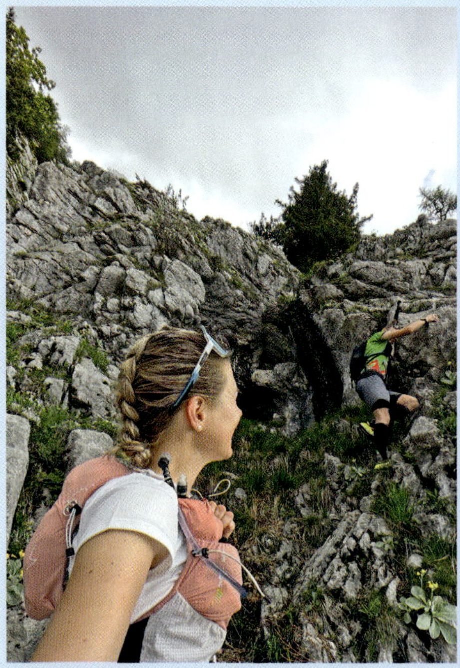

Etappe 31 Um weiter zu kommen, müssen wir immer wieder Hand anlegen.

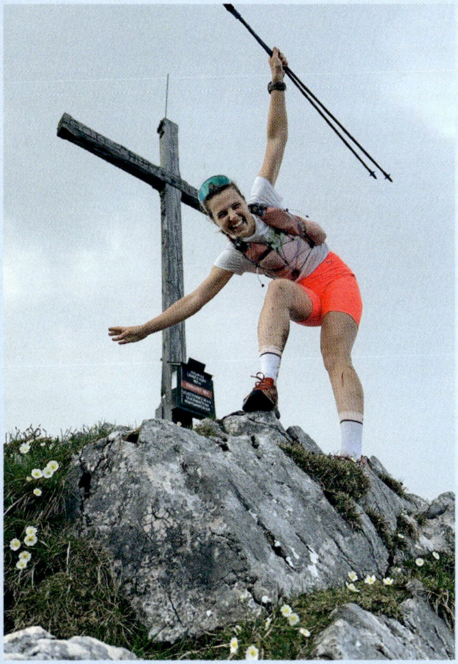

Etappe 31 Der erste Gipfel dieser höllischen Etappe ist erreicht.

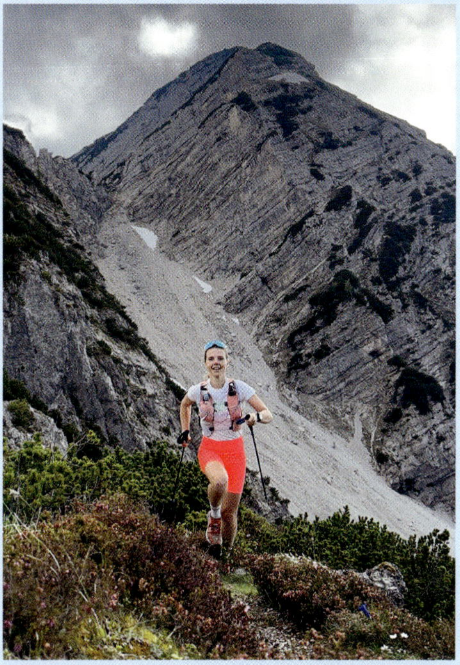

Etappe 31 Eine schaurig-schöne Kulisse: Das Sonntagshorn, unser Endgegner

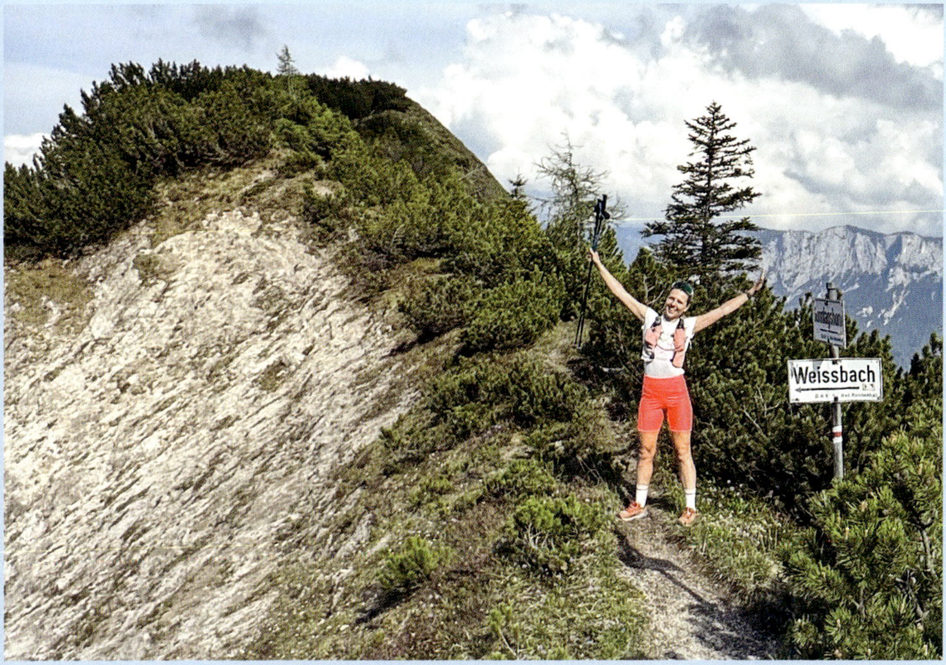

Etappe 31 Manchmal, wie in diesem Moment, kostet es mich extreme Überwindung, für das Foto noch ein Lächeln aufs Gesicht zu zaubern.

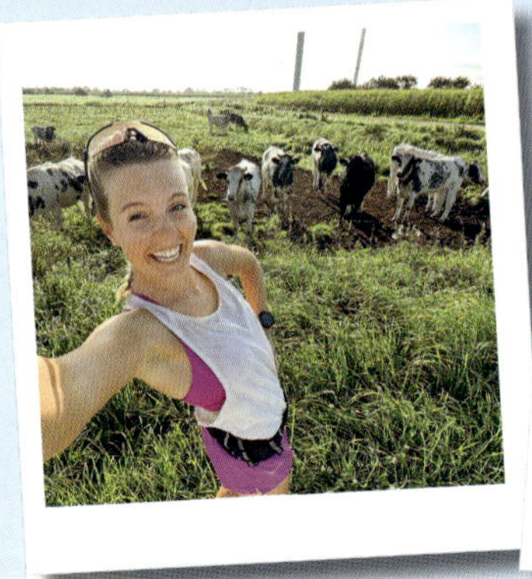

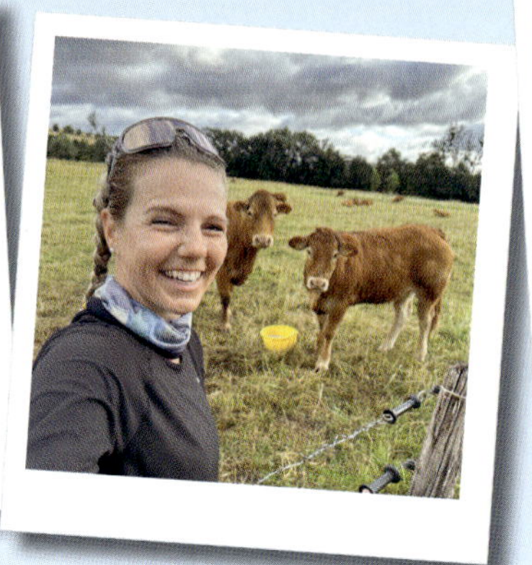

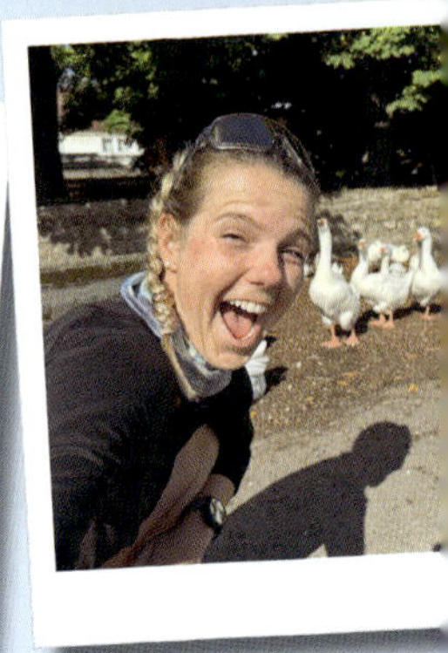

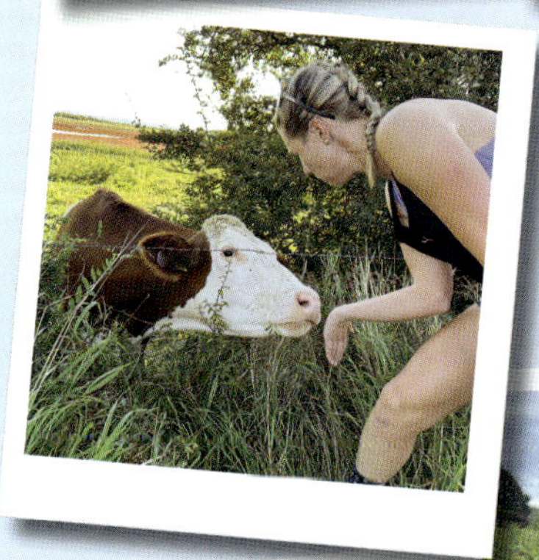

Meine »friends« und ich

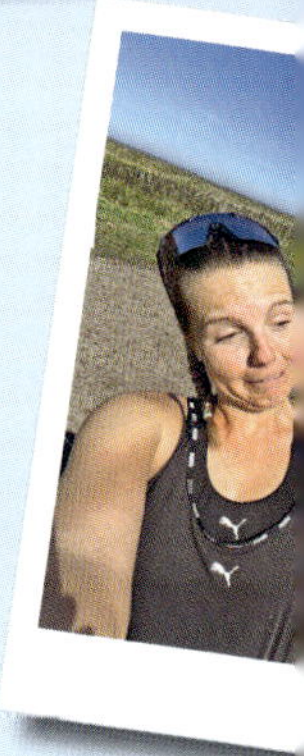

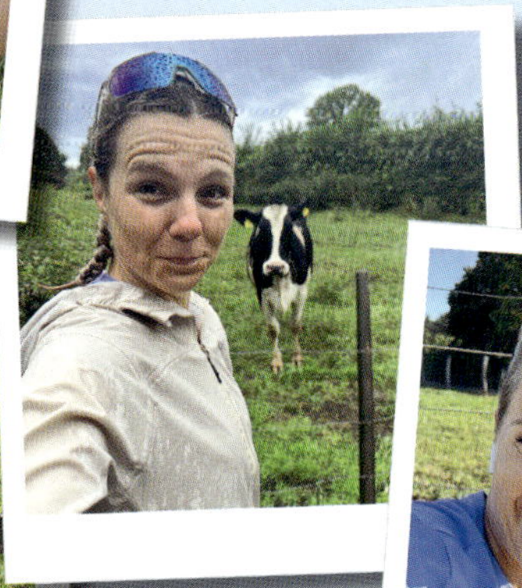

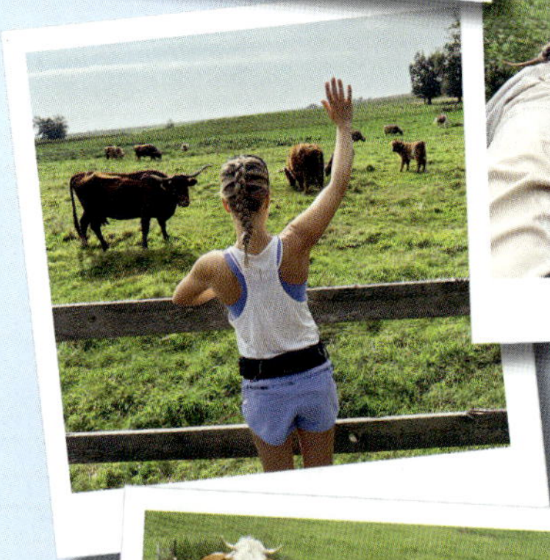

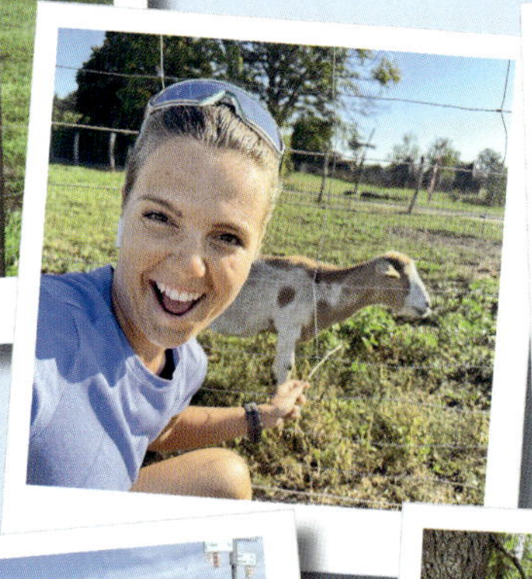

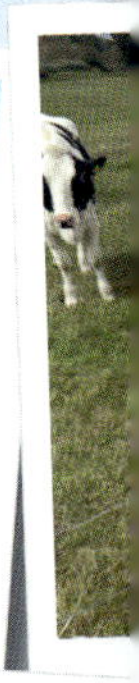

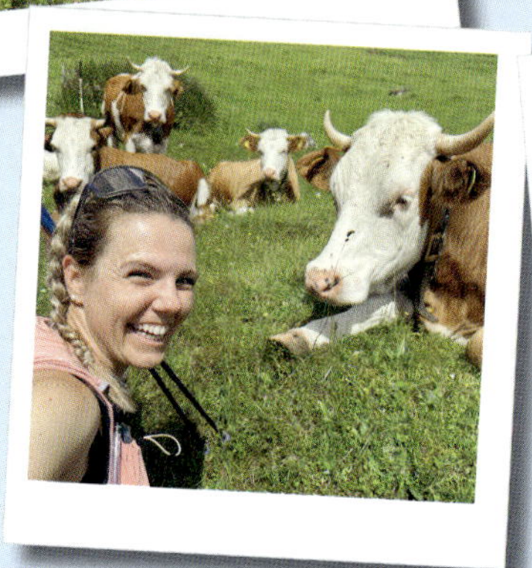

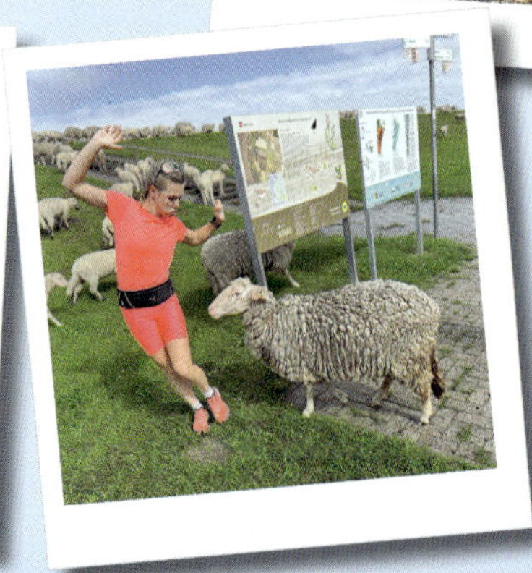

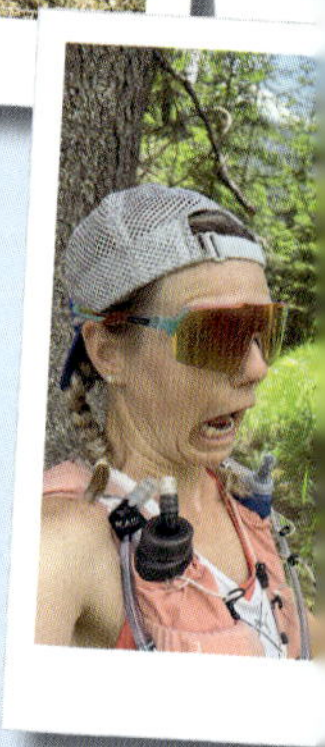

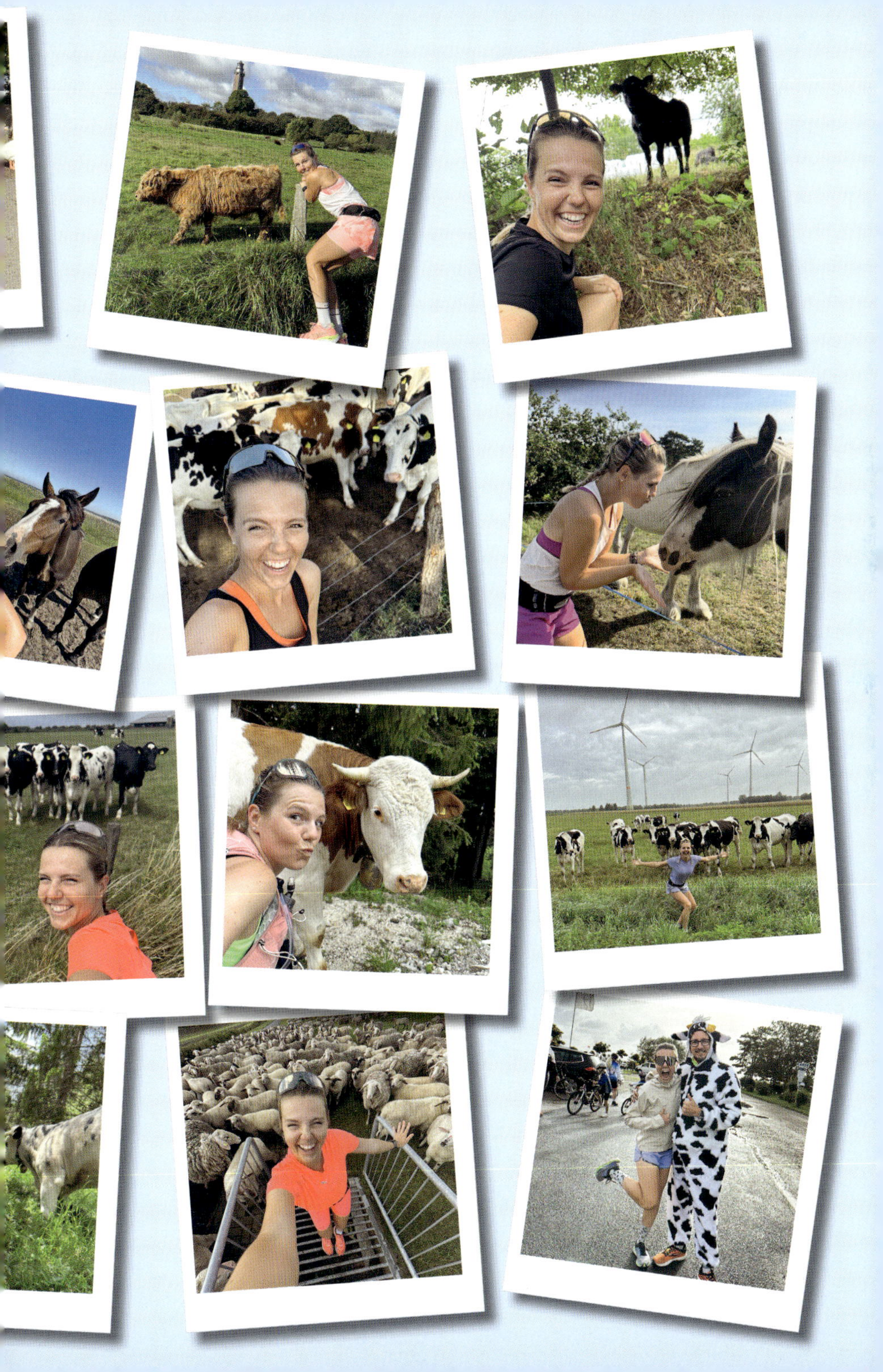

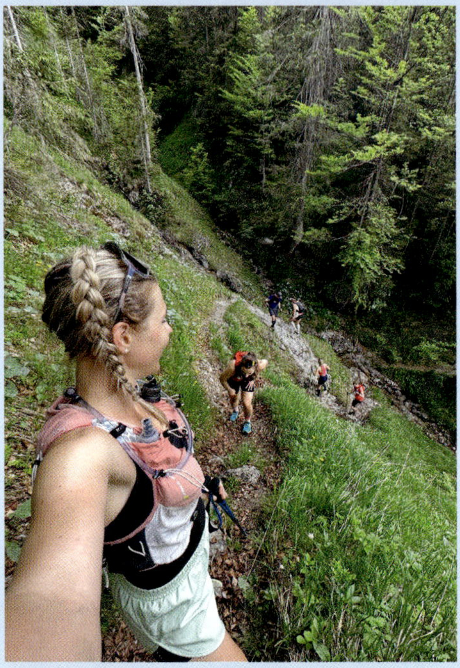

Etappe 34 Auf diesem Anstieg zieht sich das Feld auseinander.

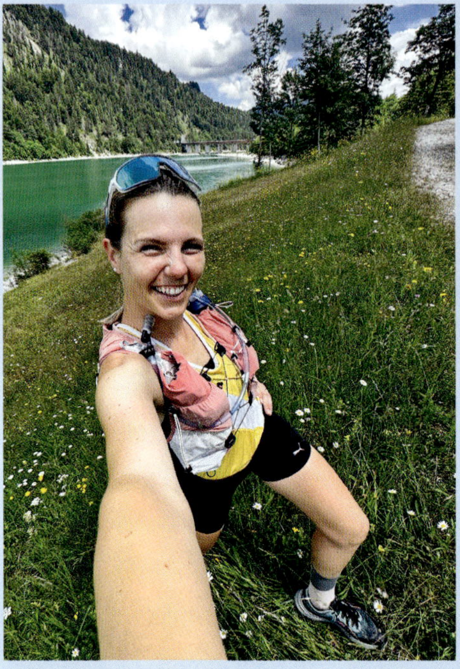

Etappe 35 Die wunderschöne Aussicht auf den Sylvensteinsee entschädigt für vieles.

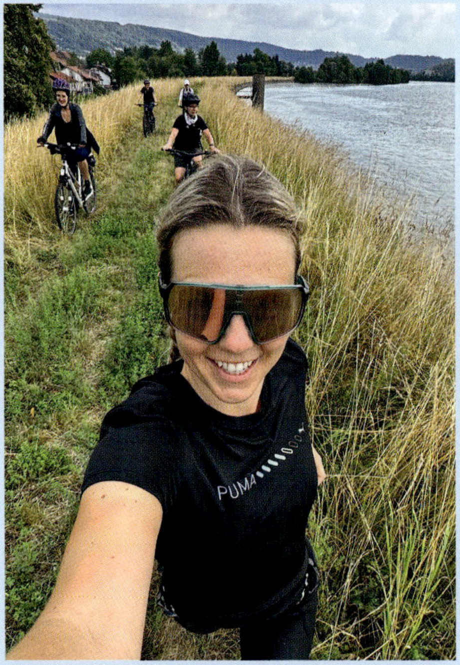

Etappe 45 Auch vom hohen Gras lassen sich die Radfahrer nicht abschrecken.

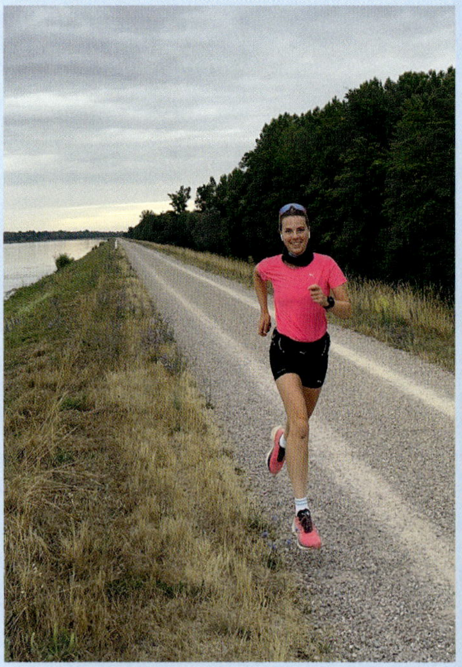

Etappe 49 Ein Solo-Marathon gibt mir viel Zeit, Podcasts zu hören.

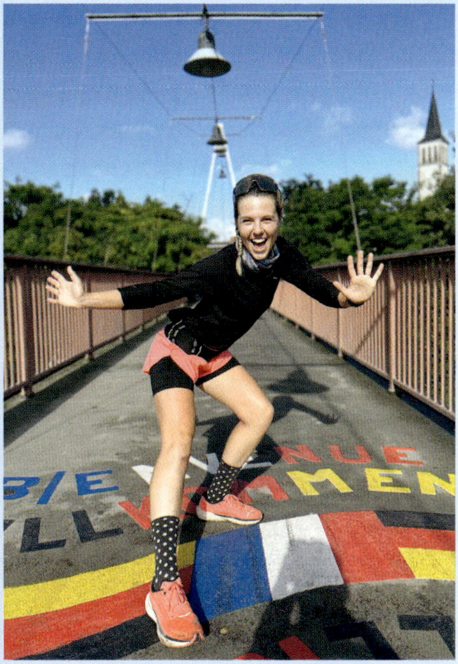

Etappe 55 Heute wird (fast) das ganze Saarland dabei sein.

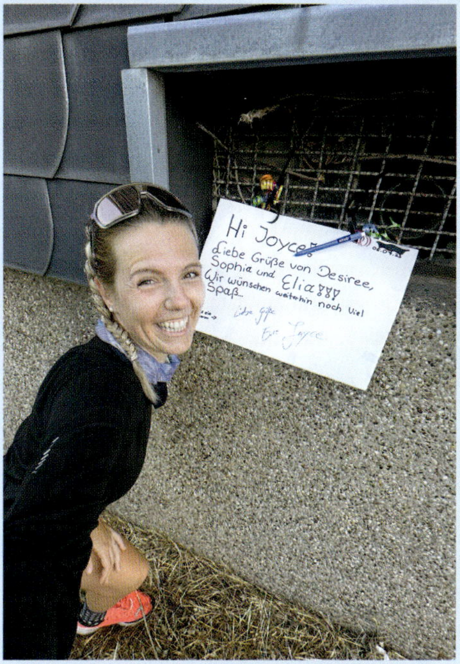

Etappe 55 Immer wieder stoße ich auf Fanpost wie diese. Grandios!

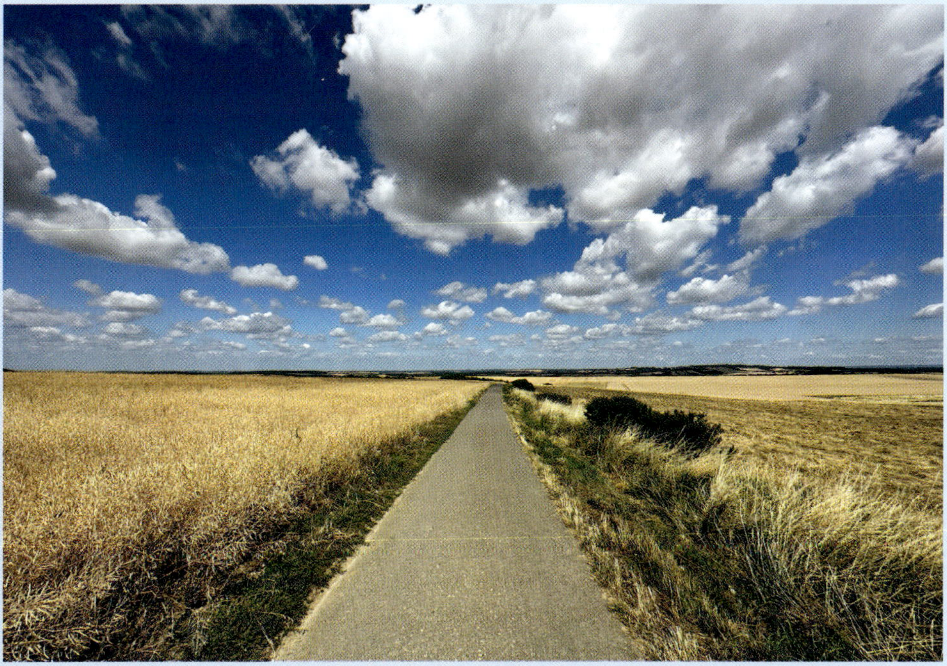

Etappe 56 Diese Weite ist es, die das Läuferherz begehrt. Mehr braucht man nicht. Abgesehen natürlich vom Weg.

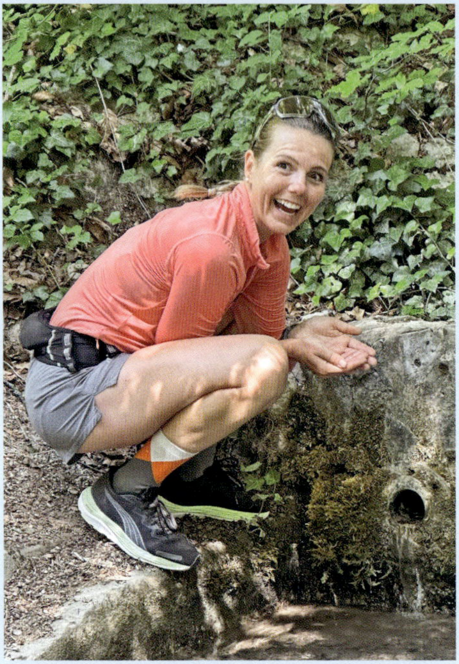

Etappe 56 Frisches Wasser aus der Natur kann doch für den Magen nicht schlecht sein.

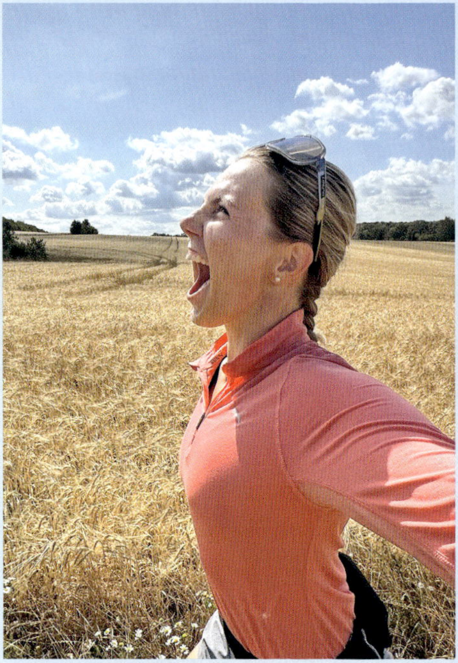

Etappe 56 Ein Tag voller traumhafter Wald- und Wiesenwege

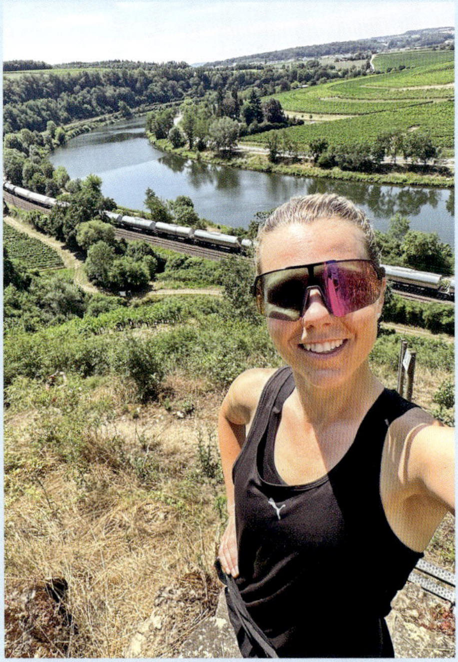

Etappe 57 Am Ziel. Gleich geht's ohne Umziehen ins Fernsehstudio.

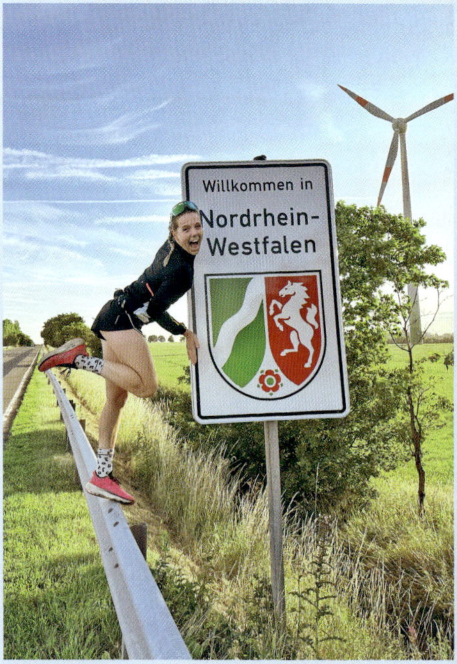

Etappe 62 Ich umarme gerne Schilder. Und das meiner alten Wahlheimat erst recht.

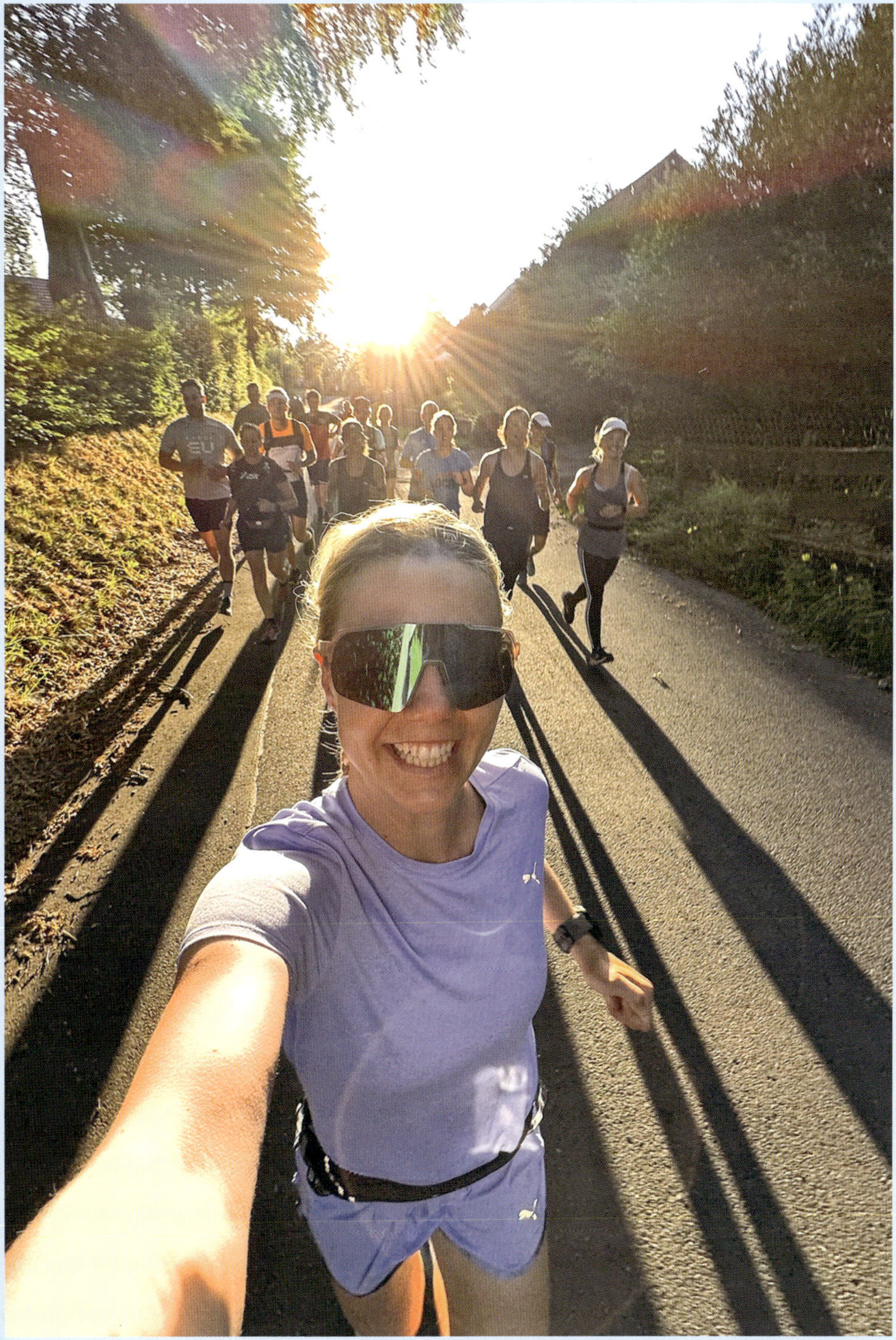

Etappe 63 Noch deutet nichts auf den sintflutartigen Sommerregen hin, der bald über uns hereinbricht.

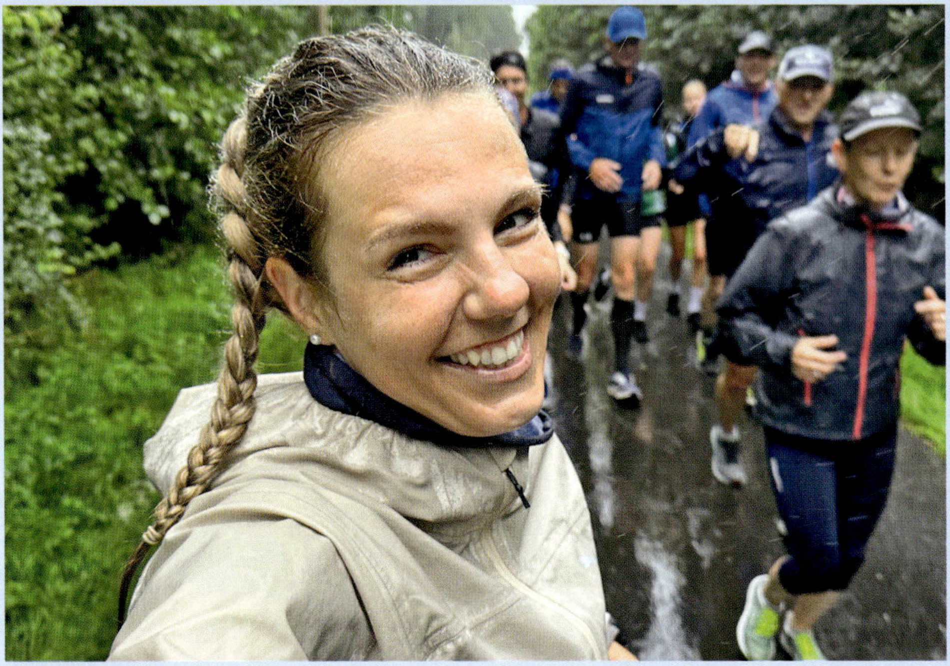

Etappe 63 Inzwischen sind wir alle komplett durchnässt. Und ich meine wirklich komplett!

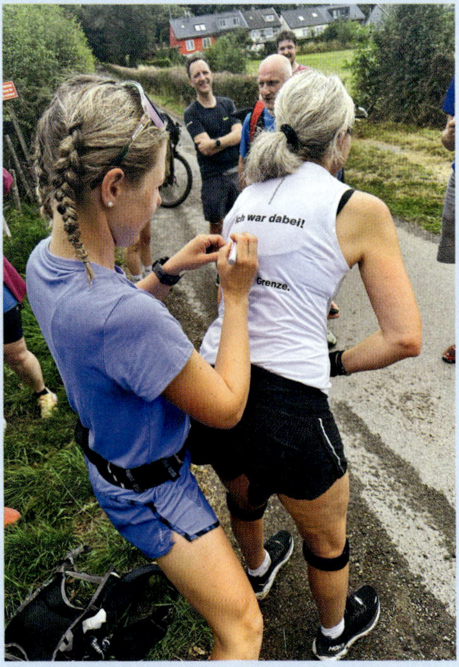

Etappe 63 Autogrammstunde, wenn man keine Karten dabei hat

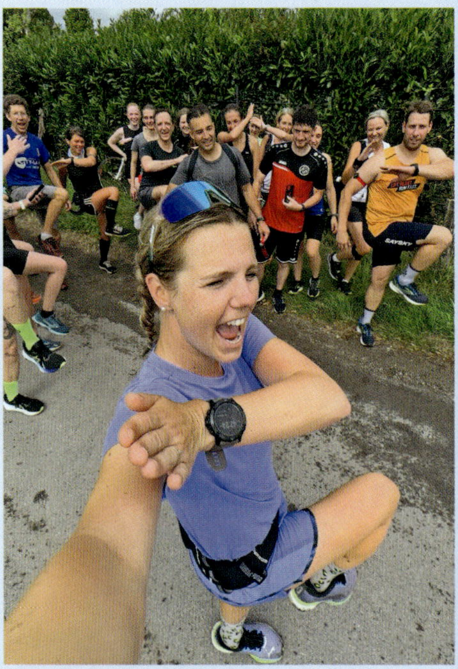

Etappe 63 Zeit für den TikTok-Slogan: »Marathon Nummer 63 ist beeee-endet!«

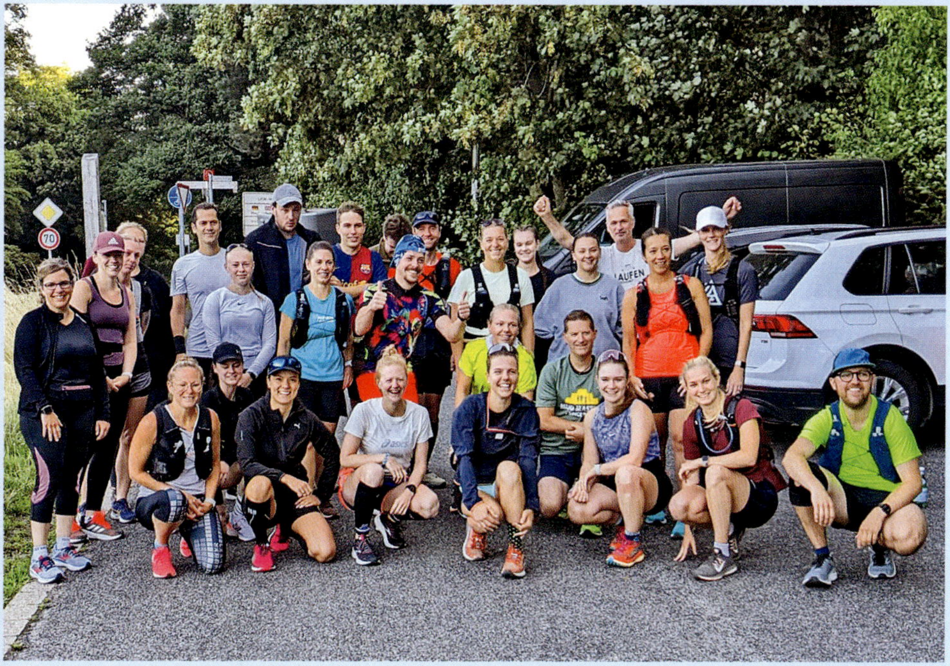

Etappe 64 Was für ein Andrang! Mit insgesamt 75 Mitläufern wird dies die teilnehmerstärkste Etappe.

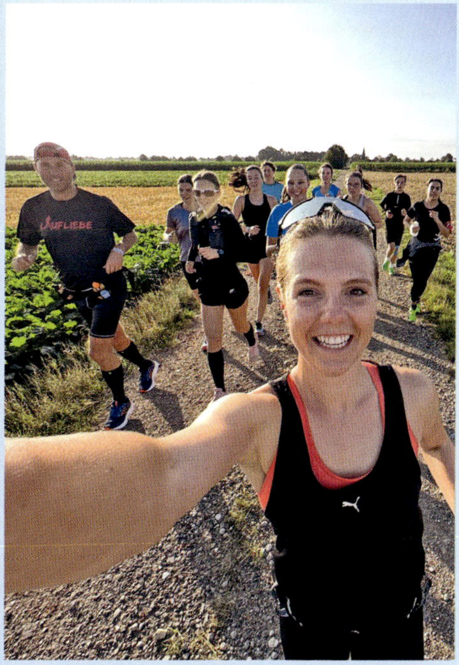

Etappe 65 Nur weil die Beine schmerzen, heißt das nicht, dass man nicht lächeln kann.

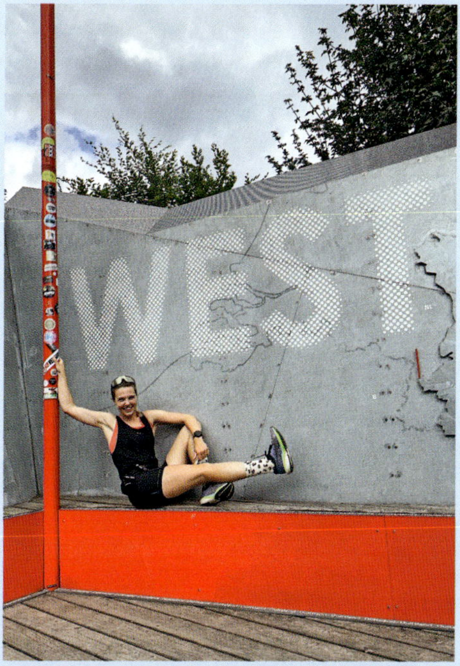

Etappe 65 Wir legen für den westlichsten Punkt Deutschlands zwei Kilometer extra ein.

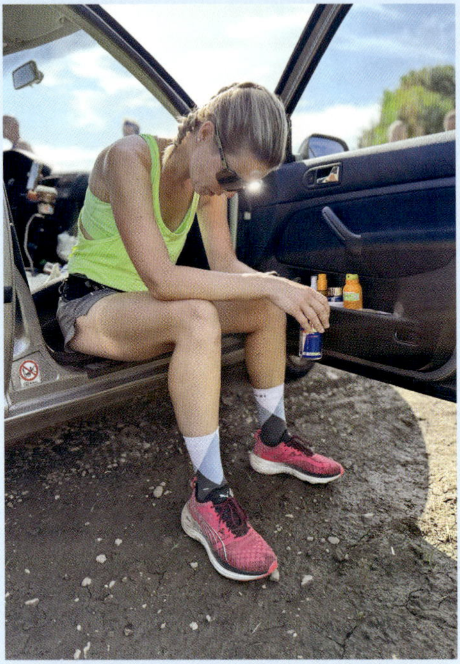

Etappe 66 Einer dieser Momente, in dem einem alles zu viel ist

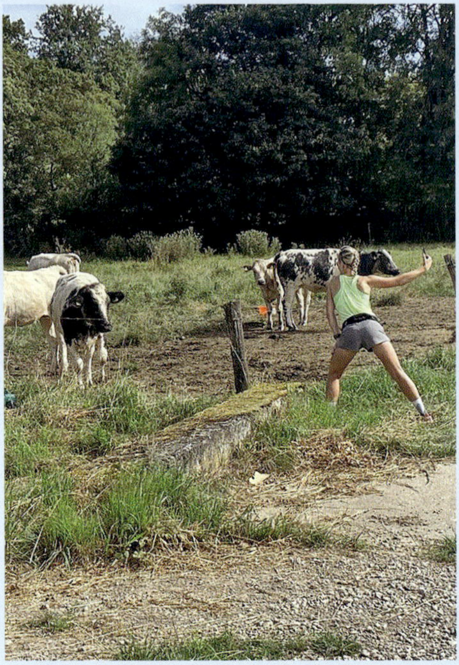

Etappe 66 Meine »friends« tun mir einfach gut. Ob das auf Gegenseitigkeit beruht?

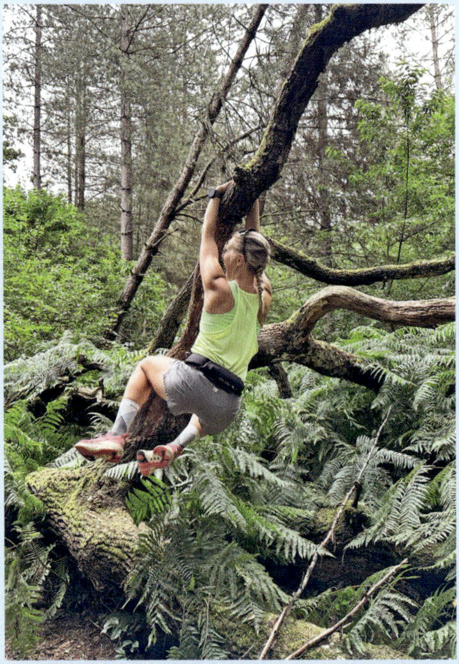

Etappe 66 Ist das ein Urwald oder wo sind wir hier hineingeraten?

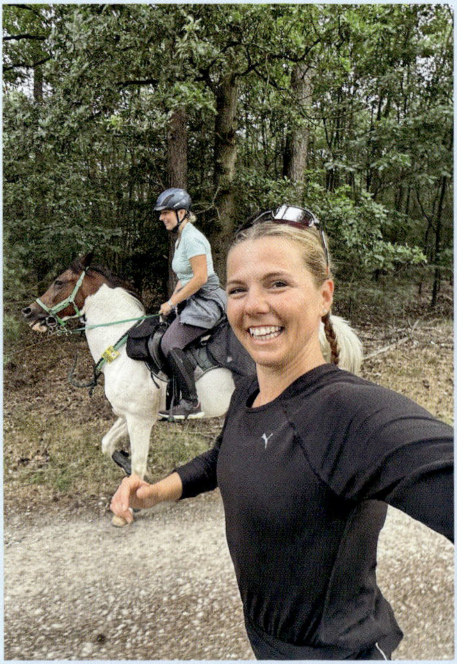

Etappe 67 Das Pferdchen hält den kompletten Marathon durch. Bravo!

Nur noch eine Zahl
Etappen 19 bis 21

Montag, 22. Mai, bis Mittwoch, 24. Mai: Von Waidhaus nach Oberfrauenau

Es hat sich inzwischen tatsächlich so etwas wie eine Routine eingestellt. Das beginnt schon morgens, wenn der Wecker das erste Mal piept und ich automatisch auf die Schlummertaste drücke. Sie gibt uns noch neun Minuten Schonzeit, und es sind täglich nahezu exakt diese neun Minuten, die wir zu spät zum Startpunkt kommen.

Das ist vor den Wartenden natürlich unangenehm, zumal die Bundespolizei nun ebenfalls regelmäßiger Gast ist. Manche der Jungs und Mädels sind superfit und halten mir nicht nur über die geplanten zwölf Kilometer, sondern einen ganzen Halbmarathon lang die Treue. Wir lernen auch voneinander. Viele der Beamten sind passionierte Jäger, und nach einigen Tagen habe ich eine Försterausbildung im Zeitraffer absolviert. Ich verrate ihnen nicht, dass ich weiterhin wie Romy Schneider in »Sissi« versehentlich niesen würde, wenn sie gerade die Flinte auf den Hirsch anlegten.

Von mir können die Polizisten ebenfalls etwas lernen, denn ich zeige ihnen Teile ihres Reviers, die sie sonst nicht so häufig zu sehen bekommen: Die Grenze zu Tschechien verläuft hier mitten durch eine Wildnis, die an einen Dschungel erinnert. Über lange Strecken gibt es überhaupt keine Wege, und nur die niedrigen weißen Grenzsteine zu beiden Seiten versichern uns, dass wir uns tatsächlich auf der richtigen Route befinden.

Der Praktikant hat sich inzwischen auch an seine Aufgaben gewöhnt und erledigt sie gewissermaßen im Schlaf. Wenn es dann aber mal schiefgeht und er zum Beispiel die Tüte mit den Laufschuhen im Hotel vergessen hat, muss er aus dieser Routine ausbrechen und an seinem Ruhetag eine Extratour einlegen. Er ergibt sich murrend seinem Schicksal und tut mir ein bisschen leid. Doch wenn ich stundenlang über nasse Wurzeln einen Berg nach oben klettern muss, brauche ich schon Trailschuhe und nicht die abgetragenen Hallenschuhe aus dem Fitnessstudio.

Die Füße haben sich längst damit abgefunden, dass sie jeden Tag in Laufschuhe gezwängt werden. Gleiches gilt überhaupt für die Muskeln. Auch wenn das, was ich hier tue, keine Physiotherapie aus dem Lehrbuch ist, spüre ich, dass der Körper jede Ruhepause nutzt, um so effizient wie möglich zu regenerieren. Weil er weiß, dass ich ihm nicht viel Zeit dafür lasse, reagiert er entsprechend schneller. So verhalten sich Oberschenkel und Waden weniger nachtragend. Früher verfolgte einen nach einem langen Lauf noch mehrere Tage dieses Ziehen in den Muskeln, das einen mit Stolz daran erinnerte, was man geschafft hatte und zugleich das Signal gab: Bitte warten, bevor du das das nächste Mal machst! Das haben die Beine längst aufgegeben. Sie lassen mich nicht jeden Tag wie ein munteres Rehkitz über die Hänge springen, aber sie haben längst kapiert, dass jegliche Diskussion überflüssig ist – der Marathon wird gefinisht, ob sie wollen oder nicht. Da werden sie einfach pragmatisch.

Und die Distanz? Sie ist inzwischen ebenfalls nur noch eine Zahl und hat jeden Schrecken verloren. Ich erinnere mich daran, wie ich früher diese brutal klingende Zahl von 42,2 Kilometern als unerreichbar und grausam ansah. Inzwischen habe ich längst begriffen, dass die Ziffern nicht widerspiegeln können, was läuferisch dahintersteckt. Es gibt diese Tage, da rasen sie regelrecht vorbei, und du denkst dir: Das war jetzt ein Marathon?! Dann wieder ziehen sie sich ewig, und du hast das Gefühl, die doppelte Distanz absolviert zu haben. Du kannst dich schon nach acht Kilometern so richtig kaputt machen, oder erst nach 48.

Die Abende folgen ebenfalls wiederkehrenden Ritualen: zum Hotel fahren, duschen, essen gehen. Dann das Material für die Social-Media-Kanäle aufbereiten. Ein bisschen sinnierend aus dem Fenster starren. Schlafen.

Oder es zumindest versuchen. Denn manchmal wartet das Adrenalin, das sich den Tag über angestaut hat, bis in die Nacht, bevor es so richtig loslegt. Ich wache sechs oder sieben Mal auf. Erst 1:00 Uhr. 2:30 Uhr. 3:34 Uhr. Irgendwann finde ich noch etwas in die tiefere Schlafphase hinein.

Wie jeden Tag viel zu kurz, dann klingelt schon wieder der Wecker.

Das grüne Paradies
Etappe 22

Donnerstag, 25. Mai: Von Oberfrauenau nach Philippsreut

Am Vortag hatten wir auf dem Großen Osser in 1293 Meter Höhe unser erstes Gipfelkreuz erklommen.

Und heute weist mich die Route mit drei Ausrufezeichen erneut darauf hin, dass es unweigerlich auf die Berge zugeht: 1800 Höhenmeter stehen auf dem Aufgabenzettel.

Gemeinsam mit Toni, der bereits den vierten Tag dabei ist, und der jungen Johanna, die sogar heute Geburtstag hat, steuern wir nach sieben Kilometern bereits den nächsten Gipfel an. Das sieht einfacher aus, als es ist, zumal mich die Hüfte zwar momentan in Ruhe lässt, sich dafür aber die rechte Achillessehne mit einem unangenehmen Zwicken meldet. Ganz ohne Blessuren geht es auch auf 22 Marathons nicht. Es soll schließlich nicht der Eindruck entstehen, es handele sich hier um einen Regenerationslauf.

Die Mittagshitze breitet sich aus, und uns wird als Ausgleich eine sagenhafte Aussicht beschert. Leute, ich wiederhole mich, aber es ist einfach unfassbar schön! Am Horizont nichts als grüne Hügel und zu unseren Füßen der Rachelsee. Er glitzert bereits seit der Eiszeit so anmutig in der Sonne. Weitermachen!

Das grüne Paradies, das sich uns öffnet, als wir wieder in den Wald hineintauchen, ist aber ebenfalls nicht von schlechten Eltern. Die überwachsenen, gewundenen Pfade sind wie aus einem Märchen entsprungen. Und die unschuldig plätschernden Bäche führen so glasklares Wasser, dass ich einfach davon kosten muss. Wenn wir nicht wüssten, dass da draußen irgendwo die Zivilisation liegt, würden wir glauben, wir seien in die Urzeit versetzt. Dabei handelt es sich nur um den Nationalpark Bayerischer Wald. Da hat mal jemand etwas richtig gemacht, dieses Gebiet unter Naturschutz zu stellen.

Auch der nächste Gipfel, den wir uns über ein weitläufiges Felsenfeld erklettern müssen, lohnt sich schon wegen der 360-Grad-Fernsicht. Wenn ich nun noch ein Wort von dem verstehen würde, was meine bayerischen Begleiter miteinander zu besprechen haben, würde ich mich glatt als Bayerin bewerben. Wo würde man gerade lieber sein als hier?

Da der Praktikant mit seinem Golf allerdings wohl Schwierigkeiten hätte, über die Felsblöcke zu manövrieren und ich irgendwann wieder etwas zu essen brauche, müssen wir uns dennoch letztlich an den Abstieg machen.

Auf dem Downhill zieht die erst 14-jährige Trailrunnerin Lisa uns so richtig ab. Wahnsinn, wie elegant sie den technisch extrem anspruchsvollen Weg unter die Füße nimmt. Man muss bestimmt hier geboren sein, um das zu können.

Mich macht die Mischung aus hochsommerlichen Temperaturen und unberechenbarem Gelände körperlich jedenfalls ziemlich fertig. An einem Verpflegungspunkt liege ich wie ein von der Bundespolizei angeschossenes Reh im Auto. Mental geht's mir hervorragend, aber der Körper will nicht mehr. Die letzten fünf Kilometer zwinge ich ihn dann aber doch noch zum Durchhalten. Geschlafen bzw. wach gelegen wird später.

Drei Felssessel
Etappe 23

Samstag, 27. Mai: Von Philippsreut nach Meißnerschlagerwaide

Das Grenzdorf Bischofsreut setzt sich aus eigentümlich systematisch aneinandergebauten Bauernhöfen zusammen. Sie wirken fast wie Reihenhäuser. So etwas nennt sich Waldhufendorf und hat hier eine schon 300 Jahre alte Historie. Durch die abgeschiedene Lage auf fast 1000 Metern in recht unzugänglichem Gebiet hat sich hier eine bemerkenswerte Zahl an schützenswerten Tier- und Pflanzenarten erhalten. Das nahe gelegene Haidmühle galt vor der Zeit des Eisernen Vorhangs zudem noch als Erholungsgebiet einer anderen illustren Spezies – denn im »Zermatt des Bayerischen Waldes« machten vorrangig Berliner Urlaub. Nun ist wieder eine Berlinerin da, und es gefällt ihr sehr. Da ich mir für das Wort »schön« mal ein paar Synonyme aneignen muss, belege ich den Ausblick von hier mit dem Wort »episch«.

Und wieder geht es bergauf. Der Dreisessel ist ein Bergmassiv im Dreiländereck Deutschland, Tschechien und Österreich, und an seinem Gipfel finden sich tatsächlich drei Felssessel. Ein würdiger Endgegner für heute. Erneut bin ich geflasht von dem Ausblick. Er soll bis zu den Alpen reichen, aber dafür sind meine Augen wohl zu schlecht. Und ich werde dort ohnehin noch früh genug ankommen.

Der Grenzweg ist heute mit einem Wort zu beschreiben: megageil. Ein felsiger Damm zieht sich über den Bergrücken, so als befände man sich auf den Fundamenten einer prähistorischen Mauer.

Den Flow des Tages schmälert etwas, dass ich bei einem typisch überflüssigen Joyce-Stolperer ziemlich heftig stürze und mir erst

Kilometer später auffällt, dass ich dabei meine Sonnenbrille verloren habe. Reinhold Messner ist in der Antarktis auch schon mal eine abhandengekommen. Strich drunter und abhaken.

Denn diesen fulminanten Lauftag 23 durch mein neues Lieblingsbundesland Bayern lass ich mir nicht vermiesen. Er ist traumhaft, episch, sensationell. Und einfach schee. Das sagt doch alles. Und als meine Laufbegleitung am Nachmittag noch einmal suchen geht, findet sie die Brille tatsächlich. Und darf sie natürlich verdientermaßen als Souvenir behalten.

Der Hahn im Korb
Etappe 24

Sonntag, 28. Mai: Von Meißnerschlagerwaide nach Lindau

Heutiger Zielpunkt ist Lindau, allerdings nicht Lindau am Bodensee, sondern der Ortsteil von Passau. Das andere Lindau sehe ich noch früh genug, es wartet in ziemlich genau 18 Marathons Entfernung auf mich.

Es ist eine reine Mädelsrunde mit vier Österreicherinnen, die teilweise eine lange Anfahrt auf sich genommen haben. Sie haben es aber nicht umsonst getan, denn wir werden mit einem herrlichen Tag belohnt. Die Stimmung ist bombig, ich würde sie alle am liebsten mit auf dem restlichen Weg einmal ganz rum bis Frankfurt (Oder) nehmen. Wir haben sogar Zuschauer an der Strecke, die uns anfeuern. Und eine Bundespolizistin, die offenbar über das Intranet auf mich gekommen ist, stößt auch noch zu uns. In welcher Kategorie stehe ich da eigentlich? Verdächtige Personen? Wenn sie mich überwachen wollen, tun sie das jedenfalls auf sehr charmante Weise.

Der verlockend glitzernde Rannasee, da sind wir uns einig, sollte eigentlich als Badepause genutzt werden. Der künstlich angelegte Stausee liegt auf deutschem wie auf österreichischem Gebiet, man durfte ihn aber schon vor EU-Zeiten aufgrund eines speziellen Staatsvertrags schwimmend durchqueren, ohne dabei seinen Pass im Brustbeutel mitführen zu müssen. Manchmal ist die Bürokratie eben auch gut dazu, Lösungen zu finden.

Wir sind aber nicht zum Planschen hier, sondern setzen unseren Weg in Richtung Passau fort und lesen unterwegs noch den ersten Mann für heute auf (der Praktikant zählt zwar als Mann, aber nicht als Mitläufer). Julian wird auch sogleich von den Mädels beklatscht, und es gefällt ihm sicherlich. Hahn im Korb, so hieß das früher bei uns.

Apropos Geflügel: Die Hühner rennen hier einfach auf den Wiesen und Wegen herum, ohne dass ein Bauer sich die Mühe gegeben hätte, ihre Gehege einzuzäunen. Dass ich mich darüber wundere, ruft allgemeines Gelächter hervor. Ich sei eben ein Stadtkind, amüsiert sich die Runde. Und dann zeigen sie mir noch, wie lustig es aussieht, wenn ich mit ausgestrecktem Arm meine Videos aufnehme. Oh Mann, zum Glück muss ich mich dabei selbst nicht von hinten sehen.

Bei Kilometer 25 müssen wir leider Abschied nehmen. Die Mädels und der Junge bleiben zurück, und ich tröste mich damit, dass ich nun lange Zeit direkt an der Donau entlangtraben kann.

Es ist ein heißer Tag, und ich laufe in kurzen Hosen, aber dumme Anmachsprüche von vorüberziehenden Motorradfahrern kann ich trotzdem nicht gebrauchen. Konzentriert euch lieber aufs Fahren, denn die Bundesstraße ist eine ziemliche Rennstrecke und stark befahren.

Mir bleibt oft nur ein schmaler Streifen an der Uferbefestigung auf den letzten Kilometern Richtung Passau. Und den muss ich noch mit fauchenden Schwänen teilen. Oder mit Radfahrern, die mir empört entgegenkommen, weil ich mich auf der falschen Seite bewege. Aber da gibt es wenigstens ein Minimum an Schatten. Sorry!

Kein Schatten
Etappe 25

Montag, 29. Mai:
Von Lindau nach Egglfing am Inn

Auf der Karte bewege ich mich nun in südwestlicher Richtung weiter, und das nicht allein. Sieben Laufbegeisterte setzen sich heute an meine Fersen, und eine davon ist extra um 5 Uhr aufgestanden, weil sie eine so weite Anreise hatte. Wahnsinn, wie toll, dass ihr dabei seid! Mit so vielen Unterstützern halten wir Einzug in Passau und sammeln dort gleich noch ein paar mehr ein. Am Dreiflüsseeck, wo Ilz, Donau und Inn zusammenfließen, herrscht Fotopflicht. Und auch die weitere, heute ziemlich flache Route ist purer Genuss. Ein freundlicher Anrainer hat uns Gläser mit kaltem Wasser bereitgestellt, ich lausche den zahlreichen Dialekten, die in unserer Gruppe gesprochen werden, und es gefällt mir gerade außerordentlich gut, dass der 25. Marathon sich so locker anfühlt.

Die extrem der Sonne ausgesetzten Wege fordern dann aber irgendwann ihren Tribut, und wir schrumpfen auf eine überschaubarere Gruppengröße zusammen. Ich kann es niemandem verübeln, der jetzt lieber ins Freibad geht.

Die Temperaturen, die sich anfänglich noch euphemistisch als frühsommerlich beschreiben lassen, rauben uns allen immer mehr Körner. Auf dem an einer Schnur aufgezogenen Feldweg gibt es einfach gar nichts, das einen unterhalten oder wenigstens ein Stück weit von seinen inneren Diskussionen um Sinn und Unsinn des eigenen Schicksals ablenken könnte. Keine Kurve, keine Ortschaft und außerdem auch noch keinen Schatten. Das Problem ist, dass man einfach nur noch aus der Sonne und das Ganze hinter sich bringen will. Fängt man nun aber zu sprinten an und überzieht, kann es böse Folgen haben und im schlechtesten Fall Probleme bereiten, die sich noch auf die kommenden Tage auswirken. Also gilt auch hier, geduldig zu bleiben und sich daran zu erinnern, dass man das alles selbst angezettelt und einen niemand dazu gezwungen hat.

Der gigantische Föhn

Wir ergeben uns der endlosen Geraden am Flussufer und verfallen immer wieder in einen etwas niedergeschlagenen Laufschritt. Es ist, als bliese ein gigantischer Föhn auf uns, und zwar von allen Seiten. Meine Kleidung, die eigentlich durchgeschwitzt sein sollte, flattert trocken auf der Haut. Das ist nicht gut und ein ernstes Anzeichen für zu wenig Flüssigkeit. Läuft man in großer Hitze, kämpft man eigentlich immer gegen ein Flüssigkeitsdefizit an. So oft kann ich Sven gar nicht an die Strecke bitten, um mir einen Eimer Wasser in den Schlund zu schütten. Wenn die Haut aber keinen Schweißfilm mehr bilden kann, ist das ein Warnzeichen, das ich ernst nehme. Die Beine steigen sogleich in das Klagelied meines Körpers mit ein und melden sich mit bleierner Schwere, als wären sie das erste Mal seit Tagen wieder aufgewacht.

Denn anderen geht es offensichtlich nicht besser, denn seit einer Stunde herrscht ungewohnte Stille in der Gruppe. So kämpft jeder für sich, und wir hangeln uns bis in die Endphase des Marathons vor. Da niemand mehr mit mir redet, krame ich die Kopfhörer hervor und knalle mir einen Technobeat rein. Ich laufe nicht oft mit Musik, aber sie kann manchmal den rettenden Kick bedeuten. Und wenn ich es tue, folge ich dem Takt. Das heißt, ich bin langsam unterwegs, wenn »Eternal Flame« auf der Playlist steht. Bei der Elektro-Dampfwalze gerade lassen sich die Beine allerdings zu einer halsbrecherischen Pace verleiten. Mitläufer Ali ist ein Kämpfer und hat offenbar nur darauf gewartet, dass einer aus dem Rudel ausbricht. Er zieht sofort das Tempo an und hält mit. Ali stammt aus Schottland, arbeitet hier in der Gegend und ist auf der Runtastic-App über mich gestolpert. Nach ein wenig Google-Recherche fand er dann heraus, dass ich gerade ganz in seiner Nähe vorbeikomme, also hat er es sich nicht nehmen lassen, den Marathon unter diesen Gaga-Bedingungen komplett mit mir durchzuziehen. Glückwunsch! Das war krass. Aber es ist so wie bereits erwähnt: Nach ein paar Minuten ist jedes Selbstmitleid verflogen, und ich denke nur noch: Was für ein geiler Tag!

Mein Tempo
Etappen 26 bis 28

Dienstag, 30. Mai, bis Freitag, 2. Juni: Von Egglfing am Inn nach Weißbach

Habe ich schon erwähnt, wie schön ich Bayern finde? Auch in den nächsten Tagen zeigt es sich von seiner besten weiß-blauen Seite. Nun, eigentlich eher von seiner blauen, denn es ist kein Wölkchen am Himmel zu sehen. Wenn man dann stundenlang auf dem Damm entlang der Salzach geradeaus läuft oder in Burghausen mal nebenbei die angeblich längste Burg der Welt passiert (sie ist mit über einem Kilometer von Tor zu Tor wirklich ziemlich lang und bestens geeignet für ein knackiges Intervalltraining), kann man eigentlich nur tiefenentspannt sein.

Die Sonne knallt volle Kanone auf jeden Zentimeter der Strecke, und man muss schon ein wenig verrückt sein, um bei diesen Bedingungen einen Marathon durchzuziehen. Dennoch finden sich immer wieder motivierte und auch erfahrene Begleiter ein. Viele von ihnen sind selbst Ultraathleten und haben inspirierende Geschichten über vergangene Abenteuer oder ihre künftigen Vorhaben zu berichten. Außerdem tauschen wir uns über die Trainingsmethoden, die richtige Pace und die Regeneration aus. Über die Höhen von Schuhsohlen, GPS-Uhren und unzuverlässige Herzfrequenzmessungen. Über Carboloading und das Abwiegen von Proteinen. Über Ermüdungsbrüche und das Dilemma, immer laufen zu wollen, selbst wenn wir noch so verletzt sind. Das ist das Schöne an der Laufgemeinschaft – man teilt eine Leidenschaft, die nicht jeder Außenstehende nachvollziehen kann, die aber doch ihre eigenen Gesetzmäßigkeiten hat, die uns vollkommen logisch erscheinen.

Was die Pace betrifft: Manchmal hänge ich unfreiwillig einen Mitläufer ab. Das tut mir leid, und ich hoffe, niemand ist mir deswegen böse. Aber wenn ich gerade im Flow bin und unsere Wohlfühl-Geschwindigkeiten zu sehr auseinanderfallen, muss ich ein wenig egoistisch sein: Es geht mir darum, dass ich mein Projekt so stringent wie möglich durchziehen kann, und daher ist es wichtig, dass ich grundsätzlich mein Tempo halten kann. Oft genug ist es aber auch langsamer als das der anderen, also gleicht es sich ganz gut aus.

Bald wird es in die Berge gehen, und während wir uns auf der Suche nach dem richtigen Weg durch Brennnesselfelder und Dornenbüsche kämpfen, sehne ich mich schon danach. Etwas kühler und erfrischender darf es langsam mal werden.

Ich wollte die Berge
Etappe 29

Samstag, 3. Juni: Von Weißbach nach Untersalzberg I

Mein Herz jubelt, und ich muss heute Morgen gar nicht die Schlummertaste drücken, obwohl der Wecker erst 5 Uhr anzeigt.

Denn nun ist es so weit: Es geht unweigerlich zum ersten Mal so richtig ins Gebirge.

Und ich habe drei Menschen, die sich die frühe Startzeit ebenfalls antun und dieses Erlebnis mit mir teilen wollen: Toni, der sich eigentlich schon verabschiedet hatte, nun aber entschlossen ist, für zwei weitere Tage dabeizubleiben; Christian, der ebenfalls einige Etappen in den Bergen mit mir gemeinsam meistern will, und last but not least Anna, ihres Zeichens eine echte »Bergziege« und Physiotherapeutin. Wie praktisch, eine solche dabeizuhaben. Am Vortag konnte sie mir schon mit ein paar Tapes aushelfen, als die Muskeln so richtig zugemacht hatten. Und vor allem gelang es ihr, die Achillessehne aufs weitere Durchhalten einzuschwören.

Mal abwarten, ob Anna heute wieder in Aktion treten muss.

Der breite Schotterweg ist noch eine entspannte Aufwärmübung. Aber die Schilder weisen uns unweigerlich in Richtung unseres ersten Zwischenziels, des Berchtesgadener Hochthrons, der immerhin 1972 Meter misst. Ich wollte die Berge, jetzt habe ich sie. Bald werden die Stöcke zum Einsatz kommen, denn wenn der Wegweiser des Alpenvereins eine rote Strecke anzeigt, darf man keinen asphaltierten Fußweg erwarten. Wir Städter tendieren ja dazu, diese Schilder nicht so richtig ernst zu nehmen, aber ich wurde längst eines Besseren belehrt. Wo rote oder gar schwarze Punkte draufstehen, sind entsprechende Höhenmeter und Kraxelsteige drin.

So auch hier, denn der gemütliche Forstweg wandelt sich rasch zu einem steinigen Bergpfad. Außer uns ist kein Mensch unterwegs. Ich presse meine Hände um die Griffe der Wanderstöcke, während wir uns am steilen Hang hinaufbewegen. Ein kühler Luftzug umweht uns, und mich überkommt ein intensives Gefühl von Freiheit und Glück. Die grünen Matten der Almen sehen aus wie aus einer Zeitschrift ausgerissen, und ich gehe, glaube ich, allen mit meiner Begeisterung ein wenig auf die Nerven. An jeder Holzhütte und jedem Felsen bleibe ich stehen und mache Fotos. Über das erste Schneefeld auf etwa 1500 Meter Höhe freue ich mich wie ein, nun ja, Schneekönig. Doch wir hängen ohnehin schon hinter unserem Zeitplan. Ich kann aber nicht weitergehen, bevor ich das Juchzen ausprobiert habe. Das gelingt mir kein bisschen, im Gegensatz zur einheimischen Anna. Zum Glück hat meinen Versuch außer meinen Mitläufern und ein paar Gämsen hier oben vermutlich niemand gehört.

Geiler als alles andere

Ich reiße mich los und folge den anderen über den Steig.

Der erste Fastzweitausender und der darauffolgende Downhill bestärken mich noch in meiner Hochstimmung: »Ich finde Alpen einfach so viel geiler«, hechele ich in die Kamera. Viel geiler als was? Momentan: als alles andere. Ich habe im Laufe des Projekts schon phänomenale Landschaften kennengelernt, aber die Alpen legen in meinen Augen in puncto Lebensfreude einfach noch mal eine Schippe drauf. Obwohl das Pensum mit 2400 Höhenmetern heute sehr ordentlich ist, läuft es sich in diesem Ambiente einfach viel geschmeidiger. Das liegt nicht nur am Panorama, sondern auch an den technisch anspruchsvollen Trails, die mit Wurzeln, Steinen und rutschigem Gras Konzentration erfordern, ständige Abwechslung bieten und dadurch einfach besonders viel Spaß machen. Wieder im Tal, erstrecken sich dann die Wiesen in sanften Wellen zu jeder Seite und erinnern an eine Modelleisenbahnanlage. Hier könnte ich mich vor einen der Holzschober setzen und einfach dortbleiben. Mehr braucht man nicht.

Stattdessen müssen wir aber noch mal rauf in die Berge. Ich habe mir sagen lassen, dass die Roßfeld-Panoramastraße, die wir als Finale erklimmen, normalerweise einer nicht enden wollenden Blechlawine gleicht. Diese Gegend ist gerade bei amerikanischen Touristen äußerst beliebt, weil man auf dem Berg nebenan einen Ausflug zu Hitlers berüchtigter Bergfeste unternehmen kann, dem Kehlsteinhaus auf dem Obersalzberg. So viel deprimierenden Geschichtsunterricht ersparen wir uns heute und gönnen uns stattdessen die Wellnessbehandlung für die Seele. Denn diese Mautstraße schlängelt sich mit spektakulären Aussichten dem Scheitel des Roßfelds und seinen Hütten entgegen. Dadurch, dass wir bereits um 6 Uhr morgens gestartet waren und es noch nicht einmal Mittag ist, sind wir auf den Asphaltkehren meist ganz allein. Egal, wohin man sich wendet, lockt ein weiterer Gipfel, der erklommen werden will. Pure Anmut und Schönheit.

Un-fucking-fassbar.

Mit knapp siebeneinhalb gelaufenen Stunden bleiben wir sogar noch weit unter der anvisierten 10-Stunden-Marke. Ja, ich wiederhole mich, aber hier bin ich gerade voll in meinem Element.

Käsesemmeln im Schnee
Etappe 30

Sonntag, 4. Juni:
Von Untersalzberg I nach Ramsau bei Berchtesgaden

Dieser Etappe blicke ich schon seit längerer Zeit entgegen. Die Strecke verläuft in U-Form von Untersalzberg I bei Berchtesgaden am Königssee entlang nach Süden, einmal hinten rum durchs Gebirge und auf der Westseite des Königssees wieder nach Norden, hinunter nach Ramsau. Diese Etappe verspricht, erneut, eine Strecke wie aus dem Bilderbuch zu werden. Auch meine sechs männlichen Begleiter freuen sich auf diese Panoramastrecke. Einer stammt sogar aus Friesland, verbringt hier Urlaub und unternimmt heute seinen ersten Trailrun. Toni behauptet mal wieder, dass heute sein letzter Tag sei, aber das hat er schon oft genug getan. Bleib gerne dabei, solange du willst. Auch Christian begleitet uns wieder.

Die Landschaft verdient meine ganze Aufmerksamkeit, aber dennoch erfreue ich mich nach wie vor an dem Anblick eines jedes neuen Grenzsteins. Der neben mir bekommt den Preis des originellsten Grenzsteins der Deutschlandumrundung. Denn sonst waren es entweder in Deutschlandfarben lackierte Pfähle oder Steine mit sorgfältig eingravierten Inschriften. Hier hat jemand einfach nur einen dieser schwarz-weißen Leitpfosten von der Landstraße ins Unterholz gehauen. Aber wir wissen, was gemeint ist – da drüben, hinter dem nächsten Baum, da ist Österreich.

Weil es zu Anfang regnet und der Himmel auch danach ziemlich grau bleibt, gehören uns die Höhenwege, auf denen wir uns rückseitig Richtung Königssee vortasten, fast ganz allein, Wir teilen sie nur mit den unzähligen Kühen, die stoisch für das eine oder andere Selfie herhalten. »Hello, my friends!« und danke, ihr Lieben, ich schicke euch die Bilder später gerne für eure Kanäle.

Ich fühle mich gerade wie in einem dieser Heimatfilme aus den 1950er-Jahren. Man kennt mich gar nicht so, aber ich bin einfach sprachlos. Vor allem, weil mir die Wörter dafür ausgegangen sind, wie begeistert ich bin. Wenn jetzt noch jemand jodeln könnte, wäre mein Alpenglück perfekt. Kann aber keiner. Anna, du fehlst heute.

Nach zweieinhalb Stunden haben wir 14 Kilometer geschafft und joggen über die ersten Schneefelder. In dem Grau in Grau hier oben könnte man annehmen, es sei März und nicht Juni. Als Preußin überrascht es mich durchaus, dass überhaupt so viel Schnee liegt. Die, die sich auskennen, schweigen peinlich berührt. Wenn die Wolken uns vollständig einhüllen, bekommt man hier ein wirklich hochalpines Feeling. Wow, hochalpin, für so was sind wir gar nicht gerüstet. Es fängt schon mit den kurzen Laufklamotten an. Man könnte sogar Handschuhe gebrauchen, aber die habe ich für die Deutschlandumrundung gar nicht eingepackt. Und an der Ernährung muss ich auch noch arbeiten: Die Gels, die ich für die Frühstückspause aus dem Rucksack ziehe, sind einer solchen zünftigen Bergetappe nicht angemessen. Ich werde es künftig wie Christian halten, denn der hat echte Käsesemmeln dabei, und die geben weitaus mehr Energie als meine Astronautennahrung.

Der Obere See

Nach einer Schlitterpartie durch den Schnee geht es erst mal wieder in grüne Gefilde, wo wir in Bächen unsere Flaschen mit kühlem Gebirgswasser auffüllen. Meine Uhr zeigt irgendwas mit Kilometer 17 an. Wir haben noch einiges vor uns. Zum Glück!

An einem der Panoramapunkte eröffnet sich der Blick hinunter ins Tal. Direkt unter uns liegt der Obersee. Dass er so heißt, wie er heißt, will mir irgendwie nicht in den Kopf. Er liegt oberhalb des Königssees – müsste er dann nicht Oberer See heißen? Er ist jedenfalls ein beliebtes Wanderziel derjenigen, die unten am Königssee starten. Dort versucht der Praktikant derzeit vermutlich, durch die Busladungen von Touristen bis zum Ufer vorzudringen. Vielleicht gönnt er sich eine Runde in einem der Boote, die ihre gemächlichen Runden über den See ziehen. Schließlich steht ihm an seinem freien Tag das Recht auf ein bisschen Sightseeing zu.

Wir hier oben sind fern jeglichen Trubels. Wenn wir nicht sprechen, hören wir nur das gleichmäßige Rauschen des Wasserfalls. Der Röthbachfall ergießt sich hier über etwa 400 Meter in die Tiefe und bietet einen majestätischen Anblick.

Der Trubel lässt aber auf dem Weg ins Tal nicht lange auf sich warten. Je näher wir dem Königssee kommen, desto schwieriger wird es für mich, zu laufen, zu filmen und gleichzeitig den Massen an Spaziergängern und Wanderern auszuweichen.

Das Höhenprofil der Strecke gleicht heute einem großen M. Nach 16 Kilometern stehen wir auf der ersten Spitze des Ms, durchqueren das Tal in der Mitte und müssen nun nur noch auf der anderen Seite wieder hoch. Die Steige sind allerdings im Gegensatz zu den gemütlichen Spazierwegen im Tal überraschend technisch. Sie sind außerdem so schmal, dass sie nur noch einspurig Platz bieten und wir uns immer wieder geduldig wie die Perlen an der Schnur aufreihen, um absteigende Wanderer vorbeizulassen. Fast wie auf dem Mount Everest!

Dürfen wir dann klettern, gilt es, immer wieder die Hände ans brüchige Gestein anzulegen. So ganz unspektakulär ist das nicht. Und prompt gibt es auch eine kleine Schürfwunde in der Gruppe zu versorgen. Zum Glück hat der erfahrene Trailläufer und Bergführer Holger ein kleines Erste-Hilfe-Set dabei und kann die Wunde auswaschen und verbinden. Ich mache eine Notiz im Kopf, dass ich demnächst wirklich mein Erste-Hilfe-Set einpacken sollte, falls sich hier wieder jemand verletzt.

So schön wie noch nie

Erneut geht's in verschneite Höhen, und nach Kilometer 32 habe ich nicht nur 2700, sondern gefühlte 27000 Höhenmeter in den Beinen. Keine Frage, es ist nach wie vor toll, aber so langsam wäre ich bereit für den Abstieg ins Tal. Die anderen wollen ebenfalls fertig werden, und so verfallen wir, sobald es wieder möglich ist, auf dem finalen Abschnitt in eine Pace unter fünf Minuten pro Kilometer. Der Regen treibt uns zusätzlich dazu an, diesen Jubiläumsmarathon in weniger als neun Stunden zu Ende zu bringen.

Es gießt in Strömen, als der Praktikant uns in dem kleinen Ort Ramsau in Empfang nimmt.

Viel haben wir offenbar nicht verpasst, denn sein Resümee des Tages fällt etwas nüchtern aus. Angesichts des Gedränges an der Zufahrtstraße zum Königssee ist er nicht einmal bis zur Anlegestelle vorgedrungen, sondern hat gleich wieder umgedreht.

Mein Fazit dagegen: Es war so anstrengend wie noch nie, aber auch so schön wie noch nie.

Die Alpen sind einfach mein Terrain, und was mich betrifft, so glaube ich, dass es in den kommenden Tagen sogar *noch* schöner werden kann.

Ich ahne noch nicht, wie sehr ich mich getäuscht habe.

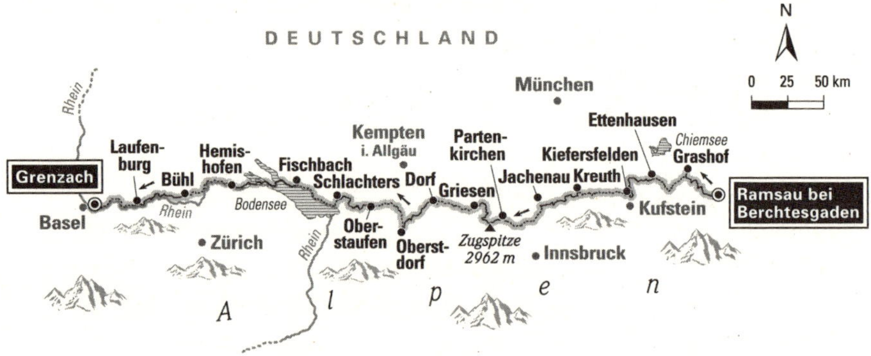
DEUTSCHLAND
N
0 25 50 km
München
Rhein
Ettenhausen
Kempten
i. Allgäu
Partenkirchen
Chiemsee
Laufenburg
Hemishofen
Fischbach
Kiefersfelden
Grashof
Grenzach
Bühl
Schlachters
Dorf
Jachenau
Kreuth
Griesen
Ramsau bei Berchtesgaden
Basel
Rhein
Bodensee
Kufstein
Oberstaufen
Zürich
Rhein
Oberstdorf
Zugspitze 2962 m
Innsbruck
A l p e n

Teil 2

Im Süden nimmt sie ihren Lauf

Etappen 31 bis 46

Kilometer: 682
Höhenmeter uphill: 19 988
Höhenmeter downhill: 20 044
Reine Laufzeit: 107:53 Stunden

Die dumme Berlinerin steigt auf den Berg
Etappe 31

Dienstag, 6. Juni:
Von Ramsau bei Berchtesgaden nach Grashof

Ich stehe am ersten Gipfelkreuz und kann mich nicht so recht am gigantischen Ausblick erfreuen. Meine Knie sind weich vom Aufstieg, der mehr als heikel war. Jeder Schritt barg Absturzgefahr, und wir fragten uns mehr als einmal, ob das Navi wirklich einem Steig folgte oder uns einfach stoisch geradeaus leitete.

Ich habe ein megaschlechtes Gewissen, dass ich zwei weitere Menschen mit auf diesen Berg geschleppt habe. Christian und Wolle ist zum Glück nichts passiert, aber was wäre, wenn? Niemand von uns kannte die Strecke vorher, und das rächt sich hier in den Alpen. Irgendwie denkt man im Vorfeld immer, dass es so schlimm schon nicht werden wird. Wir sind schließlich nicht in den Rocky Mountains oder am Mount Vinson.

Doch wenn wir dann im steilen Fels hängen und die Hände sich an irgendwelche Steine oder Zweige krallen, nur um nicht Hunderte Meter abzurutschen, werde ich daran erinnert, dass ich weder eine erfahrene Alpinistin bin noch genügend Respekt vor dieser Etappe hatte.

Die dumme Berlinerin steigt auf den Berg.

Das ist die wichtigste Message, die ich heute, nach zehn Kilometern, für die wir fast vier Stunden geklettert sind, in die Kamera spreche: Bitte, bitte nicht nachmachen.

Die gute Laune ist zum Glück zurück, seit wir zu der fälschlichen Erkenntnis gelangt sind, dass wir das Schlimmste nun hinter uns haben. Klar ist es arschkalt hier oben, und die Wolken verschlingen den schneebedeckten Pfad vor uns wie eine gewaltige Nebelbank. Die angepeilten acht Stunden für diesen Tag sind der blanke Hohn. Wir werden ewig brauchen, um heute ins Ziel zu kommen. Aber wir leben noch. Ja, so nackt und ungeschminkt muss man das sagen. Und allein das erfüllt uns mit Freude und Erleichterung.

Wir gönnen uns jauchzend einen rasanten Downhill über die Schneefelder und haben im Nu die bösen Geister der letzten Stunden vertrieben.

Die Neue Traunsteiner Hütte liegt auf 1570 Metern und erscheint plötzlich als unverhoffter Ort der Zivilisation vor uns. Welch willkommene Überraschung! Wir lassen uns auf die Bänke auf der mit spektakulären Ausblicken gesegneten Terrasse fallen und genießen einfach ein paar Minuten lang die warme Sonne auf den Wangen.

Allzu lange dürfen wir jedoch nicht bleiben. Wir haben noch einen weiten Weg vor uns, und wenn wir noch im Hellen ankommen wollen, bleibt uns nichts anderes übrig, als uns zu beeilen. Auch wenn uns dafür eigentlich längst die Kraft ausgegangen ist.

Es hört nicht auf

Um 12:30 Uhr bekomme ich so langsam den nächsten Anflug von schlechter Laune, denn wir haben in den letzten 5:40 Stunden gerade einmal 16 Kilometer geschafft. Nicht einmal die Hälfte. Wenn sich die Strecke im weiteren Verlauf auch nur halb so absurd gestaltet wie zu Beginn, wird das eine brutale Etappe. Das Ziel, bei Tageslicht anzukommen, ist alles andere als leicht erreichbar. Und ach ja, niemand von uns hat eine Stirnlampe dabei.

Wolle braucht zumindest keine, denn als wir das Tal erreichen, steigt er aus. Sein Pensum für heute ist geschafft. Glückwunsch. Und etwas beneidenswert. Christian und ich wollen aber weiter und begeben uns auf den zweiten Anstieg des Tages.

Egal wie, wir wollen dieses Ding ins Ziel bringen. Here we go.

Halbmarathon bei knapp sechs Stunden. Kilometer 30 bei der 8-Stunden-Marke. Es hört nicht auf.

Die steinigen Pfade, die steil abfallenden Wiesen, die gigantischen Ausblicke. Das alles beginnt wieder von vorn. Und dann hängen wir erneut im Gestein.

Es sind nur noch 150 Höhenmeter bis zum Gipfel, aber der Grat vor uns ist scharf wie eine Klinge, durchsetzt von brüchigem Gestein und einigen Latschen, die dem Wind und Wetter hier oben trotzen.

Ob das Projekt nach wie vor eine gute Idee war? Ja.

Ob ich noch Bock habe? Geht so.

Ob ich es mache? Auf jeden Fall.

Christian stimmt mir sicherlich zu, auch wenn er es nicht verbalisiert. Seit mehreren Stunden folgen wir einfach einander, und unsere Gespräche erschöpfen sich hauptsächlich darin, vor rutschigen Stellen oder herabstürzenden Felsbrocken zu warnen.

Wer auch immer hier einen Weg in die Karte gezeichnet hat, kann nicht alle Sinne beisammengehabt haben.

Immer wieder dringen wir zögerlich ein paar vorsichtige Schritte auf dem Grat vor, bevor wir uns wieder in die Hocke sinken lassen und einfach vor uns hin starren.

Es ist wirklich gaga, was wir hier machen.

Ich habe Angst davor, dass wir abrutschen. Dass wir nicht mehr im Hellen ankommen und uns den Weg durch den Fels vielleicht nur noch ertasten können. Das wäre das Schlimmste. Er schweigt, aber ich glaube, dass auch Christian besorgt ist. Welch ein Albtraum!

Bei mir kommt noch Wut auf mich selbst hinzu. Ich habe gerade meinen Bruder verloren. Und nur wenige Tage später setze ich so leichtsinnig mein eigenes Leben aufs Spiel. Und obendrauf noch das von Christian. Das ist nicht das, was ich unter verantwortlichem Handeln verstehe.

Während der Himmel immer grauer wird und uns die T-Shirts am Körper flattern, ist es hier oben nicht hilfreich, sich Vorwürfe zu machen. Es gibt nur noch einen Modus Operandi: in Zeitlupe weitergehen und überleben.

Für die paar Hundert Meter Strecke hinauf brauchen wir weitere zweieinhalb Stunden.

Irgendwann ist der Grat überwunden, und wir geraten als Belohnung gleich in den noch schlimmeren Abstieg. Immer wieder hängen wir beim Runterlassen nur an unseren Armen, und unsere Beine baumeln einfach so in der Luft. Ein falscher Tritt, einmal danebengreifen, Ende.

Doch irgendwann öffnet sich das Tal vor uns, der Steig mündet in einen steinigen Weg. Das Gefühl, nach einer Ewigkeit endlich wieder einen sicheren Tritt setzen zu können, müsste uns mit unbändigem Glück erfüllen. Aber wenn ich so in Christians Gesicht blicke, lese ich darin die gleiche Taubheit und Benommenheit, die ich fühle.

Das war kein Spaß. Das war ernst, und wir sind dankbar, ehrfürchtig dankbar, dass wir das hinter uns gebracht haben.

Bei 40,7 Kilometern werden wir von unseren Abholern empfangen. Sven ist verständlicherweise erfüllt von einer Mischung aus Sorge und Aufgebrachtheit. Über Stunden hinweg wusste er nicht, wo wir waren, wie es uns ging, warum es so lang dauerte, denn wir hatten dort oben kein Netz. In seinem Kopf liefen alle möglichen Szenarios ab, und es fehlte nicht viel, dann hätte er die Bergwacht eingeschaltet.

Ja, lieber Sven, du hast recht mit allem, was du sagst. Ich habe nur keine Kraft mehr, etwas zu erwidern. Mein Kopf ist einfach nur leer. Wir sind endlich im Ziel, und freundliche Menschen drücken uns Kuchen in die Hand. Heute werden es nicht ganz die 42,2 Kilometer werden, aber selten war mir etwas so egal wie dieses Detail.

Oft genug bin ich auf den ersten 30 Etappen bereits 43 Kilometer und mehr gelaufen, sodass die Marathondistanz im Schnitt mehr als wiedergutgemacht wurde.

Dieser Tag, so furchtbar er war, wird Christian und mir lange in Erinnerung bleiben. Das alles da oben gemeinsam durchzustehen hat uns verbunden. Wir versprechen uns, in Kontakt zu bleiben, und Christian gibt mir seine Mobilnummer. Als er zusieht, wie ich sie einspeichere, muss er lachen. »Du hast ungefähr 27 Christians in deinem Handy. Wie willst du dir merken, welcher ich bin?«

»Kein Problem«, schmunzele ich und zeige ihm den Eintrag, unter dem ich ihn gespeichert habe: »Christian Todesangst«.

Alles ganz entspannt
Etappe 32

Mittwoch, 7. Juni:
Von Grashof nach Ettenhausen

Ich hätte noch ewig schlafen wollen. Aber irgendwann ist selbst die geduldigste Schlummerfunktion am Ende, und die Augen müssen aufgeschlagen bleiben, ob sie wollen oder nicht.

Der gestrige Tag steckt mir noch tief in den Knochen.

Und am Abend wurde es noch ungewollt spät, denn wir kamen erst um halb zehn im Hotel und eine Stunde später in einem Restaurant an. Die Küche hatte eigentlich schon geschlossen und es bedurfte erheblicher Überredungskunst, bis die Wirtin sich noch erbarmte, uns zu dieser späten Stunde wenigstens eine Brotzeit zu servieren.

Zur Geisterstunde ins Bett gefallen, schwirrte mir noch eine Stunde lang der Kopf, bis ich endlich einschlafen konnte.

Also, diese Nacht war definitiv zu kurz.

Und nicht nur das: Ich fühle mich irgendwie down, diese Mischung aus Unverständnis über das eigene Handeln und Ausgelaugtheit kann ich nicht so leicht abschütteln. Während der Fahrt an den Startpunkt bin ich sehr schweigsam. Doch ich beschließe, die Selbstvorwürfe abzuschütteln, denn ein neuer Marathontag beginnt, und nachdem ich die Strecke noch einmal Stück für Stück gescannt habe, kann ich eines sicher sagen: Auch wenn hier in den Alpen mit allem zu rechnen ist, so schlimm wie gestern kann es nicht werden. Im Gegenteil, es dürfte im Vergleich sogar ein richtig spaßiger Lauf werden. Zur Sicherheit habe ich die Passagen, die mir auf der Karte verdächtig vorkommen, noch mal umgeplant und ein paar Umwege über vermeintlich breitere Wege eingebaut. Nie wieder will ich mich so kalt erwischen lassen wie gestern.

Gemeinsam mit zwei Mitstreitern mache ich mich mit etwas Verspätung heute erst um 8:30 Uhr ans Werk. Die ersten Kilometer geht es absolut flach auf einem breiten Forstweg geradeaus. Die Sonne scheint, und ich kann wieder laufen. Das hätte ich noch heute Morgen gar nicht gedacht.

Feuer fangen

Das Tal öffnet sich, und die Strecke führt uns direkt an einem spiegelglatten See entlang, der so klares Wasser führt, dass man bis auf den Grund sehen kann. Der Weitsee ist nicht besonders tief, soll aber über eine hervorragende Wasserqualität verfügen. Das wäre, gerade nach gestern, eine ideale Gelegenheit für einen Badetag.

Aber meine Begleiter haben eher Lust aufs Kilometersammeln, und auch in mir spüre ich langsam wieder, wie das Lauffeuer sich entfacht.

Die ersten zehn Kilometer sind in den Beinen, und ich bin beinahe die Alte. Blöde Sprüche in die Kamera zu machen ist jedenfalls wieder möglich, zum Glück. Meinem Mitläufer Patrick geht es ebenfalls hervorragend, vor allem, weil er hier aussteigt, um seinen Sohn vom Kindergarten abzuholen. Nach etwa 15 Kilometern steigt auch die zweite Mitläuferin aus.

Für mich geht es aber weiter, und den ersten Anstieg am Berg darf ich zum ersten Mal seit mehreren Tagen wieder ganz allein machen. Ob mir das nach dem Vortag etwas ausmacht? Nicht wirklich, denn ich halte mich an mein heute Morgen im Bett beschlossenes Motto: »Alles ganz entspannt«.

Schon von Beginn der Planungen für die Deutschlandumrundung war mir klar, dass ich es eines Tages schwer haben würde. Dass es ums Überleben gehen würde, damit rechnete ich allerdings nicht. Ja, der eine oder andere hatte mich gewarnt. Aber hätte ich es deshalb gar nicht angehen sollen? Nichts da. Wie sonst im Leben gilt: Nach einem schweren Tag kommt irgendwann wieder ein leichterer. Und wenn ich es noch ein bisschen beeinflussen kann, *wie* leicht er wird, ist das umso besser.

Also: Her mit der Entspannung.

Wandertag

Dass es mir einerlei ist, wie lange ich für den Marathon brauche – das gilt für jede Etappe. Aber heute wandere ich einfach auf den herrlich breiten Wegen, selbst wenn ich sie eigentlich mit 5-Kilometer-Renntempo nehmen könnte.

Muskulär hat die Schreckensetappe, soweit ich in meinen Körper hineinspüre, keine Narben hinterlassen, und das Ganze heute fühlt sich nicht wie eine Herausforderung, sondern eher wie eine Kür an.

Das liegt natürlich auch daran, dass ich die Almwege mit den sanftmütigen Kühen und ihrem beruhigenden Gebimmel einfach als Wanderin genieße. Nach 20 Kilometern verspüre ich zum ersten Mal wieder Lust, in einen Laufschritt zu fallen.

Aber sobald der Weg etwas steiler abfällt, erinnert mein Körper mich umgehend an mein Abenteuer vom Vortag. Denn nun schmerzen die Waden plötzlich. Verständlich nach dem, was ich ihnen gestern zugemutet habe. Zudem sind die Schalter im Kopf noch nicht ganz umgelegt, und ich habe vor den wurzeligen Downhills, die ich normalerweise im Eiltempo runterreißen würde, einfach zu viel Respekt. Also doch lieber wieder gehen und alles behutsam machen.

Beim zweiten Anstieg des Tages schaue ich hinüber zur Route, die das Navi ursprünglich für mich vorgesehen hatte: Dort hängen gerade ein paar Menschen am Klettersteig im senkrechten Fels.

Ich stehe auf der anderen Seite der Schlucht auf einem Wiesenweg und klopfe mir virtuell auf die Schulter: Wieder einmal etwas richtig gemacht.

An meine Grenzen komme ich heute also zur Abwechslung einmal nicht. Dafür weiterhin an die zwischen Österreich und Deutschland. Hier am idyllischen Taubensee verläuft sie mitten durchs Gewässer.

Da schleicht sie sich schon wieder in mein Herz, die Schönheit Bayerns.

Klappe halten
Etappe 33

Donnerstag, 8. Juni: Von Ettenhausen nach Kiefersfelden

Was vielversprechend beginnt, wird heute so ein bisschen ein Wehwehchen-Marathon. Mit jedem Kilometer macht mein linkes Kniegelenk mehr zu, und ich kann das Bein bald gar nicht mehr richtig strecken. Na ja, genau wie der Rest meines Körpers hat es bereits rund 1400 Kilometer an den Grenzen um Deutschland zurückgelegt und muss auch heute, auf der 33. Etappe, mal wieder fast 2000 Höhenmeter durchbeißen.

Gegen Schmerzen im Kniegelenk hilft am besten die PECH-Methode: Pause, Eis auflegen, Kompression (man stelle sich ein C am Wortanfang vor), hochlegen. Alles super Ideen, von denen ich gerade keine einzige umsetzen kann.

Also setze ich auf die A-Taktik: A wie Ablenkung.

Davon gibt es heute genug. Gleich zu Beginn der Strecke will uns ein breites Banner am Weiterkommen hindern. Die Wegsperrung aufgrund von Forstarbeiten beeindruckt die einheimischen Mitläufer aber nicht, und wir ducken uns einfach darunter durch. Gleich darauf ist der Weg tatsächlich versperrt. Allerdings nicht durch emsige Waldarbeiter mit Kettensägen, sondern durch eine Kuhherde. Entgegen ihrer Gewohnheit machen die riesigen Tiere hier gar nicht so einen entspannten Eindruck, sondern sind sichtlich angefressen davon, dass wir uns auf dem schmalen Waldpfad an ihnen vorbeidrängeln wollen. Die Leitkuh mit den einschüchternden Hörnern hat dann auch die besseren Argumente auf ihrer Seite, und wir schlagen einen Bogen durchs Unterholz.

Unter und über Zäune

Etwas später darf, wer mag, seine Limbokünste beweisen, weil wir einen Elektrozaun unterqueren müssen. Die Wegführung weist hier stoisch geradeaus, obwohl wir uns nun eindeutig auf einer Weide befinden und sich dort hinten in der Kuhherde schon wieder die Köpfe heben. Prompt verirren wir uns und dürfen daher noch ein paar weitere Male unter Zäunen hindurchkriechen.

Nicht zum ersten Mal geht mir die Routenplanung kurz darauf gehörig auf den Geist. Schon wieder sagt das Navi mir eine Abzweigung an einer Stelle an, an der in der Realität einfach so gar kein Weg vorhanden ist. Schlecht gelaunt mache ich meinem Ärger über Navi und Route Luft. Auf so einen Scheiß habe ich nun so gar keine Lust.

Ich habe seit vorgestern tatsächlich etwas an Gemütsruhe eingebüßt, und es tut mir leid, dass meine Begleiter das Geschimpfe mitanhören müssen. Im Nachhinein fanden sie es aber nicht so schlimm. Klar, würde ich ebenfalls sagen, wenn ich gefilmt werde und weiß, dass das eine Viertelmillion Leute sehen werden.

Ich weiß aber, dass man irgendwann immer einen Weg findet, und so ist es auch diesmal. Die Schuhe sind von Bachquerungen durchnässt, und das Knie toleriert inzwischen eigentlich nur noch langsames Gehen in der Ebene oder Bergablaufen. Das Kraxeln auf die nächste Bergkuppe zählt heute eindeutig nicht zu seinem Repertoire. Oben ankommen müssen wir jedoch trotzdem, und ich bin froh, dass ich nicht alle Schimpfwörter mitgefilmt habe, die mir beim Anstieg eingefallen sind. Jedenfalls, so stelle ich fest, verfügt mein Wortschatz über mehr Synonyme für »Mist« als für »schön«.

Den zweiten Teil des Marathons geht es in Richtung Kiefersfelden fast durchgehend direkt am Inn entlang, in dessen Mitte die Grenze zwischen Deutschland und Österreich verläuft. Anders als der verträumte Taubensee verschafft einem dieses industrialisierte Gewässer eher ein ernüchterndes Gefühl: Der Fluss ist über weite

Strecken begradigt und wirkt wie ein künstlich angelegter Kanal. Zu allem Überfluss verläuft die Autobahn A93 ebenfalls entlang des Inns und sorgt für einen ständigen Lärmpegel. Naturbelassene Uferpassagen muss man mit der Lupe suchen, und die Wasserqualität dürfte nicht gerade dazu einladen, die Trinkblase im Rucksack aufzufüllen. Da halte ich mich lieber wie in den letzten Tagen an die frisch sprudelnden Waldbäche.

Es sind über 30 Kilometer geschafft, und ich bin des Meckerns längst noch nicht müde. Die nassen Schuhe drücken und scheuern, und das Knie hat es immer noch nicht aufgegeben, auf sich aufmerksam zu machen. Mein guter Rat an mich selbst: Vielleicht sollte ich einfach meine Klappe halten.

Mit neuen Schuhen am Verpflegungspunkt geht es dann auch ohne unflätige Kommentare meinerseits ins heutige Finale. 7:33 Stunden unter nicht ganz einfachen mentalen Bedingungen sind endlich vorbei.

Self Care

Nach so viel Schinderei muss man den Körper ein wenig pflegen, und das tue ich täglich vor und nach getaner Arbeit. In meinem Gepäck finden sich so ziemlich alle Cremes, die es da draußen auf dem Markt gibt, aber ich nutze eigentlich nur die, die der gesunde Menschenverstand jedem vorschreiben würde, der täglich sechs bis acht Stunden in praller Sonne läuft. Sonnencreme des Faktors 50 kommt auf die Beine und Schultern. Fürs Gesicht verwende ich eine andere, die den Vorteil hat, dass sie nicht so brennt, wenn sie mir als Schweiß-Staub-Creme-Gemisch in die Augen läuft. Pferdesalbe tut den Beinen gut, und ich bilde mir ein, dass die Muskeln sie jeden Morgen begierig aufsaugen. Nach getaner Arbeit und einer ausführlichen Dusche sind dann After Sun und Feuchtigkeit angesagt, zudem ein Eisgel für die Füße.

Überhaupt sind die Füße ja das Wichtigste für das ganze Unterfangen. Ich möchte wenn möglich unbedingt vermeiden, mir Blasen zu erlaufen oder alle Fußnägel blutig durchzufärben. Das Geheimnis ist das regelmäßige Wechseln der Schuhe – nicht nur täglich, sondern mitunter bereits zur Halbzeit des Tagespensums. Dies ist der Grund, warum ich Schuhe in verschiedenen Größen mitführe. Die Füße schwellen bei einer langen Etappe derart an, dass sie nach Schuhen rufen, die zwei oder drei Nummern zu groß sind. Das führt dazu, dass Läufer oft Schuhgrößen tragen, über die der Normalbürger nur den Kopf schütteln kann. Auch wenn sie keine Giganten sind, laufen Frauen bei einem Ultra schon mal in Größe 45, Männer in 50 herum. Hauptsache, die geschundenen Füße finden genug Platz, sich irgendwie zu erholen.

Wenn man das beherzigt und vor allem nur möglichst kurze Zeit in nassen Socken verbringt, kann man die Füße in einem überraschend passablen Zustand halten. Und hey, ich will hier mit meinen Füßen keinen Schönheitspreis gewinnen, sie sind ohnehin die meiste Zeit in Schuhen versteckt.

Der Hungerbaum
Etappe 34

Samstag, 10. Juni: Von Kiefersfelden nach Kreuth

Volles Haus am Startpunkt, so mag ich das. Die meisten Mitläufer kommen heute aus Rosenheim oder der näheren Umgebung, da scheint ein Läufernest zu sein. Jenny und Chris sind ein Paar, und sie hat ihn überredet, heute mitzukommen. Brav! Und auch Christian Todesangst wagt sich an eine weitere Etappe mit Joyce Hübner – es freut mich besonders zu sehen, dass er schon wieder lächeln kann, als wäre nichts passiert.

»Ich hab immer noch Bock auf Berge«, behauptet er überzeugend vor der Kamera. Und das habe ich natürlich ebenfalls.

Heute gibt es davon reichlich, denn die Route führt fast ausschließlich mitten durch die Pampa, was in den Alpen bedeutet: abseits größerer Straßen oder Ortschaften in einem stetigen Rauf und Runter auf Waldwegen und Pfaden durch die bayerische Märchenlandschaft.

Ich lerne immer neue Traditionen kennen, etwa den Hungerbaum. Wer hierzulande als Paar sieben Jahre zusammenlebt, ohne sich einen offiziellen Trauschein ausstellen zu lassen, bekommt als sanften Schubs zur Erinnerung einen mit merkwürdigen Dingen geschmückten Baum in den Garten gepflanzt oder, wie im Fall von Jenny und Chris, auf den Balkon.

Nach diesen Maßstäben müsste bei Sven und mir auch bald ein Hungerbaum auf dem Balkon stehen. Die berlinerische Variante wäre vielleicht ein Kleiderständer, behängt mit alten Bierdosen?

Mein Plan ist jedenfalls, dass ich Jenny und Chris heute noch überzeuge, sich endlich zu verloben. Mal sehen, ob mir das gelingt.

Sie wollen allerdings nicht die ganze Distanz mitlaufen, also weise ich gefühlt jeden zweiten Kilometer darauf hin, dass sie es sich doch überlegen könnten ...

Leute, ist das schön ...!

Das Kniegelenk hat gut geschlafen und präsentiert sich heute ausgeruht und entspannt. Das ist gut so, denn der Bayerische Rundfunk hat sich angekündigt, um ein Porträt über mich und mein Projekt zu drehen. Da sähe es ausgesprochen blöd aus, wenn ich von Baum zu Baum humpeln würde. Und die Strecke geizt heute auch nicht mit meiner Lieblingsdisziplin, dem Downhill. Christian und ich nehmen die Abhänge mit einer rasanten Pace knapp über vier Minuten pro Kilometer. Dabei sind wir uns ziemlich einig darin, dass es kaum etwas Schöneres geben kann als das, was wir hier gerade tun.

Apropos: Viele liebe Kommentare auf Social Media weisen mich darauf hin, wie oft ich »Leute, ist das schön!« sage. Und heute muss ich es erneut tun. Denn die sonnigen Wiesenwege oberhalb der Bergbauernhöfe, wo eine Familie am späten Vormittag eine zünftige Brotzeit einnimmt, sind einfach wie aus einem Bildband entsprungen. Ich wiederhole mich, aber: Leute, es ist wirklich ... bärig, bombastisch, amazing. Ich sammle weiterhin Synonymvorschläge aus der Gruppe der Begleiter.

Bessere Mitläufer als heute könnte ich mir auch nicht wünschen. Wir verstehen uns nicht nur blendend, sondern verfallen wie automatisch stets ins gleiche Tempo. Der gemeinsame Laufschritt klingt im stillen Wald wie ein einstudiertes Manöver, und es überrascht uns alle, wie man sich so unbewusst aufeinander einspielen kann. Wir unterhalten uns angeregt über alles Mögliche, doch diese Passagen, in denen wir nicht reden und alle im gleichen Takt nebeneinanderher traben, sind einfach noch großartiger. Dass wir das alles hier gerade gemeinsam erleben, die Anstrengung, die Schönheit der Natur, das gute Gefühl des Laufens, das angenehme Schweigen, ohne dass eine bedrückende Stille entstünde, und natürlich die Weite der Marathondistanz, das wird in solchen Momenten noch einmal besonders deutlich.

Frisches Bachwasser

Es ist ziemlich heiß heute, und bei diesen Temperaturen verspüre ich eigentlich keinen großen Hunger. Heute aber ist es anders, was sicherlich auch daran liegt, dass wir uns gegenseitig zu unseren Lieblingsessen befragen. Von Cordon bleu über Kasspatzln bis Pizza ist alles dabei. Christian steuert ein inspirierendes »Irgendwas vom Griechen« bei. Leute, jetzt knurrt mir wirklich der Magen. Mein Lieblingsessen? All das, was ihr gerade aufgezählt habt.

Während des Laufens esse ich inzwischen neben Energiegels und Powerriegeln sogar belegte Semmeln. Das habe ich mir von meinen einheimischen Begleitern abgeguckt und kann bestätigen: Ein frisches Brötchen mit Käse und Schinken macht weitaus glücklicher als ein klebriger Riegel mit künstlichem Mangogeschmack.

Zunächst gibt es aber erst mal nur kaltes, frisches Bachwasser, mit dem wir unsere Trinkflaschen füllen. Dieses Wasser schmeckt mir inzwischen deutlich besser als das aus den Plastikflaschen der örtlichen Discounter. Eigentlich sollte man sich hier einfach in das plätschernde Rinnsal hineinlegen und den Mund aufsperren. Vor allem, wenn es sonst nichts zu essen gibt.

Die Navigation ist auf dem letzten Drittel besonders komfortabel, denn Mitläufer Markus ist uns vom Ziel entgegengekommen und nimmt uns nun einfach wieder dorthin mit.

Am Ende des Marathons gibt es eine gute und eine schlechte Nachricht. Die schlechte: Es ist mir nicht gelungen, Jenny und Chris ein eindeutiges Heiratsversprechen aus den Rippen zu leiern.

Die gute: Dafür sind sie aber ungewollt die ganze Strecke über dabeigeblieben und haben somit aus Versehen einen Marathon absolviert. In Wahrheit sogar noch etwas mehr, nämlich 43,7 Kilometer. Und 1750 Höhenmeter waren auch noch dabei. Reife Leistung! Und vergesst nicht, euren Hungerbaum zu gießen.

Das Leben verstehen?
Etappe 35

Sonntag, 11. Juni: Von Kreuth nach Jachenau

Um 7 Uhr morgens aus dem Auto zu steigen ist in der wirklichen Welt keine sonderliche Herausforderung. Aber inzwischen ist diese Mischung aus Hochstemmen und Hochziehen aus dem Sitz zu einem Moment geworden, der mich jeden Tag aufs Neue Überwindung kostet: Im angewinkelten Zustand auf dem Beifahrersitz verhalten sich die Muskeln ruhig, aber strecken wollen sie sich nicht. Ganz so frisch, wie ich die wartende Menge am Startpunkt begrüße, fühle ich mich innerlich also nicht.

Es ist ohnehin eine Rolle, in die ich mich inzwischen immer mehr einfinden muss – das strahlende Grinsen vor der Kamera, das ewige Gutdraufsein, obwohl es mir innerlich manchmal mehr als dreckig geht.

Dies ist mir angesichts des Verlusts meines Bruders bis jetzt recht gut gelungen. Dennoch ist dies hier keine Bühnenshow, sondern ein Marathon. Für mich bereits der 35. So sehr ich mich über den täglichen Zuspruch in den sozialen Medien freue, ich ahne inzwischen, was es bedeutet, dass dieses Projekt sehr groß geworden ist. Mit der Größe wächst die Erwartungshaltung auf allen Seiten. Manchmal frage ich mich, ob irgendwann der Punkt kommen wird, an dem mir der Trubel zu viel wird – denn letztlich will ich doch vor allem eigentlich nur eines: um Deutschland herumlaufen.

Solche Gedanken verschwinden meist aber schnell wieder, wenn wir uns als Gruppe aufeinander eingegroovt und ein paar Kilometer gemeinsam verbracht haben.

So auch heute, zumal mit Iris und ihrem Hund Apollo unsere Zimmerwirtin mitläuft, die eine echte Frohnatur ist. Am Vorabend waren wir noch alle gemeinsam essen, und sosehr ich den Abend genossen habe, ist es doch recht spät geworden. Mehr als fünfeinhalb Stunden Schlaf waren in dieser Nacht nicht drin, und ich habe das dumme Gefühl, dass ich dieses Schlafdefizit heute noch spüren werde.

Aus den ganz hohen Bergen sind wir raus und durchqueren auf steinigen Pfaden die voralpine grüne Landschaft. Lauftechnisch gar nicht so anspruchslos, aber zugleich meditativ. Die Kuhglocken bimmeln, und ich kann mich einfach diesem Flow ergeben, der mich durch die Kilometer trägt, ohne dass es mir auffällt.

Eine Almhütte ist unsere erste Verpflegungsstelle. Hier stapeln sich die Bierkästen, aber es ist früh am Morgen, und sooo bayerisch bin ich nun auch noch nicht geworden, dass ich mir am Vormittag ein Weißbier genehmigen würde. Während der Deutschlandumrundung ohnehin nicht, denn seit dem ersten Tag des Projekts trinke ich ganz bewusst keinen Tropfen Alkohol. Im echten Leben bin ich nicht so asketisch und vertrete eher die Meinung, dass es einen Ausdauersportler nicht umbringt, ab und zu ein Glas Wein zu trinken. Aber in dieser sehr intensiven Zeit, in der es nicht viele Möglichkeiten für meinen Körper gibt, sich zu erholen, bilde ich mir ein, dass jede Minute der Regeneration zählt. Und ich kann es mir gar nicht leisten, diese wertvolle Zeit zu vergeuden, indem ich dem Organismus noch zusätzlich die Aufgabe gebe, Alkohol abzubauen.

Es fehlt mir aber an nichts. Wie kann es das? Meine Prioritäten haben sich längst verändert, und das alte Leben aus Berlin kommt mir sehr weit weg vor, nicht nur geografisch gesehen, sondern auch mental. Das, was ich hier tue, ist intensiver und bereichernder als alles, was ich bislang in meinem Leben erfahren durfte. Durch den unbedingten Fokus auf mein Projekt komme ich Tag für Tag mehr in einen Zustand, der mich vom Alltag abkoppelt.

Vorsichtshalber starte ich schon mal einen Aufruf: Wer hat eine schöne Wohnung in den Bergen für mich? So ab Oktober, November könnte ich einziehen. Und ich meine das nur halb im Spaß – denn ich spüre, ich gehöre in die Alpen. Das Glücksgefühl beim Anblick der rauschenden Waldbäche, Wasserfälle und der glasklaren Gumpen ist unvergleichlich. Hier möchte ich laufen, eisbaden, bleiben, einfach alles.

Werde ich das Leben überhaupt noch verstehen, wenn das hier mal vorbei ist?

Darüber muss ich mir zum Glück noch nicht allzu viele Gedanken machen, denn es stehen noch 85 Marathonetappen an, auf denen ich mich geistig mit irgendetwas beschäftigen muss. Also folge ich dem gestrigen Mantra und lege heute vor allem Wert auf Genuss und Entspannung.

Meine liebsten Begleiter neben den menschlichen sind die Kühe. Zum Amüsement der Mitläufer begrüße ich sie meist mit »Hello, my friends!« und sammle tägliche Kuhselfies, sofern »my friends« mir dazu in der Stimmung scheinen und ich mich nahe genug an sie herantraue. Schade, dass Kühe auf Social Media keine »Hufe hoch« geben können.

Das ist brutal

Auf den finalen Kilometern muss ich mich noch mal überwinden – denn der Sylvensteinsee schimmert so einladend, dass man eigentlich hineinspringen muss. Zumindest verlasse ich aber den offiziellen Weg und trabe stattdessen direkt am steinigen Ufer entlang. Zwar wirkt er märchenhaft und verwunschen, wie aus einer längst vergessenen Zeit, doch in Wahrheit blicke ich hier auf einen künstlich angelegten Stausee der Isar. Ich habe schon einige Stauseen auf meiner Reise passiert, aber das hier ist mit Abstand der schönste: Das überraschend enge, fjordartige Tal fernab der Zivilisation erinnert an Skandinavien oder Kanada – nach dem wilden Osten stehe ich hier in der Wildnis Süddeutschlands und bin einfach nur geflasht. Das ist brutal geil. Brutal krass. Brutal. Ich habe ein neues Lieblingswort gefunden.

Ab Kilometer 35 kommt dann der Mann mit dem Hammer – ich hatte ihn schon fast vermisst. Er erinnert mich daran, dass zu wenig Schlaf auf Dauer nicht die Lösung sein darf. Richtig heiß wird es dann auch noch, und wir schwitzen uns regelrecht den Affen ab.

Meine Belohnung besteht darin, dass ich ab der Marathonmarke den letzten Kilometer bis zum Ziel einfach wandere, während meine Begleiter so richtig in Schlussspurtstimmung kommen. Einer von ihnen ist Christian Todesangst, und er ist heute zum fünften Mal dabei. Damit ist er derzeit der am häufigsten mitlaufende Begleiter. Sven weist darauf hin, dass er zweifellos der am häufigsten mitfahrende Fahrer ist.

Okay, bekommt ihr beide eine Auszeichnung.

Bemalte Fassaden
Etappe 36

Montag, 12. Juni:
Von Jachenau nach Partenkirchen

Bei sechseinhalb Grad zittern wir uns morgens in Marathonlaune, aber dann wird es doch wieder ein heißer Tag. Das Navi leitet uns auf einem breiten, ebenen Weg durchs Tal, links und rechts Wiese, dahinter sattgrüner Wald. Über die Wegführung kann sich heute niemand beschweren, und es tut auch keiner.

Selbst dann nicht, als nach 15 Kilometern doch wieder ein saftiger Anstieg auf den Schwarzkopf folgt. Belohnung winkt ja gleich im Tal, denn dann kommen wir nach Mittenwald, ein Städtchen, das ich schon vom Zugspitz Ultratrail kenne und das eines der schönsten in den bayerischen Bergen ist. Kunstvolle Lüftlmalerei ziert die Fassaden im Ortszentrum, hier finden sich Geigenbauer, kleine Geschäfte und allerlei Möglichkeiten, etwas Handfestes zu essen. Das nutzen wir nach fast 30 Kilometern ausgiebig. Zum Glück ist heute Montag, denn ich kenne die Fußgängerzone sonst nur heillos überfüllt. Heute können wir hingegen ganz entspannt den Ort durchqueren und schießen Fotos der schönsten bemalten Hauswände. Mit der über 2300 Meter hohen, recht dramatischen Karwendelspitze im Hintergrund entstehen zahlreiche postkartenreife Motive.

Da Mittenwald eingebettet zwischen Karwendel- und Wettersteingebirge liegt, geht es am Ortsausgang auf der anderen Seite wieder hoch – und zwar zunächst über viele Treppenstufen in Richtung Kranzberg. Hier fühle ich mich nicht nur emotional heimisch, sondern kenne sogar die uns ab hier bevorstehende Route. Wenn man im Zugspitz Ultratrail an dieser Stelle ankommt, sollte man noch relativ frisch sein, denn bis hierhin war das nicht viel mehr als ein Aufwärmen. Da haben wir es heute einfacher, denn wir müssen nur bis Garmisch-Partenkirchen kommen, wo der Spaß für die Langdistanz-Teilnehmer des Zugspitz Ultratrails eigentlich erst so richtig losgeht.

Gemeinsam mit dem bereits versierten Etappenbegleiter Holger, der für die letzten zwei Kilometer dazustößt, setze ich mich vom Pulk ab, und wir dürfen noch einmal einen herrlichen Downhill abreißen. Ich weiß am Ende zwar nicht mehr genau, den wievielten Marathon ich heute absolviert habe, aber die sieben Stunden sind wie im Flug vergangen. Ach, könnte man die Zeit nur anhalten.

Ein ganz hartes Brett
Etappe 37

Mittwoch, 14. Juni: Von Partenkirchen nach Griesen

Ich muss mir in Zukunft überlegen, die Ruhetage abzuschaffen. Nach der Hochstimmung von Montag war die gestrige Pause für mich einfach nur anstrengend. Und das, obwohl ich eigentlich den ganzen Tag im Bett gelegen habe. Ich würde die Zeit also nicht nur anhalten, sondern auch auf vorgestern zurückdrehen wollen, denn seit gestern plagen mich unangenehme Darmprobleme. Wenn die Toilette in Reichweite ist und der Praktikant mir ab und zu tröstend über die Stirn streichen kann, ist das erträglich. Aber mir schwant Übles für einen langen Tag auf der Strecke.

Nun lehrt uns das Leben, dass nicht alles so heiß gegessen wird, wie es gekocht wird. Mit trotziger Motivation starte ich also gemeinsam mit drei Mitläufern auf die traumhaft schönen Wege in Richtung Zugspitze und vermeide es tunlichst, in mich hineinzuhorchen. Soll es doch blubbern und rumoren, ich konzentriere mich aufs Laufen.

Das funktioniert einen ganzen Kilometer lang, dann muss ich mich zum ersten Mal in die Büsche schlagen. 1500 Meter weiter meldet sich der Darm erneut, und ich muss den Begleitern abermals verkünden, dass ich sie dann bald wieder einholen werde. Das Ganze zehrt nicht nur unangenehm an den Nerven, sondern laugt mich auch jetzt schon aus. Egal, was ich esse, trinke oder ob ich gar nichts zu mir nehme – der Darm arbeitet sich in seinem ganz eigenen Rhythmus ab.

Laufen ist im Allgemeinen nicht die magen- und darmschonendste Sportart. Mit jedem Schritt geht es auf und ab, was den

Körper kräftig durchschüttelt, und wenn man das über Stunden, Tage und Wochen hinweg in der Hitze praktiziert, ist es irgendwann einfach zu viel innere Achterbahnfahrt. Ein weiterer Punkt für mein Unwohlsein ist schlicht die dauernde Überbelastung, der ich mich aussetze. Auf diese unbeholfene, aber eindringliche Weise gibt mein Körper mir zu verstehen: Das ist recht viel, was du mir da zumutest.

Und davon abgesehen: Irgendwann musste es ja so weit kommen, dass ich mir etwas einfange. Und ich muss gestehen, dass ich daran vermutlich nicht ganz unschuldig bin. Wer hat denn die ganze Zeit über mit größter Lust aus Waldbächen getrunken? Ganz genau, ich. Trailrunning-Cracks hätten vielleicht noch so schöne Spielzeuge wie Aktivkohlefilter oder Entkeimungstabletten mitgebracht, bevor sie das Wasser in sich hineinschütteten. Ich dagegen hatte nur leere Flaschen und meinen Durst. Der gesunde Menschenverstand sagt, dass ungefiltertes Wasser auf Dauer nicht der Weisheit letzter Schluss ist, selbst wenn es noch so klar und frisch vor sich hin sprudelt. Nun rächt sich mein Leichtsinn der letzten Tage.

Da kann die Landschaft so schön sein, wie sie will, heute kann ich mich nicht wirklich daran erfreuen.

Das nächste Gebüsch

Körperlich gesehen geht es minütlich weiter bergab. Die Sonne hat es gut. Sie nimmt da oben ihren Lauf, wie es sich für eine Sonne im Süden gehört, ich dagegen nehme immer schon das nächste Gebüsch ins Visier. Der freundliche Streckenposten in Gestalt von Sven bringt mich an der ersten Verpflegungsstation zwar durch gutes Zureden dazu, trotz allem etwas zu trinken und etwas Brot zu kauen, aber beides ist kurz darauf nach einem Sprint durch meinen Körper wieder draußen.

Erst sechs Kilometer sind auf der Uhr, und ich bin völlig fertig. Das wird ein ganz hartes Brett heute.

Könnte ich mich wenigstens einmal richtig übergeben, dann würde es mir womöglich besser gehen. Aber das Finger-in-den-Hals-Stecken kriege ich einfach nicht hin und muss darauf bauen, dass das irgendwann von allein kommt.

Mangels weiterer Alternativen werfe ich eine Magen-Darm-Tablette ein. Ein paar Minuten scheint es tatsächlich besser zu gehen, dann muss ich mich wieder frustriert ins Gebüsch zurückziehen.

Meine Mitläufer müssen heute Geduld mit mir haben, denn während sie fröhlich vorantraben, kann ich eigentlich nur wandern und verliere dadurch neben meinem Darminhalt auch noch sehr viel Zeit.

Der majestätische Zugspitzgipfel, der über den Baumwipfeln herausragt, der wie im Traum gemalte Eibsee, all das nehme ich heute kaum wahr. Es ist demütigend, dass ich manchmal kaum noch den Kopf heben kann, um die Umgebung anzusehen. Kilometerlang blicke ich einfach nur auf den Weg direkt vor mir, und mein Körper versucht, sich zwischen Übelkeitsgefühl besänftigen und sich endlich übergeben zu entscheiden. Immerhin geht es heute durch den Wald, da ergeben sich wenigstens genug Gelegenheiten für meine Zwangspausen.

Immer wieder die gleiche Prozedur, so schleppe ich mich Kilometer für Kilometer voran und weiß bald nicht mehr, ob ich überhaupt noch irgendwelche Flüssigkeit im Körper habe. Ich fühle mich wie benommen, und es ist noch nicht einmal die Hälfte geschafft.

3:16 Stunden habe ich mich bereits durchgequält, und wenn es so weitergeht, werden am Ende sieben oder mehr Stunden auf der Uhr stehen. Ich kann nur noch den Kopf über mich selbst schütteln.

Meine Mitläufer haben sich mittlerweile mit vielen Besserungswünschen verabschiedet, und ich bin wieder alleine unterwegs, was mir ganz recht ist. Es ist weitaus angenehmer, wenn ich mit meinen Nöten nicht noch andere Menschen behelligen muss. Schließlich komme ich sogar wieder etwas ins Laufen. Das rüttelt den Magen allerdings so durch, dass ich sicherheitshalber damit aufhöre, bevor ich wieder Erleichterung suchen muss.

Ich habe keinen Bock mehr. Es macht heute gar keinen Spaß.

An der Verpflegungsstelle die nächste Ernüchterung – der Praktikant verkündet, dass er mir bis auf Weiteres keinen Kuss mehr geben wird, weil er sich nicht anstecken will. Danke, so viel Aufmunterung konnte ich gerade gebrauchen! Ich ertränke mein Selbstmitleid in Cola und bilde mir ein, dass das zumindest etwas von dem zudeckt, was da in meinem Magen Unfrieden stiftet. Und egal, wie langsam man geht und wie oft man sich ins Gebüsch schlagen muss – irgendwann geht jeder Marathon vorbei.

Immerhin ein Erfolgserlebnis ist mir heute vergönnt. Was die reine Rennzeit ohne meine zahllosen Pausen angeht, bleibe ich im Ziel noch zwölf Minuten unter der 7-Stunden-Marke. So kann man sich das Leben auch schönreden. Also klopfe ich mir liebevoll auf den blubbernden Bauch und kann diese eingesparte Zeit statt zum taumelnden Wandern in der Hitze nun besser nutzen.

Ihr wisst schon, wozu.

Hello, my friends!
Etappe 38

Donnerstag, 15. Juni: Von Griesen nach Dorf

Als ich mich auf dem Parkplatz aus dem Auto stemme und ein fröhliches »Guten Morgen« in die Runde schmettern will, ist da keine Runde. Ich bin heute ganz allein am Start. Ungewohnt. Vielleicht ist Donnerstag, der 15. Juni, in Bayern grundsätzlich ein ungünstiger Termin. Oder die Menschen haben sich nach reiflicher Überlegung nach dem Vorbild des Praktikanten dazu entschlossen, mich mit meinem Darmproblem lieber in Ruhe zu lassen. Ich kann es niemandem verdenken, denn von Heilung konnte in der Nacht noch keine Rede sein, und ich bin gespannt darauf, ob ich den Rekord der Anzahl der Boxenstopps heute toppen muss.

Zunächst geht es aber an die Vorstellungsrunde, die – das wissen meine Follower – bei jedem Mitläufer einen »Drei-Fakten-Check« macht. Folglich mache ich den Check heute einfach mit mir selbst:

Also, ich bin Joyce.

Ich bin 35 Jahre alt.

Und ich laufe einmal um Deutschland herum.

Fakt Nummer vier, falls noch Zeit dafür ist: Ich war heute Morgen schon dreimal auf der Toilette.

Die Anteilnahme auf Social Media ist groß und die Liste der Empfehlungen, welche Medikamente ich schlucken sollte, noch länger. Leute, ich weiß das zu schätzen, aber ich will nicht als wandelndes Chemielabor enden, sondern muss das, was meinen Körper gerade beschäftigt, auf möglichst natürliche Weise wieder in den Griff bekommen. Mit gesundem Essen und genug Schlaf wird es irgendwann besser werden, da bin ich sicher.

Der Zeitpunkt dieses »Irgendwann« dürfte allerdings noch etwas auf sich warten lassen.

Ich erfreue mich heute also wieder mal an den kleinen Dingen: dem Selfie mit den Kühen. Das Braunvieh mag ich besonders, das Fell der Tiere schillert so schön in der Sonne. »Hello, my friends!« Der Wasserfall neben dem Wanderweg ist nur einer von vielen, die ich heute bewundern darf. Endlich tauchen auch wieder die kleinen Grenzsteine im Tannenwald auf. Und auch über etwas Banales wie die Schilder mit der Aufschrift »Landesgrenze« kann man sich richtiggehend freuen, wenn man es nur zulässt. Wüssten wir doch solche Dinge mehr zu schätzen, dann wäre unser Leben viel bunter.

Ludwigs Märchenschlösser

Ich kann der Sache zwar noch nicht ganz trauen, aber bislang halten Magen und Darm wacker durch. Da kann ich es sogar wagen, ein Energiegel einzuwerfen. Entsprechend geboostert geht es an einem Highlight dieser Region vorbei, dem Schloss Neuschwanstein. Seine Türmchen sind zwar von den Bäumen verdeckt, aber an den Bussen und den sich daraus ergebenden Menschenströmen kann man unschwer erkennen, dass das Märchenschloss König Ludwigs II. nicht weit entfernt ist. Für einen Abstecher dorthin fehlt mir die Muße, und ich verspüre wenig Lust, mich durch die Scharen von Besuchern zu drängen. Wenig später ergibt sich zumindest noch ein Selfie mit dem kleineren Geschwister Hohenschwangau. Auch schön! Das Gebrumme und Gezische der Reisebusse ist hier aber wirklich gewöhnungsbedürftig. Lieber schnell weg, und das funktioniert überraschend gut, denn das Gel und ein anschließendes Stück Kuchen scheinen eine unverhoffte Magenkur gewesen zu sein.

Man kann gar nicht überschätzen, wie sehr es einen motiviert, wenn der Körper plötzlich wieder mitmacht. Es ist gerade, als würde ich den Reiz des Laufens ganz neu für mich entdecken. Da vorne kommt ein felsiger Anstieg, und ich kann ihn voller Energie in Angriff nehmen. Dort führt ein Downhill ins weite Tal, und ich darf ihn laufen. Übermütig sollte ich zwar noch nicht werden, aber vielleicht habe ich doch schon das Gröbste überstanden?

Wenn dann solche spiegelglatten Flächen wie der Alpsee oder der Weißensee vor mir liegen, kann ich gar nicht anders, als mich wieder darauf zu besinnen, wie dankbar ich dafür sein sollte, dies alles erleben zu dürfen. Auch wenn die ganze Welt heute zu Gast in Füssen und Umgebung zu sein scheint, auch wenn ich mich auf den Rundwegen um die Seen immer wieder durch Menschenmassen drängeln muss – hier zu sein ist Balsam für die Seele. Vor allem, weil ich gar nicht damit gerechnet hatte, das ganze Märchenland Allgäu in geballter Form präsentiert zu bekommen. Denn ich hatte weder die Kraft noch die Lust, mir die Strecke am Morgen noch einmal genauer anzusehen, sondern einfach entschieden, mich auf das Navi zu verlassen.

So habe ich mir selbst ein Geschenk gemacht. Einfach loszulaufen und mich davon überraschen zu lassen.

Wieder etwas, das man viel öfter tun sollte.

Powerwalking ohne Power
Etappe 39

Freitag, 16. Juni: Von Dorf nach Oberstdorf

So wirklich gut geht es mir heute Morgen noch immer nicht. Doch es muss weitergehen, die große Zahl der Mitläufer erwartet ihren Drei-Fakten-Check, und die grau schimmernden Kühe, die sich zur Begrüßung mitten im Ort eingefunden haben, wollen ebenfalls bewundert werden.

Aber dieser tückische Virus hat gestern Nachmittag offenbar nur eine Pause eingelegt, um mich in Ruhe Sightseeing machen zu lassen. Denn nun meldet er sich zurück und hat sich vorgenommen, mich Kilometer für Kilometer systematisch zu zerlegen. Es fängt damit an, dass ich meinen Puls nicht hochkriege. So einen Pulsmesser kann man dazu verwenden, seine persönlichen Geschwindigkeitsbereiche herauszufinden, aber auch dazu, Warnsignale des Körpers abzulesen. Abweichungen gegenüber dem Normalbereich, ob nach oben oder nach unten, sind immer verdächtig. Und heute dümpelt die Herzschlagrate im auffallend niedrigen Bereich herum, und ich fühle mich gleich noch zerschlagener, wenn ich auf das Display blicke. Dazu kommt, dass mir saukalt ist. Beim Anstieg zu frieren, obwohl alle anderen in ärmellosen Trikots und kurzen Hosen schwitzen, spricht nicht gerade dafür, dass man sich auf dem gesundheitlichen Gipfel befindet.

Bis Kilometer 15 hangele ich mich wandernd so durch, während die Gruppe hoch motiviert immer ein Stück voraus ist. Es tut mir leid, ich würde gerne mit ihnen die Bergwiesen hinunterjagen, aber ich kann nicht einmal auf einer ebenen Asphaltstraße in etwas verfallen, das ansatzweise ans Laufen erinnern würde.

Mir ist wieder mal dermaßen übel, dass ich mir wünschte, es würde einfach alles rauskommen. Bock habe ich sowieso nicht, und meine Lungen sind wie eingeschnürt. Mit dem Gefühl, nicht richtig atmen zu können, ist an Laufen gar nicht zu denken. Powerwalking ist das, was noch möglich ist. Powerwalking ohne Power.

Vielleicht wird es nachher beim Downhill besser. Das ist doch meine Disziplin. Aber selbst auf dem spektakulär schönen Wurzelpfad geht gar nichts. Ich bin so unkonzentriert, dass ich gleich umknicke, und auf den Augenlidern lastet bleierne Schwere.

Wie ärgerlich, das Panorama ist wunderschön, und mir ist das gerade so scheißegal. Ich starre einfach auf den Boden, versuche, nicht zu stolpern, und wage es kaum, unseren Kilometerfortschritt auf der Uhr zu verfolgen. Mindestens vier Stunden kann das hier noch so weitergehen. Es ist einfach nur bitter.

Am Verpflegungspunkt bei Kilometer 23 lasse ich mich auf eine Bank sinken. Das ist der Tiefpunkt. Ich weiß, ich sage es immer wieder. Aber immer wenn ich es sage, dann meine ich es auch. Tiefpunkte gibt es auf so einer Reise einige, und heute sind es ganz besonders viele davon. Ich will einfach nur noch schlafen.

Der Läufergott

Mit Traubenzucker, Red Bull und Cola kämpfe ich gegen die Erschöpfung an. Da vorne im Schatten warten die drei Mitläufer in respektvollem Abstand. Sie vermeiden es heute weitgehend, mit mir zu sprechen. Dabei könnten sie das gerne tun. Ich hätte nur nicht die Kraft zu antworten. Aber ich kann es ihnen nicht verdenken, dass sie mir irgendwie nicht zu nahe kommen wollen. Dabei habe ich eigentlich keine schlechte Laune, mir geht es einfach nur schlecht.

Noch mal 20 Kilometer in diesem Zustand würden mir den Rest geben. Aber der Läufergott hat Erbarmen – es geht mir tatsächlich stündlich besser. Bald kann ich wieder sprechen und sogar laufen. Das muss ich auch, denn wir sind auf einer Hochebene, an der uns der aufziehende Wind bereits ziemlich wild zerzaust. Da hinten im Tal liegt Sonthofen, und dort schüttet es augenscheinlich wie aus Kübeln. Regen wäre okay, bei Gewitter in den Bergen würde für mich aber der Spaß aufhören. Also ist gar keine Zeit mehr für irgendwelche Mätzchen, wir sollten rasch von der Hochebene hinab ins Tal steigen.

Die Wolkenfront verzieht sich allerdings bald wieder, und ich habe noch Zeit für das heutige Kuhselfie. Alberne Sprüche in die Kamera sind ebenfalls möglich. Bin ich schon wieder die Alte? So langsam geht es wirklich aufwärts, und ich hoffe, diesmal endgültig.

Nach acht Stunden haben wir 43 Kilometer geschafft, alle sind bis zum Ende dabeigeblieben, und ich habe meine gute Laune wiedergefunden. Dieser 39. Marathon hat wieder einmal gezeigt, wie eng Freud und Leid auf so einer langen Strecke beieinanderliegen.

Schokoriegel
Etappe 40

Samstag, 17. Juni:
Von Oberstdorf nach Oberstaufen

In der südlichsten Gemeinde Deutschlands starte ich in den Jubiläumsmarathon. Leider nicht vom offiziell südlichsten Punkt Deutschlands aus, dem Haldenwanger Eck, das die Grenze zwischen Bayern, Tirol und Voralberg markiert. Der mehrstündige Umweg in ein abseits gelegenes Tal wäre zwar reizvoll, zumal es mit dem Grenzstein 147 dort ein besonders schönes Exemplar dieser schicksalhaften Markierungen geben soll. Aber von dort würde es nicht wirklich für mich weitergehen können, und dies soll ein Laufabenteuer und kein alpines Survivalcamp werden. Also führt die heutige Route auf potenziell gangbaren Wegen nicht zu fern der Zivilisation in Richtung Oberstaufen.

Gestern Abend habe ich die Strecke am Computer angesichts meiner Magenprobleme etwas »entschärft«. So sollen am Ende weniger Höhenmeter zusammenkommen. Zur Enttäuschung einer der Mitläuferinnen, die sich auf die Berganstiege besonders gefreut hatte. Sie läuft aber trotzdem mit und kommt trotz allem noch in den Genuss ihrer Lieblingsdisziplin, denn mein Plan, weitgehend im Tal zu bleiben, geht nicht auf.

Es lief auch fast schon zu gut auf den ersten Kilometern: Die Pace war mit 6:30 Minuten pro Kilometer ordentlich, fast übertrieben schnell. Aber das Gefühl, unbeschwert laufen zu können, war einfach zu schön, um schon gleich wieder auf die mahnende innere Stimme zu hören und sich irgendwelchen Regeln der Vernunft zu unterwerfen. Wie war das mit den Festen und wann man sie feiern soll?

Und jetzt stehen wir hier am Gatter. Wir haben schon oft Weideflächen überquert, und häufig lagen dort die Kühe entspannt in der Sonne. Man ließ sich im Sinne einer friedlichen Koexistenz gegenseitig in Ruhe. Heute jedoch bewacht eine Herde pechschwarzer Tiere mit Hörnern das Weidegatter auf der anderen Seite der Wiese. Genau dort müssen wir hin, was dem Leittier – dem mit dem bedrohlich gesenkten Kopf – eindeutig nicht gefällt. Es liegen einige zuckersüße Kälbchen im Gras, und wir begreifen schnell, dass alle unsere Beteuerungen, keinem der anwesenden Tiere etwas zuleide tun zu wollen, nichts nützen würden.

Was sollen wir tun? Einfach ruhig weitergehen und hoffen, dass sie nicht angreifen? Bei Bären soll man das doch auch so machen. Oder wie war das noch mal?

Egal. Ein Rückzug kann jedenfalls nicht die falsche Wahl sein. Wir lassen meine vierbeinigen Freunde in Frieden und suchen einen Umweg, der uns auf die andere Seite bringt. Den gibt es auch, aber er führt steil durch den Wald und beschert meiner Mitläuferin ihre Höhenmeter und mir meine Magenprobleme. Bergauf läuft es einfach noch nicht rund.

In einer Ortschaft gönne ich mir ein Snickers aus dem Automaten. Schmeckt großartig, allerdings überkommt mich nach wenigen Minuten der Drang, mich zu übergeben. Das Snickers bleibt aber drin, und das ist ganz gut so, denn die Energie kann ich gut gebrauchen.

Trotz dieser kleinen Setbacks läuft das hier heute schon viel besser als in den letzten Tagen. Dass ich nach Kilometer 30 wieder mal mit mir selbst diskutiere, ob ich noch Lust aufs Laufen habe oder nicht, ist normal. Da alles andere ebenfalls nach und nach wieder in den Normalmodus zurückfindet, wird auch dieses Down in den kommenden Tagen und Wochen vergessen sein. Denn am heutigen Zielpunkt ist erst ein Drittel der Gesamtstrecke geschafft. Oder *bereits* ein Drittel.

Genau, das mit dem Feiern der Feste wieder.

Dem See entgegen
Etappe 41

Sonntag, 18. Juni: Von Oberstaufen nach Schlachters

So ganz nebenbei lassen wir die Alpen endgültig hinter uns, und mir blutet ein bisschen das Herz bei dem Gedanken. Es war einfach schee mit euch! Nun laufen wir grob in Richtung Bodensee und haben, so jedenfalls mein Eindruck, den Süden Deutschlands damit schon fast geschafft. Verrückt, wie schnell das dann doch wieder rumgegangen ist.

Die Laune in der großen Begleitergruppe ist gut. Christian ist heute das sechste Mal dabei, andere Läufer haben die Nacht im Auto verbracht oder wie im Fall des Tübinger Sportlers Frank sogar am Bahnhof geschlafen. Was für ein Einsatz, ich bin echt gerührt.

Morgens halb zehn in Deutschland – wo ist mein Knoppers? Ein Mitläufer hat tatsächlich welche dabei und spendiert eine Runde. So beflügelt steigert sich unsere Pace auf 4:43 Minuten pro Kilometer, was eindeutig nicht gut ist. Aber es fühlt sich einfach so geil an.

Was kann uns jetzt noch stoppen? Kühe vielleicht. Auf einem Bauernhof dürfen wir sogar einen Blick in den Stall werfen, in dem sich drei Kälbchen tummeln, die ich am liebsten gleich alle mitnehmen würde. Kühe und ich, wir sind inzwischen ganz enge Freunde. Zumindest von meiner Seite aus.

Der Praktikant erwartet uns auf einer Sonnenbank vor einem Hofladen und kuriert aus, was er als »Männergrippe« bezeichnet. Klar beschwert er sich, aber ich kenne ihn und weiß, so schlecht geht es ihm nicht. Solange noch dumme Sprüche geklopft werden können, muss man sich keine Sorgen machen. Leute, ich weiß, wovon ich spreche.

Gerade, als wir die Straße überqueren wollen, taucht aus dem Nichts ein Militärkonvoi auf. Immer mehr Jeeps und Lkw rattern an uns vorüber. Sie erinnern mich dröhnend daran, dass die Welt um mich herum leider nicht stillsteht und dass Kriege sowie die vielen anderen schrecklichen Ereignisse und Konflikte keine Pause einlegen. Meine Bubble schirmt mich davon weitgehend ab, aber in solchen Augenblicken werde ich jäh in die Wirklichkeit zurückgeholt.

Irgendwann dürfen wir endlich weiter. Das Ortsschild zeigt an, dass wir bereits den Kreis Lindau erreicht haben. Nun wird es langsam ernst mit dem Bodensee. Ich habe ein bisschen Respekt vor dem Gewässer, denn es ist lang und die Route flach, was je nach Tagesform etwas zäh werden kann. Aber ich habe das schon auf den endlosen Dämmen an diversen Flüssen durchgezogen, und der Bodensee wird sicherlich mit seinen Ausblicken für die nötige Abwechslung sorgen.

Und frei nach der alten Drei-Wetter-Taft-Werbung im Fernsehen gilt: Kreis Lindau, die Sonne brennt, das Haar sitzt. Auf Asphaltwegen den Hügel hoch, ohne jede Spur von Schatten, das muss man sich schönreden. Aber es funktioniert, wenn alle mitziehen. Was wäre schon ein Nachmittag im Freibad gegen das Erlebnis hier?

Wir haben uns heute ungewollt ziemlich beeilt. Nur 5:48 Stunden für den Marathon, und das in dieser Hitze. Klasse Leistung und Glückwunsch an alle, die durchgehalten haben.

Fünf Sterne
Etappe 42

Dienstag, 20. Juni: Von Schlachters nach Fischbach

7 Uhr. Es nieselt, und die Wolkendecke sieht furchterregend aus. Aber wir laufen auf den dunkelblau schimmernden Bodensee zu, und es ist schon ein besonderes Gefühl, in diesem Vielländereck zu stehen: Bayern, Baden-Württemberg, Deutschland, Österreich, da drüben noch die Schweiz und irgendwo dahinter Liechtenstein – alles trifft in dieser Gegend aufeinander, und das ist gerade für mich als Grenzjunkie von Bedeutung.

Nach acht Kilometern erreichen wir dann bei Lindau das Ufer, und ich werde auch gleich eines Besseren belehrt: Denn die Strecke ist zwar flach, aber dennoch abwechslungsreich. Mitunter führt der Weg so dicht am Ufer vorbei, dass man aufpassen muss, nicht in die inzwischen wieder von der Sonne verwöhnten grünlichen Wellen des Sees zu fallen. Der starke Wind vermittelt das Gefühl einer Meeresbrise, und er trägt außerdem dazu bei, die Hitze etwas auszugleichen. Nun bin ich doch ganz froh, aus den Bergen raus zu sein, muss ich zugeben. Hier läuft es gerade wirklich rund.

Man merkt, dass man nicht mehr durch die abseitige Wildnis auf der Suche nach überwucherten Grenzsteinen irrt, sondern sich an einem touristischen Hotspot mit geballter Infrastruktur aufhält: Nicht nur dürfen wir auf der Promenade die Aufmerksamkeit der irritierten Urlauber auf uns ziehen, als wir uns im großen Tross zwischen den Bierbänken hindurchschieben. Es wartet zudem noch der absolute Luxus auf uns: eine echte öffentliche Toilette. Man kann sich sogar die Hände mit Seife waschen. Dafür gebe ich fünf Sterne und würde noch 2,80 Euro in die Kurtaxen-Kasse werfen, wenn ich eine sehe.

Auch meine Begleiter sind richtig gut drauf. Den Drei-Fakten-Check besteht Thomas mit den Worten »Ich. Bin. Thomas.« Diese Antwort ist verwegen, und ich wünschte, mir wäre eingefallen, ihn noch einem weiteren Zehn-Fakten-Check zu unterziehen.

4:36 Stunden für den ganzen Marathon auf der, um es vorsichtig zu formulieren, sonnenverwöhnten Route beweisen: Sie war sehr flach und schnell, und wir haben sicherlich überzogen. Aber wir haben endlich wieder mal früher Feierabend.

Ein winziger Funke
Etappe 43

Mittwoch, 21. Juni: Von Fischbach nach Hemishofen

Das wird eine besondere Etappe: Zwei Fährverbindungen sorgen heute für Ablenkung. Zunächst geht es von Meersburg nach Konstanz. Mit bester Laune stehe ich auf der ersten Autofähre und frage mich, ob ich den Körper nach dieser für ihn ungewohnten Pause nachher wohl wieder werde hochfahren können. Denn zwischen dem ersten Anleger und dem nächsten Fährhafen liegen 17 Kilometer Laufstrecke.

Muskulär ist das dann auch nicht weiter schlimm. Mein Körper hat sich inzwischen damit abgefunden, so ziemlich jedes Spiel mitzumachen. Es wird allerdings immer heißer, und man hat den Eindruck, die Luft ist so aufgeladen, dass nur noch ein winziger Funke fehlt. Als wir 20 Minuten vor Abfahrt den zweiten Fähranleger erreichen, ballt sich hinten am Himmel mein nächstes Problem zusammen: Die tief hängenden Gewitterwolken wirken alles andere als vertrauenerweckend, und unsere beschauliche Fähre wird genau in sie hineinfahren. Wenige Minuten später sieht man dann aber schon gar nichts mehr von den Wolken – denn alles ist nur noch eine gewaltige Wand aus Sturzregen.

Endlich erreicht die Fähre uns Wartende, aber die aussteigewilligen Fahrgäste werden aufgrund des Wolkenbruchs erst mal gar nicht von Bord gelassen. Und wir kühlen derweil auf dem Steg komplett aus. Eben waren es doch noch 35 Grad und gefühlte 380 Prozent Luftfeuchtigkeit. Nun sind es zehn Grad und bestimmt 1000 Prozent oder mehr. Sven, der sich von seinem Hauch einer Erkältung nicht hat unterkriegen lassen, beeindruckt das alles gar nicht. Er stammt ja auch aus Hamburg und ist derart Kummer gewöhnt. Die Konstanzer Mitläufer nehmen es ebenfalls mit Gleichmut hin. Dies ist eben nicht der Wannsee, sondern ein ernst zu nehmendes Gewässer mit seinen eigenen Gesetzen. Als wir endlich auf die Fähre dürfen, können wir uns etwas aufwärmen. Was fast nicht nötig gewesen wäre, denn am Ende der Überfahrt strahlt schon wieder die Sonne, und die Temperatur klettert noch mal ein Stück höher als auf den ersten 30 Kilometern der Etappe – solche Temperatursprünge innerhalb eines einzigen Marathons, das hatte ich auch noch nicht.

Brückenwärter
Etappen 44 bis 46

Donnerstag, 22. Juni, bis Samstag, 24. Juni: Von Hemishofen nach Grenzach

Die kommenden drei Tage führen mich an der deutsch-schweizerischen Grenze entlang. Ich habe schon einige Grenzflüsse hinter mir, aber der Rhein ist sicherlich der berühmteste und abschnittsweise auch spektakulärste. Gemeinsam mit dem Gute-Laune-Versprüher Markus, der aus der Schweiz stammt, passieren wir Schaffhausen und den Rheinfall. Ich schäme mich fast ein bisschen, dass ich gleich wieder reflexartig dumme Sprüche klopfe, aber im Gegensatz zu den Niagarafällen nimmt sich dieser, gerade einmal 150 Meter breit und 23 Meter hoch, recht bescheiden aus. Zur Verteidigung des Rheinfalls: Die im sprudelnden Wasser sitzenden Felsen, wie von einem Riesen zurückgelassen, bieten schon einen beeindruckenden Anblick.

Überrascht bin ich davon, wie oft es wieder durch den Wald und auf zugewachsene Pfade geht. Hätte ich das geahnt, hätte ich vielleicht meine Trailschuhe mitgenommen. Nun findet man auch wieder die verwunschenen Grenzsteine, die teilweise schon seit 1850 hier stehen.

Noch weitaus mehr ans Herz geht allerdings am kommenden Tag das Rehkitz, das sich in einem Zaun verfangen hat und verzweifelt versucht, sich freizustrampeln. Meine Begleiterin und ich wissen überhaupt nicht, was wir machen sollen, um dem Tier zu helfen – darf man es anfassen und ihm helfen? Oder wird es dann von den anderen Rehen verstoßen? Vielleicht können wir irgendwo anrufen? Bei der Bundespolizei würde bestimmt jemand rangehen.

Das arme Geschöpf kann sich aber schließlich selbst befreien, und es gelingt ihm, sich irgendwie auf die andere Seite des Zauns zu zwängen. Tapferes Kerlchen!

Nach so viel Aufregung am frühen Morgen müssen wir uns erst mal wieder innerlich fassen, um die Schönheit der Strecke in uns aufzunehmen: Wald, Wald und nochmals Wald. Es erinnert mich an meine ersten Wochen der Deutschlandumrundung, nur schlägt mir hier kein Sächsisch entgegen, sondern Alemannisch und Schweizerdeutsch. Nur zu, ich lerne willig!

Am braunen Fluss

Der Rhein mit seinem träge fließenden, bräunlichen Wasser bleibt der mich weiterhin begleitende Ruhepol auf dem Weg Richtung Basel. Hier unten im Süden, wo der Rhein noch frisch und ungezähmt ist, ist er richtig schön. Ich habe lange in Düsseldorf gewohnt und kann guten Gewissens behaupten: Dort verhält es sich nicht ganz so.

Doch auch hier gibt es immer wieder Passagen, die mir einen regelrechten Dämpfer verschaffen. Hier ist die Bundesstraße mit ihren vorbeidonnernden Lkw, dort ein Kraftwerk – der Rhein wirkt teilweise einfach viel zu verbaut, und ich freue mich über jede Passage, die direkt am Wasser entlangführt und an der man all das ausblenden kann, was Deutschland und die Schweiz durch ihre Industrialisierung schon mit dem Rhein angestellt haben.

Laufenburg ist ein echtes Highlight – das kleine Städtchen mit dem programmatischen Namen ist so etwas wie eine Miniaturausgabe von Basel und als Etappenziel bestens geeignet –, denn hier finden sich nicht nur hervorragende Unterkünfte, sondern auch zahlreiche Restaurants mit badischer Gastfreundschaft.

Und es gibt sie hier, die Menschen, die der Stadt (vielleicht) ihren Namen gaben: Am nächsten Morgen stehen so viele Leute am Start, dass ich sie gar nicht zählen kann. Darunter der bislang eindeutig jüngste Teilnehmer mit drei Jahren. Aus vielerlei Gründen läuft er heute zwar nicht seinen ersten Marathon, aber legt für die Strecke, die er uns begleitet, ein beeindruckendes Tempo an den Start.

Das mit dem Drei-Fakten-Check wird zunehmend zu einer logistischen Herausforderung: Wenn ich nicht möchte, dass die Hälfte eines neunminütigen Videos für die Vorstellungsrunde draufgeht, muss ich mir dringend etwas überlegen. Ich kann natürlich verstehen, dass alle die Gelegenheit bekommen wollen, der Community Hallo zu sagen. Aber bei 20 und mehr Begleitern wird es schon heikel. Heute können wir es aber gut lösen: Ich spiele die Brückenwärterin, und nur, wer sich in aller Kürze vorstellt, wird hinübergelassen.

Gemeinsam mit meinem Rudel passiere ich die mit über 200 Metern längste gedeckte Holzbrücke Europas, die das deutsche Bad Säckingen mit dem schweizerischen Ort Stein verbindet. Die vielversprechende Tschamberhöhle, die einen unterirdischen Wasserfall beherbergt, müssen wir leider am Weg rechts liegen lassen. Aber dieser finale Tag entlang der Südgrenze Deutschlands ist wirklich ein echter Sightseeing-Marathon, und inmitten der vielen ortskundigen Begleiter ist dieser Tag ein echtes Happening und ein würdiger Abschluss für eine lange und abwechslungsreiche Etappe, die im Berchtesgadener Land begann und vor den Toren Basels ihren Abschluss findet.

46 Marathons habe ich gebraucht, um von Frankfurt (Oder) hier nach Grenzach zu gelangen. Von nun an geht es unweigerlich gen Norden. Alles wird anders werden, und auch wenn es mir gerade blendend geht, weiß ich doch, dass wieder der Tag kommen wird, an dem ich in Krisenmodus verfallen werde. An dem ich einfach keinen Bock habe oder nur vor Probleme gestellt werde, von denen ich noch gar nichts ahne.

Aber genau deswegen bin ich hier. Und egal, was noch auf mich zukommen mag:

Here we go!

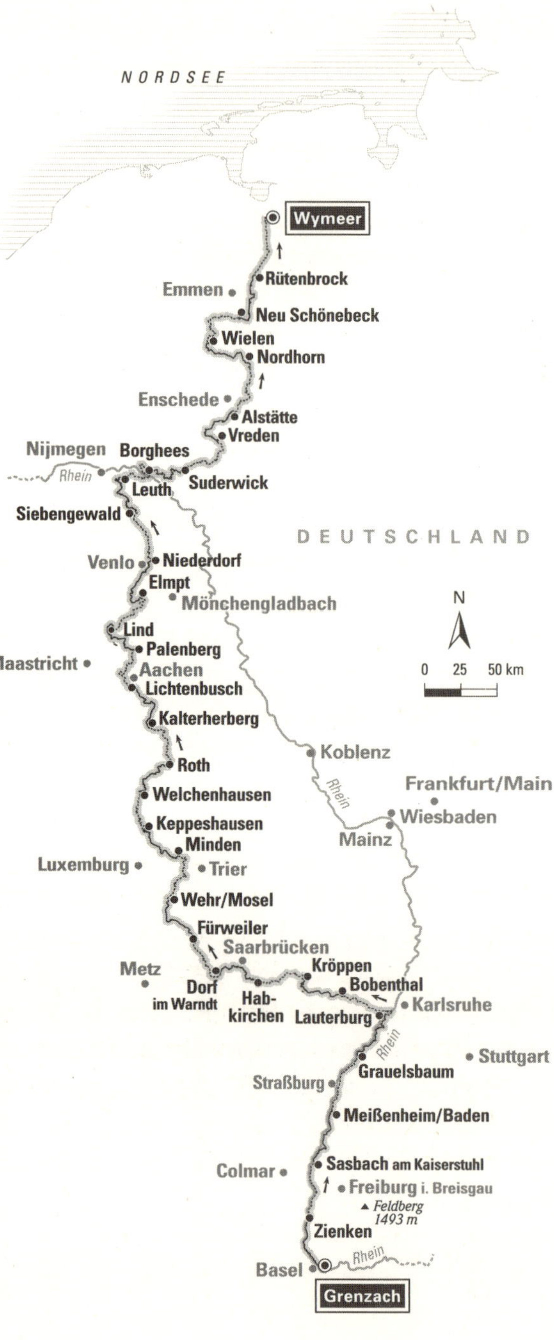

NORDSEE
Wymeer
Rütenbrock
Emmen
Neu Schönebeck
Wielen
Nordhorn
Enschede
Alstätte
Vreden
Nijmegen
Borghees
Rhein
Suderwick
Leuth
Siebengewald
DEUTSCHLAND
Venlo
Niederdorf
Elmpt
Mönchengladbach
N
Lind
Palenberg
Maastricht
Aachen
Lichtenbusch
0
25
50 km
Kalterherberg
Koblenz
Roth
Rhein
Frankfurt/Main
Welchenhausen
Wiesbaden
Keppeshausen
Mainz
Minden
Luxemburg
Trier
Wehr/Mosel
Fürweiler
Saarbrücken
Metz
Kröppen
Bobenthal
Dorf
im Warndt
Hab-
kirchen
Lauterburg
Karlsruhe
Rhein
Stuttgart
Grauelsbaum
Straßburg
Meißenheim/Baden
Sasbach am Kaiserstuhl
Colmar
Freiburg i. Breisgau
Feldberg
1493 m
Zienken
Rhein
Basel
Grenzach

Teil 3

Tief im Westen

Etappen 47 bis 78

Kilometer: 1365
Höhenmeter uphill: 12 539
Höhenmeter downhill: 12 869
Reine Laufzeit: 160:20 Stunden

Der Herr im Haus
Etappe 47

Sonntag, 25. Juni:
Von Grenzach nach Zienken

Ein Polizeiwagen mit Blaulicht, ein Menschenauflauf an beiden Straßenseiten. Was ist da los? Ein Unfall? Nein, es ist nur der Startpunkt von Joyce Hübner. Krass, wie viele Leute gekommen sind, mindestens zwei Dutzend. Hoffentlich muss ich nicht bald eine Genehmigung einholen, um die Straße sperren zu lassen.

Der Lautsprecher des Streifenwagens spielt Musik, und ich begrüße alle zum 47. Marathon: »Legen wir los und haben Spaß! Let's go!«

Der Drei-Fakten-Check funktioniert heute nicht so wie sonst, da die meisten Begleiter einfach an der Kamera vorbeijoggen. Ist auch in Ordnung, schließlich sind wir nicht zum Quatschen da. Ich zäume das Feld von hinten auf und arbeite mich durch die Gruppe mit der Kamera nach vorne, um alle abzufragen. So viel Spaß mir das heute macht, es wird abermals deutlich, dass manche Gewohnheiten, die passend waren, als wir zu zweit oder dritt durch die Gegend liefen, auf ihre Sinnhaftigkeit bei den aktuellen Gegebenheiten geprüft werden müssten. Täglich mehrere Dutzend Menschen zu interviewen sprengt den Rahmen. Zumal wir unterwegs immer mehr Begleiter auflesen und ich vor lauter Fragen gar nicht mehr dazu komme, noch etwas über das Lauferlebnis zu berichten.

Wobei in dieser Hinsicht heute ein wenig der Wurm drin ist: Ein paar Schweizer Mitläufer hatten die gut gemeinte Idee, uns allen eine besonders schöne Strecke zu zeigen, die allerdings von meinem Plan abweicht. Dass ich mich darauf einlasse, führt dazu, dass wir erst bei Kilometer 13 wieder auf die vorgesehene Route treffen.

Landschaftlich ist der Schlenker zweifellos schön, aber für mich ergeben solche Änderungen keinen Sinn. Denn der Praktikant kann wegen der Routenänderung keinen früheren Verpflegungspunkt anfahren, was bedeutet, dass ich für die nächste Stunde weder Wasser noch Energiegels zur Kalorienzufuhr zur Verfügung haben werde. Zudem stoßen manche der Mitläufer erst an einer späteren Stelle dazu, und ich will eigentlich vermeiden, dass jemand vergeblich auf uns warten muss.

Schon seit einiger Zeit gehen mir Fragen zur Logistik und zum Ablauf meiner Runs im Kopf herum. Ich muss mir bewusst bleiben, wer der »Herr im Haus« dieses Projekts ist. Ja, aus der Deutschlandumrundung ist ein viel beachtetes Event geworden. Ich bin dafür selbst verantwortlich und fühle mich auch sehr dankbar für die viele Aufmerksamkeit. Zugleich habe ich manchmal das Gefühl, dass mir die Sache aus der Hand genommen wird, ohne dass ich es merke. Dabei bin ich nicht nur den anderen Teilnehmern und Followern etwas schuldig, sondern ebenfalls mir selbst und vor allem dem Gesamtprojekt. Will ich das bis zum Ende durchziehen, muss ich bestimmte Regeln einhalten, andere infrage stellen, und Gewohnheiten überdenken. Selbst wenn das vielleicht nicht allen gefallen wird. Aber Priorität hat eindeutig, dass Joyce Hübner nach 120 Marathons ihren Fuß auf die Stadtbrücke in Frankfurt (Oder) setzt. Alles, was ich tue, muss auf dieses Ziel hinarbeiten, und das darf ich nicht aus den Augen verlieren.

Am ersehnten Verpflegungspunkt bekomme ich erst mal die schlechte Laune des Praktikanten zu spüren und außerdem ungewöhnliche Schmerzen in meinem Bein. Viel will ich dazu vor der Kamera gar nicht sagen, sonst kommen wieder zahlreiche Ferndiagnosen, und unter meinem Post entwickelt sich ein Medizin-Forum. Es ist einfach einer dieser Tage, an denen es an vielen Stellen hakt und es irgendwie ein Krampf ist, das Pensum durchzuziehen. Aber morgen steht ein Pausentag an, und diese Aussicht trägt mich auch durch den Rest der Strecke.

Auch wenn die Route am Rhein entlang verläuft, sieht man davon kaum etwas. Entweder trennen uns hohe Gebüsche oder Bauwerke vom Fluss, sodass sich uns über viele Stunden ein eintöniges Bild bietet: ein Feldweg, der unter der erbarmungslosen Sonne endlos geradeaus führt.

Die Marathonmarke knacken wir nach viereinhalb Stunden, aber da wir uns erneut verirrt haben, stehen als Kür noch 900 weitere Meter an. Es ist das Ende eines anstrengenden Tages, der wohl die bislang meisten Mitläufer und Mitfahrer auf Rädern zu verzeichnen hatte.

Der Bordstein
Etappe 48

Dienstag, 27. Juni: Von Zienken nach Sasbach am Kaiserstuhl

Die Landespolizei Baden-Württemberg ist mein Freund und Helfer, und da halte ich es für angemessen, auch einmal etwas für sie zu tun. Am Start der 48. Etappe laufen die Beamten mit einem Stapel Werbeprospekten auf und hoffen, dass die Joyce-Fans sich ebenfalls für Polizeiarbeit begeistern können oder zumindest jemanden kennen, der es tut. Denn es gibt zu wenig Bewerber, und die Nachwuchssorgen bei den Ordnungshütern sind beachtlich. Ich drücke die Daumen, dass sich neue Anwärter finden lassen.

Dann geht es los. Wow, wie öde kann eine Route eigentlich sein? Es gäbe so viele schöne Landschaften in dieser Ecke Deutschlands, aber der Grenzweg führt direkt am Rhein entlang, und das bedeutet: wie schon am Vortag flache, gerade Feldwege. Die Routenführung ist idiotensicher, denn würde ich nach links abbiegen, müsste ich schwimmen, nach rechts in den Graben fallen.

Was kann hier eigentlich schiefgehen? Bei einer Ortsdurchquerung erhalte ich meine Antwort: Während ich an meiner Kamera herumfummele, übersehe ich das einzige Hindernis, das sich mir auf den heutigen 42,2 Kilometern bietet: eine Bordsteinkante. Es ist mein erster richtiger Sturz, das Gepurzel in den Alpen war dagegen gar nichts. Ellenbogen und Knie sind aufgeschürft, aber noch schlimmer hat es die Hüfte erwischt. Ich kann kaum mehr lachen oder husten, ohne Schmerzen zu haben, und das sind zwei Tätigkeiten, die ich regelmäßig ausübe.

Ich rede mir stets ein, dass ich über eine höhere Schmerztoleranz als andere Menschen verfüge und dass ich schon allein deswegen weitermachen kann, wo andere aufgeben. Aber mir scheint, es ist wohl eher die Willensstärke, denn die Schmerzen sind schon arg. Auch das Auflegen eines Kühlakkus aus der Kühltasche bringt nichts.

Wegreden kann ich das Ganze nicht. Ich weiß nicht, ob ich hier gerade in eine ernsthafte Verletzung hineinlaufe, fest steht nur: An Aufgeben ist nicht zu denken.

Die Bilder im Kopf
Etappe 49

Mittwoch, 28. Juni:
Von Sasbach am Kaiserstuhl nach Meißenheim (Baden)

Alleine am Start zu sein fühlt sich inzwischen sehr ungewohnt an. Ich freue mich ein bisschen über die Einsamkeit, und zugleich finde ich es auch ein bisschen schade. Gewöhnungsbedürftig ist es allemal: Nach dem riesigen Ansturm vor einigen Tagen ist es, als Sven davonfährt, nun ganz still. Keine Begrüßung, kein Drei-Fakten-Check, kein Schwatzen über Sport, das Leben oder wenigstens darüber, wie man in der Wildnis als Läufer auf Toilette geht ... Was werde ich nur den ganzen Tag machen?

Instinktiv greife ich zu den Kopfhörern, aber das Laufen mit Musik, das mir früher einmal Spaß gemacht hat, scheine ich verlernt zu haben. Also wieder raus mit den Stöpseln.

Die Strecke ist wieder flach und wahnsinnig langweilig. Ich kann kilometerweit geradeaus schauen und sehe doch nur, dass es noch für Stunden genauso weitergehen wird. Wenn ich den Blick nach rechts schweifen lasse, erkenne ich verheißungsvolle Hügel und Wälder, die mich wehmütig werden lassen. Wie schön wäre es, wenn ich dort rennen könnte.

Ich bin allein mit meinen Gedanken, und diese wandern wie so oft wieder einmal zu meinem Bruder.

In den letzten Wochen habe ich wenig mit meiner Mutter gesprochen. Sie möchte mir noch Fotos von Roy zeigen, die sie aufgenommen hat, nachdem er eingeschlafen war, aber ich habe für mich entschieden, dass ich sie nicht sehen will. Nach dem Tod meines Opas war ich seinerzeit – meiner Oma zuliebe – ins Krankenhaus gefahren und hatte ihn dort im Bett liegen sehen. Diese Bilder sind seitdem die vorherrschenden in meinem Kopf. Und von meinem Bruder möchte ich andere Bilder bewahren. Es sollen schöne Erinnerungen sein, nicht nur traurige.

Nach langem Hin- und Herüberlegen habe ich den Entschluss gefasst, nicht an der Beerdigung teilzunehmen. Die Seebestattung wird Anfang Juli von Rostock aus stattfinden. Das hieße für uns, vom Saarland, wo wir uns dann voraussichtlich befinden werden, an die Ostseeküste zu reisen und das Projekt für mehrere Tage zu unterbrechen. Zweifellos wäre das möglich. Aber ist es auch das Richtige? Es fällt mir sehr schwer, diese Entscheidung zu treffen. Ich habe mit Roy nie darüber gesprochen, was in dem Fall geschehen sollte, der nun eingetreten ist. Wir wollten nicht über den Tod sprechen, sondern über das Leben, und das taten wir.

Ich glaube, dass ich andere Möglichkeiten finden werde, mich zu verabschieden. Das habe ich ohnehin bereits getan, als wir uns im April zum letzten Mal sahen. Diese Momente halte ich fest, und so möchte ich meines Bruders gedenken. Er hat an dieses Projekt geglaubt, und ich hoffe und glaube, dass er meine Entscheidung verstehen und sie unterstützen würde.

Je tiefer ich in diese Gedanken eintauche, um so drängender erscheint mir die Vorstellung, doch wieder Musik zu hören: Diesmal schalte ich Paul und Fritz Kalkbrenner ein und ergebe mich für anderthalb Stunden den treibenden Beats. Es war Roys Lieblingsmusik.

Ich spüre auch die ersten Anzeichen einer Erkältung. Hoffentlich hat Sven mich nicht verspätet mit seiner »Männergrippe« angesteckt – bei meiner Magen-Darm-Geschichte hatte er mir ja Kuss-Quarantäne verordnet, und ich hätte vielleicht das Gleiche tun sollen. Jedenfalls läuft nun die Nase, und der Hals beginnt zu kratzen.

Da ich inzwischen so viele Menschen auf TikTok und Instagram erreiche, muss ich aufpassen, was ich sage – mit einer Erkältung weiterzulaufen ist zweifellos unvernünftig und wird allerlei Kommentare provozieren und vielleicht die Hater auf den Plan rufen. Außerdem glaube ich, dass ich genug Eigenverantwortung besitze, um einzuschätzen, bis zu welchem Punkt ich mich als lauffähig bezeichnen darf. Also sage ich in der Öffentlichkeit lieber nichts und hoffe, dass die Viren sich so schnell wie möglich wieder verziehen, ohne mir größere Scherereien zu machen.

Nicht nachmachen!
Etappe 50

Donnerstag, 29. Juni:
Von Meißenheim (Baden) nach Grauelsbaum

Ein runder Feiertag, wieder einmal. Jeder Marathon mit der Ziffer 0 am Ende ist so etwas wie ein Jubiläum, aber die Zahl 50 ist trotzdem etwas noch Besondereres. Und nun ist es doch raus: Ja, ich bin erkältet. Die Kommentare poppen im Minutentakt auf. Ich weiß, Leute, es ist alles andere als gesund. Also macht es bitte nicht nach.

Endlich darf ich wieder den Drei-Fakten-Check durchführen, denn viele junge Mädels haben sich heute zur Begleitung eingefunden, was mich sehr freut. Dazu ist abermals Christian dabei, der von unserem lebensgefährlichen Bergabenteuer. Und auch wenn er den Check schon oft durchgemacht hat, hat er heute etwas Bemerkenswertes zu sagen: »Ich heiße Christian, und ich habe echt Schiss vor der Flachetappe heute!« Wir haben schon einiges gemeinsam durchgemacht, und ich bin sicher, er wird nicht ausgerechnet hier auf dem Schotterweg am Rhein scheitern.

Die vielen Menschen, die ich treffe, haben einen interessanten psychologischen Vorteil: Sie scheinen mich zu kennen, ich sie aber nicht. Viele von ihnen haben mich seit längerer Zeit in den sozialen Medien verfolgt und wissen dementsprechend viel über mich. Dies führt aber dazu, dass manche von ihnen erst nach dem Start erkennen, dass es etwas anderes ist, die Etappen am Bildschirm zu verfolgen oder tatsächlicher Teil davon zu sein. Entsprechend gehemmt gestalten sich die Gespräche mitunter, und gerade heute, wo ich permanent gegen den zugeschwollenen Hals anschlucke und lieber zuhören würde, als selbst zu reden, ist das etwas anstrengend.

Ganz ohne Herausforderungen kommen wir heute allerdings nicht aus, denn wir müssen eine gesperrte Brücke überqueren. Wo wir anderen noch zögern, klettert Christian bereits über die Absperrung und beweist, dass die Holzplanken der Brücke noch stabil genug sind, um uns auf die andere Seite gelangen zu lassen. Und über das Loch in der Mitte kann man einfach drüberspringen.

Der alte Stein

Die Grenzstadt Kehl ist eine willkommene Abwechslung – wenngleich nur knapp 40 000 Einwohner stark, vermittelt sie durchaus Großstadtfeeling. Am gegenüberliegenden Ufer des Rheins liegt Straßburg, und das hätte ich ebenfalls gerne durchquert – aber das Projekt ist ebenso bescheuert wie streng und erlaubt solche Eskapaden nicht. Ich könnte natürlich noch mal um Frankreich herumlaufen, dann dürfte ich auch auf der anderen Seite des Flusses rennen. Merke ich mir mal für später.

Ein bemerkenswerter Anblick bietet sich heute in Gestalt eines niedrigen Grenzsteins, der in einer flachen Pyramide endet und geheimnisvolle Inschriften aufweist: »13,0072 M. bis zur Landesgrenze« und »14,0000 M. bis Basel« sollen es an dieser Stelle sein, sowie »88,4450 M. bis Rotterdam«. Wir rätseln ein wenig herum, können aber mangels hinreichender Allgemeinbildung nicht herausbekommen, dass es sich um einen der wenigen erhaltenen historischen Myriametersteine handelt, auf denen im 19. Jahrhundert die Ergebnisse der Vermessung des gesamten Rheinverlaufs von Basel nach Rotterdam festgehalten wurden. In meiner imaginären Grenzsteinsammlung ist dieser jedenfalls ein Highlight und landet in der Reihe der außergewöhnlichen Grenzsteine auf Platz zwei, gleich nach dem Leitpfosten im Wald an der Grenze zu Österreich.

Vor dem Start hatte ich mir die Option vorbehalten, die heutige Etappe jederzeit abzubrechen, sollten die Klauen der Erkältung allzu fest zupacken. Inzwischen kommen Gliederschmerzen dazu, und der ganze Körper fühlt sich komplett ermattet an. Meinen Gesamtzustand könnte man als hundselend bezeichnen. Längst habe ich aber beschlossen, es trotzdem durchzuziehen. Und ich werde nicht müde zu betonen: Leute, macht das keinesfalls nach!

Im Ziel erwartet mich noch eine Belohnung – dort steht eine Frau mit einem großen Plakat, das ihre Kinder gebastelt haben. Darauf sind viele Sprüche und Floskeln verewigt, die ich oft in meinen Videos verwende: Von »Hello, my friends!« bis »So, Leute ...!« ist alles dabei. Und auch noch ein paar Kuhselfies. Tausend Dank für diese süße Überraschung!

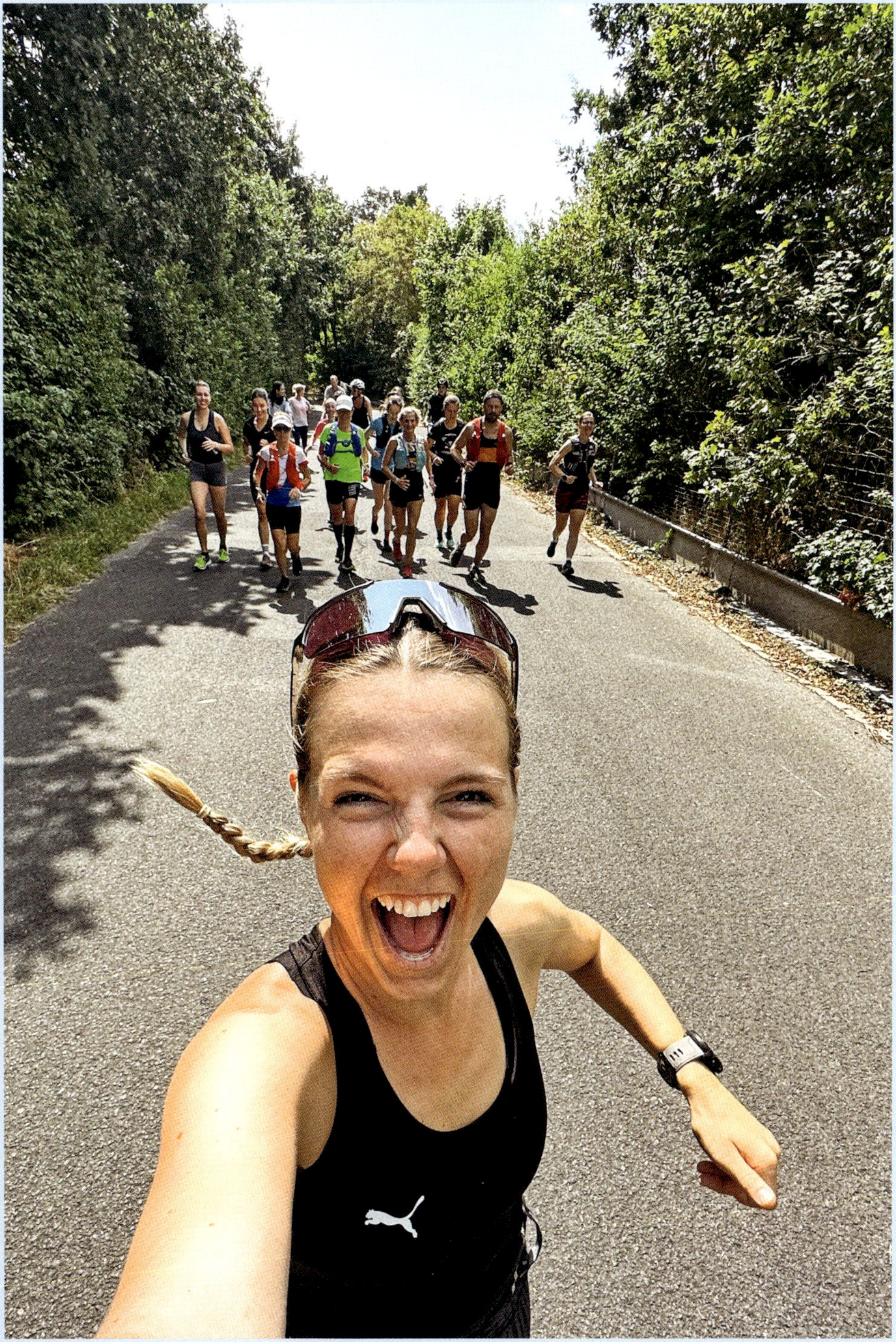

Etappe 67 Dass dieses Projekt so viele Menschen begeistern würde, damit habe ich nicht gerechnet. Es flasht mich immer wieder.

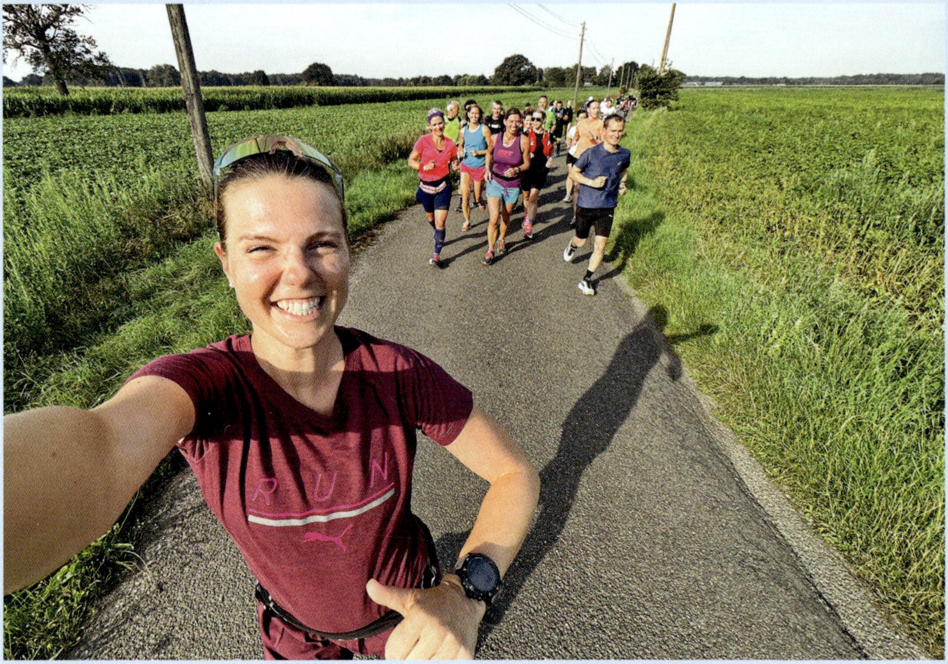

Etappe 68 Man sieht mir nicht an, wie furchtbar ich mich heute fühle.

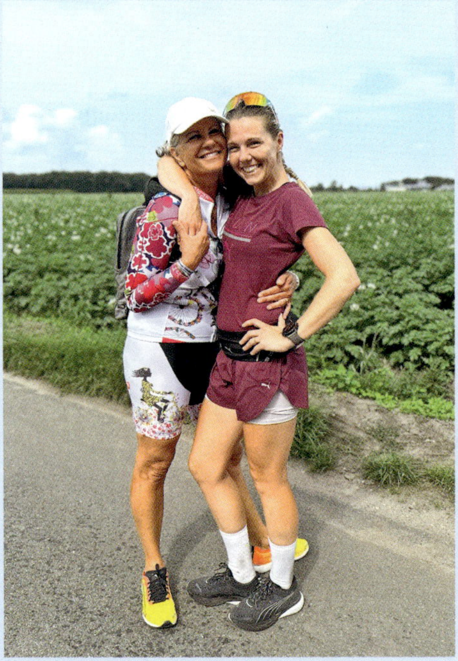

Etappe 68 Überraschungsbesuch von meiner Mutter an einem heftigen Tag

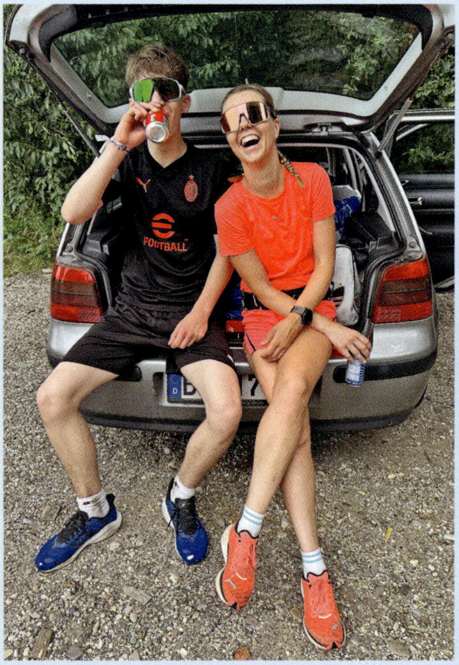

Etappe 69 Der Sohn des Praktikanten läuft die (bisher) längste Strecke seines Lebens.

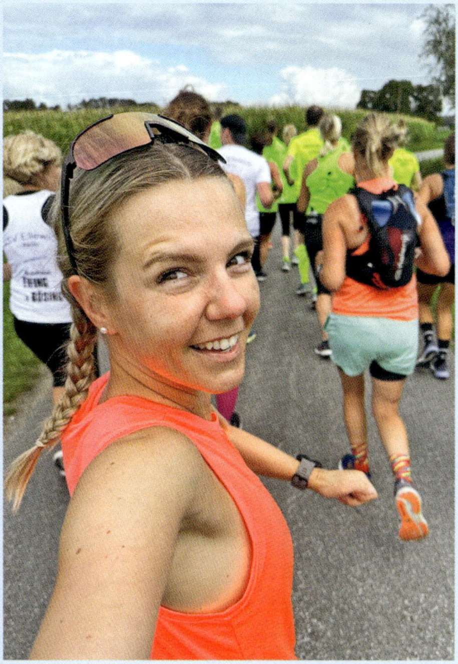

Etappe 72 Moment mal, wer überholt hier eigentlich wen?

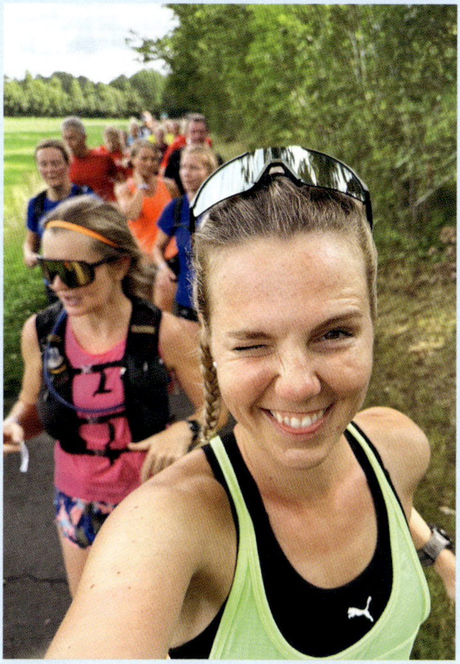

Etappe 75 Den Marathon zu laufen, ist zur Routine geworden.

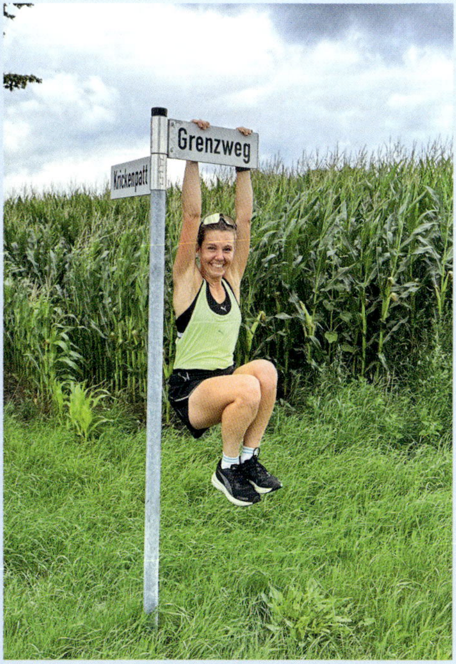

Etappe 75 Zur Abwechslung mal ein anderes Work-out

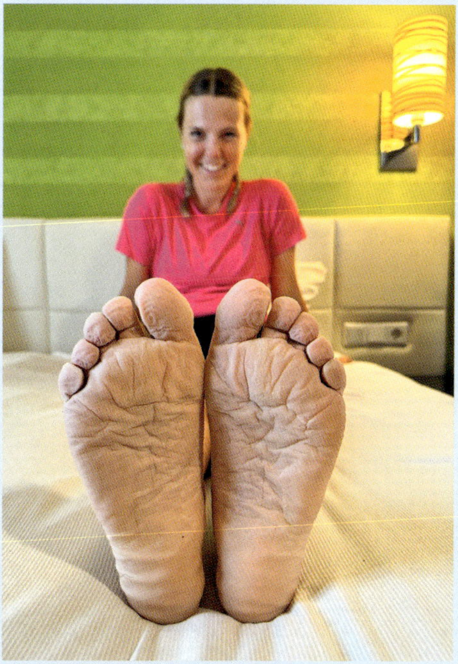

Etappe 78 So sehen durchgeweichte Füße aus. Eigentlich noch ganz gut!

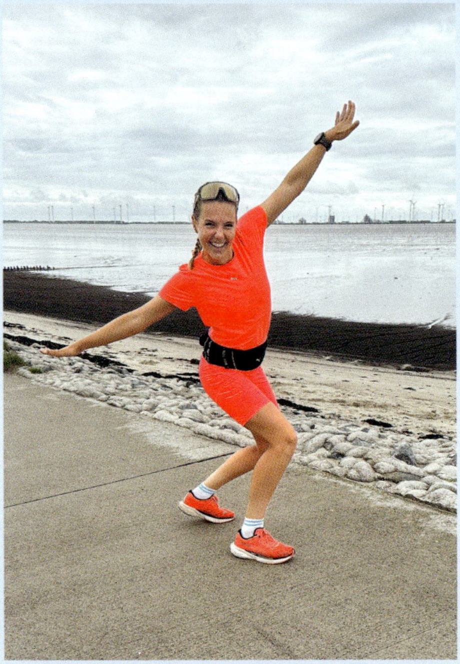

Etappe 80 Der erste Tag am Meer ist ein echtes Highlight.

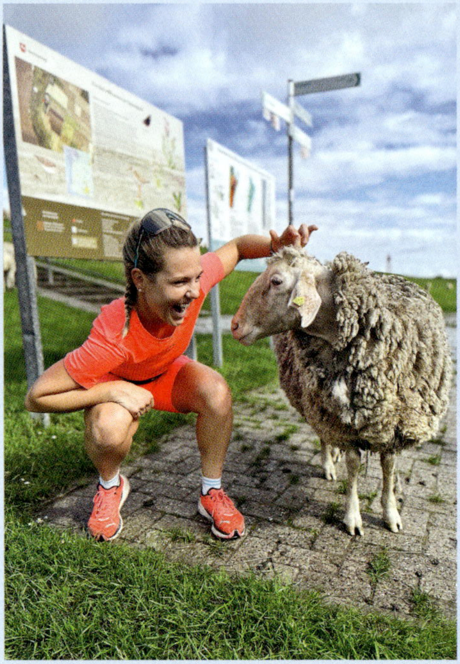

Etappe 80 Du bist auch mein Freund, abgemacht?

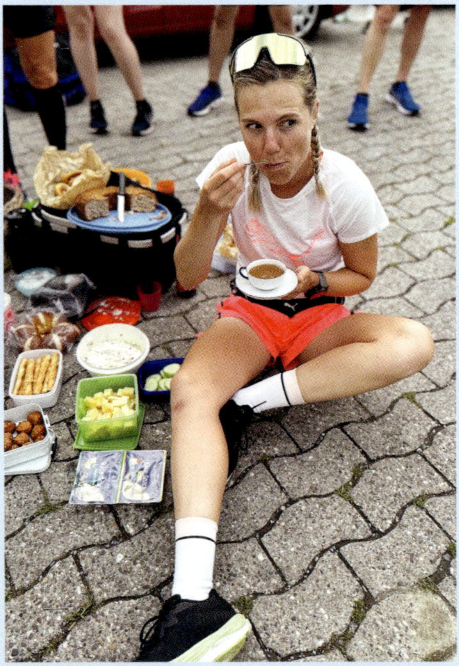

Etappe 81 Zielverpflegung mit echt ostfriesischem Tee

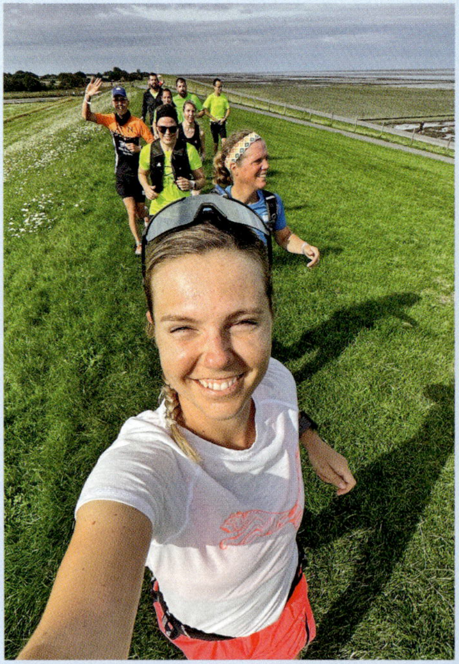

Etappe 81 Immer geradeaus geht es auf scheinbar endlosen Deichen.

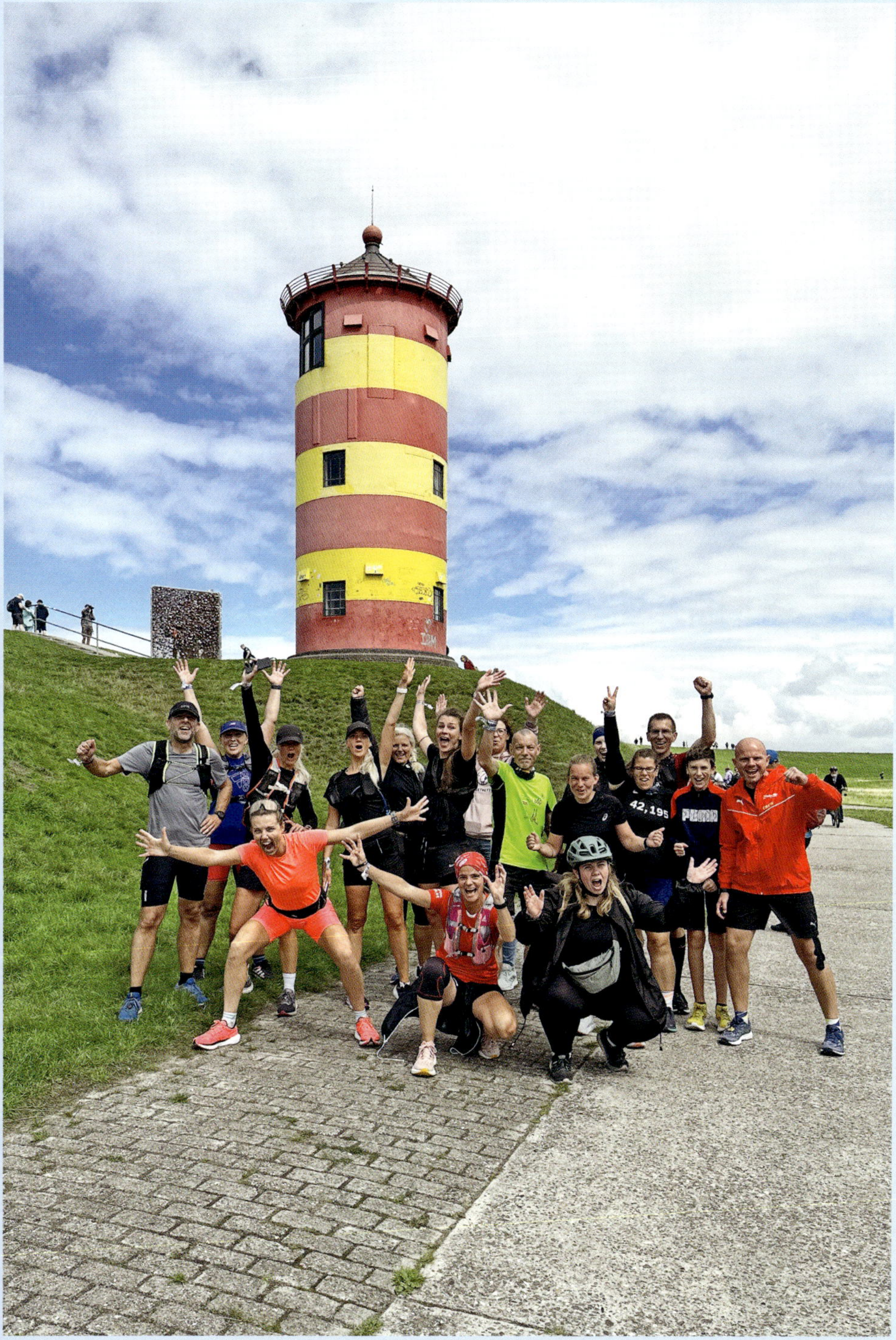

Etappe 80 Der Leuchtturm aus »Otto 3« ist das Highlight des Tages. Und ich bekomme einen Ottifanten geschenkt.

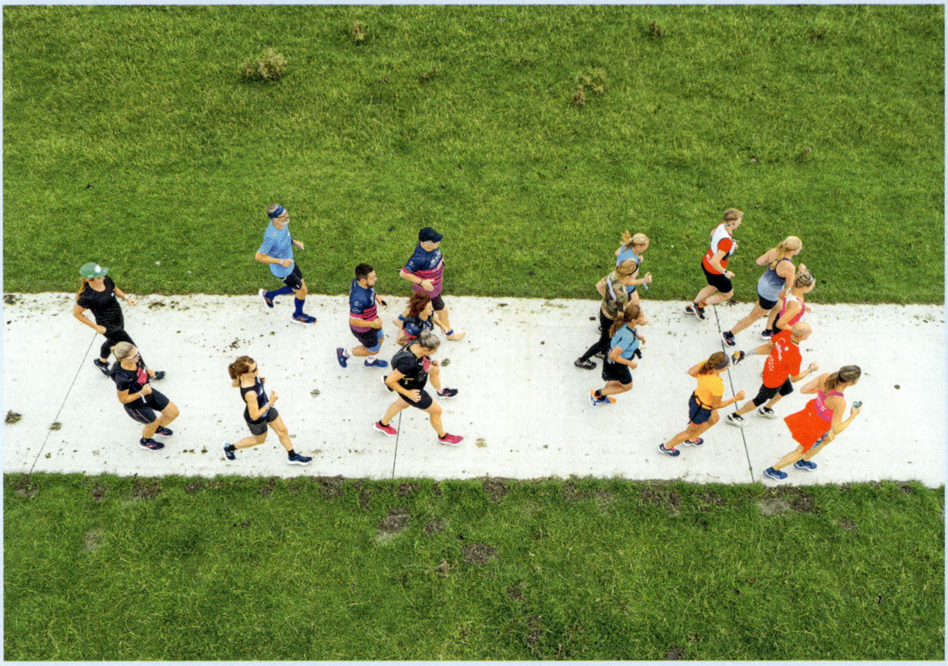

Etappe 82 Von wegen »Laufen ist keine Kunst« – aus der Vogelperspektive könnten wir als Performancekünstler durchgehen.

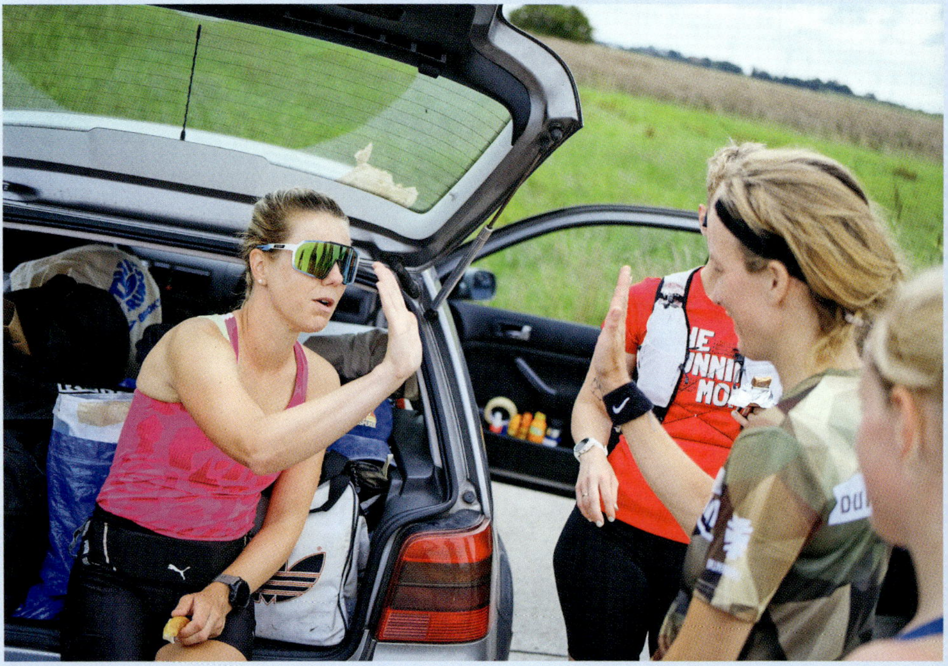

Etappe 82 Auch Staatssekretärinnen können einen Halbmarathon laufen.

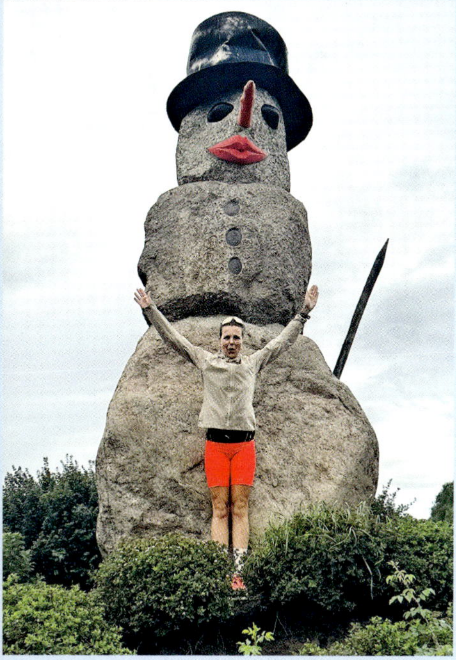

Etappe 84 Der schlimmste Regentag überhaupt. Ich bräuchte einen Hut.

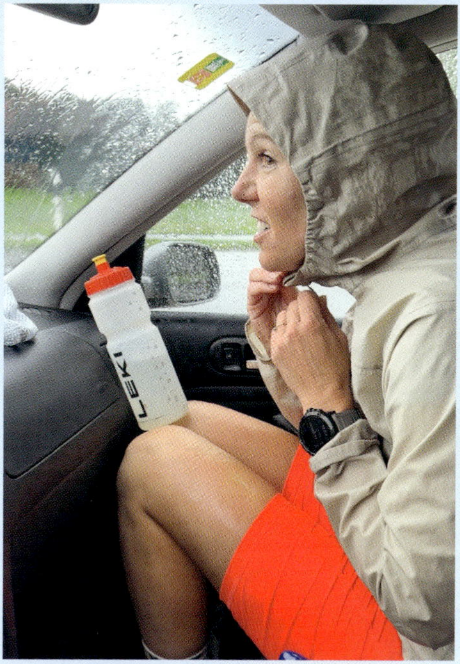

Etappe 84 Die Verschnaufpause im Golf ist heute echter Luxus.

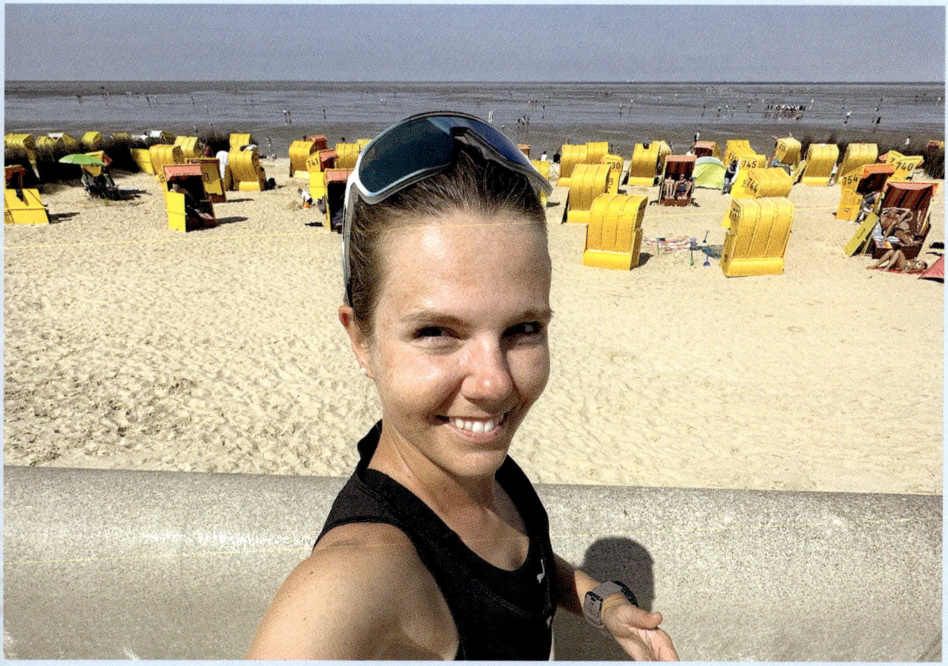

Etappe 86 Ich frage mich immer wieder: Warum macht man hier Urlaub? Stundenlang ist kein Wasser da.

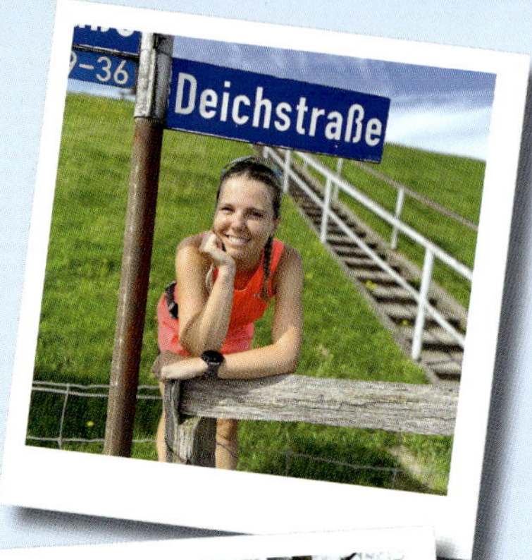
Deichstraße

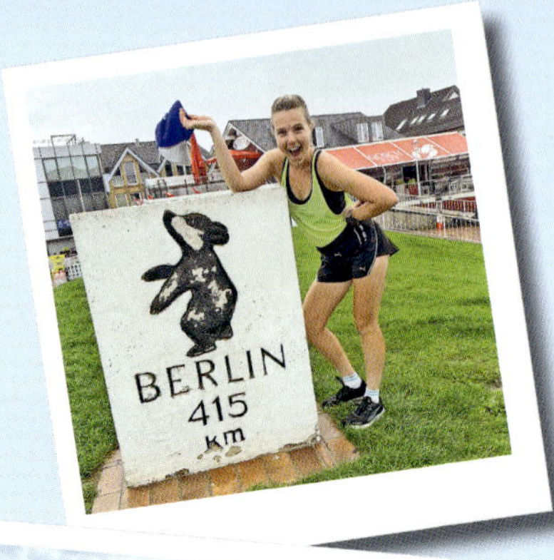
BERLIN
415
km

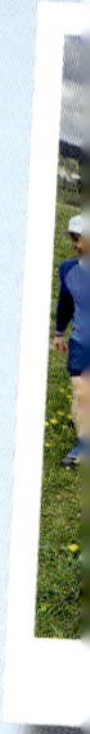

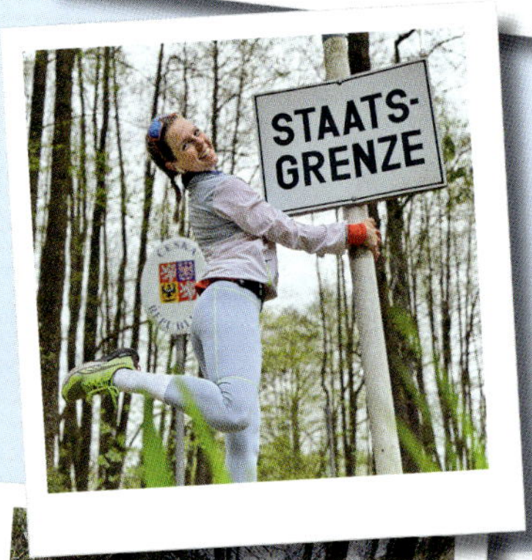
STAATS-
GRENZE

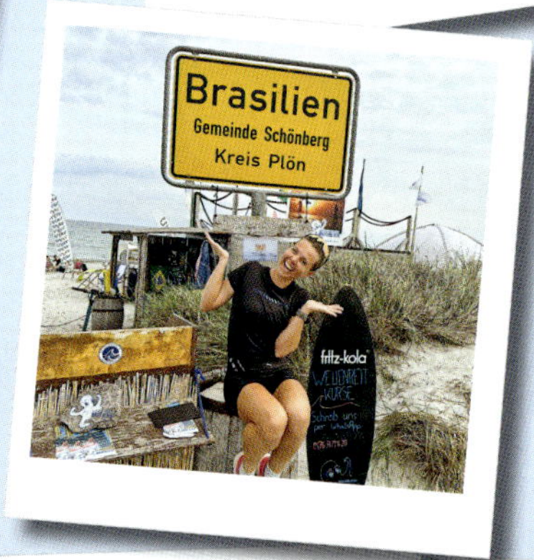
Brasilien
Gemeinde Schönberg
Kreis Plön
fritz-kola

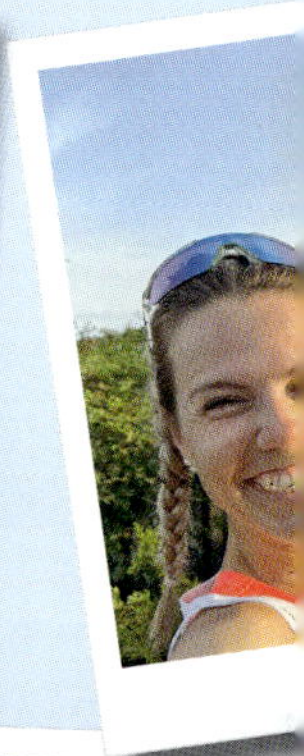

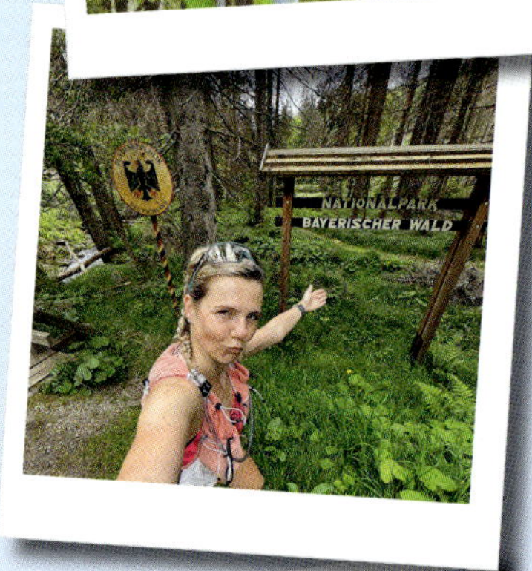
NATIONALPARK
BAYERISCHER WALD

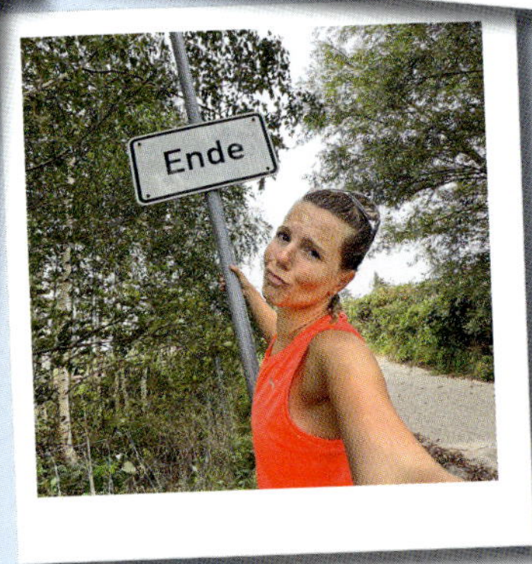
Ende

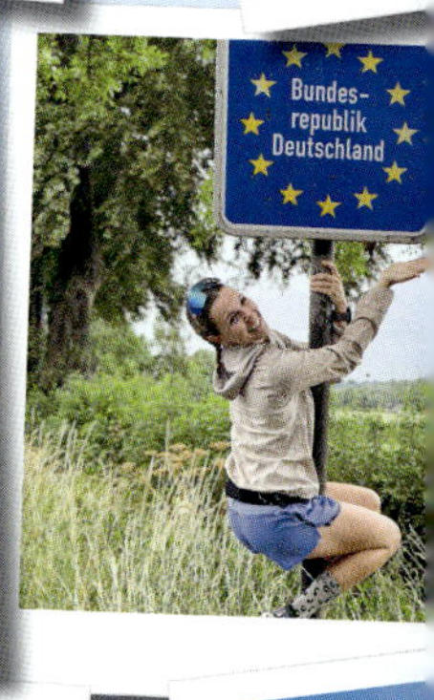
Bundes-
republik
Deutschland

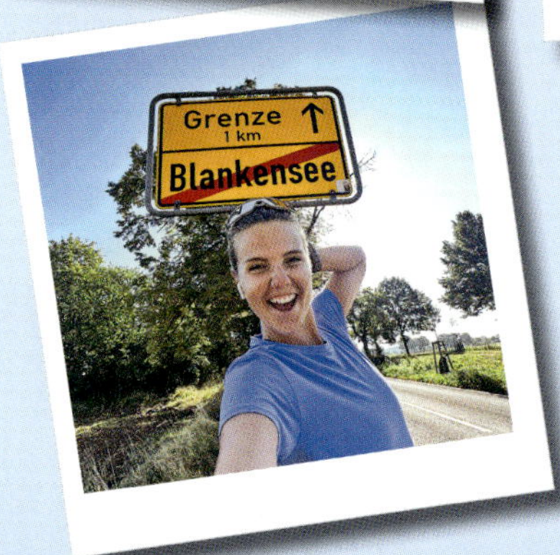
Grenze
1 km
Blankensee

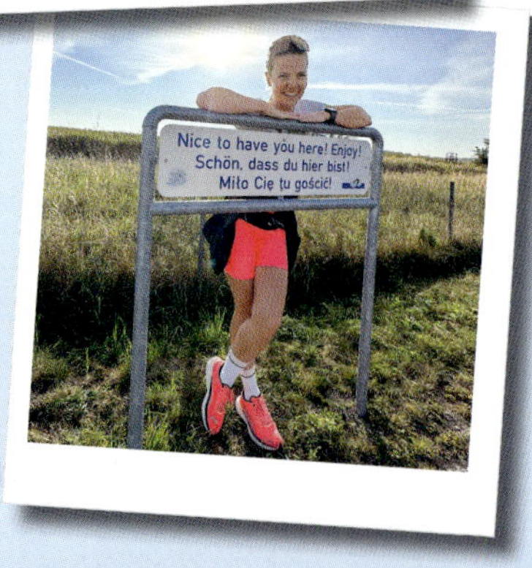
Nice to have you here! Enjoy!
Schön, dass du hier bist!
Miło Cię tu gościć!

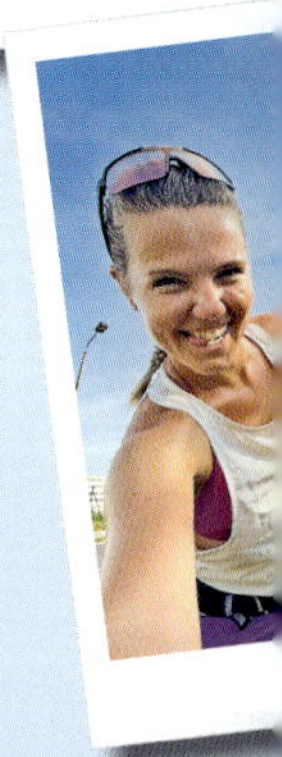

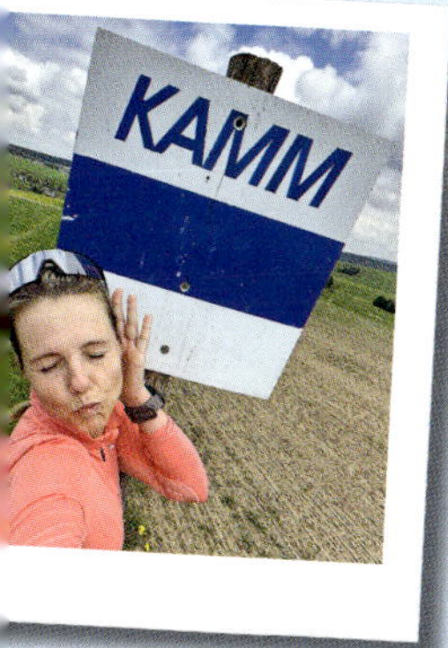

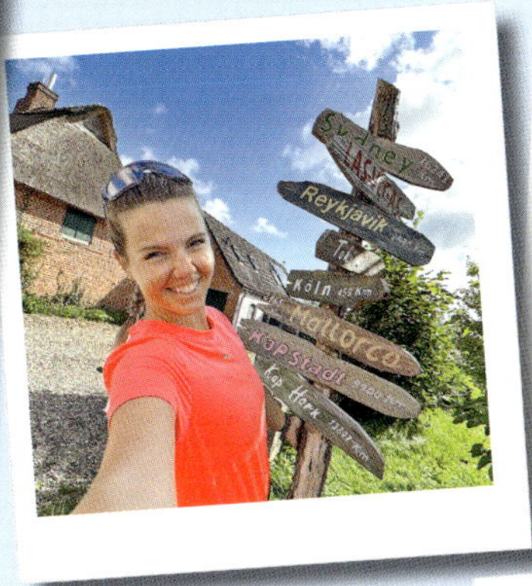

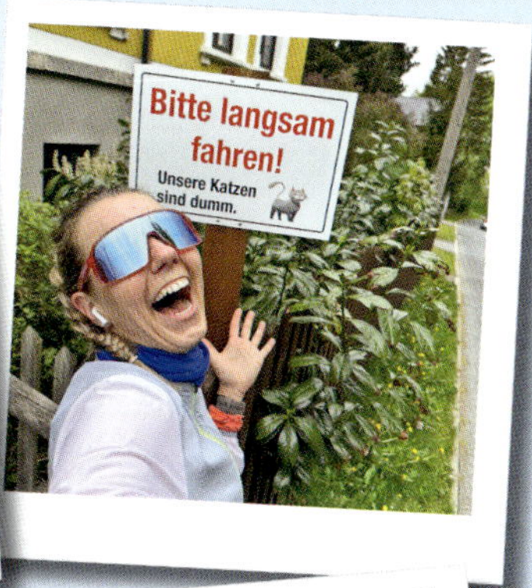

Durch den Schilderwald

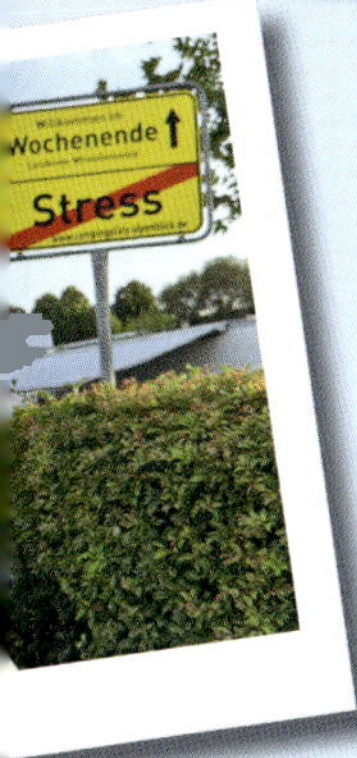

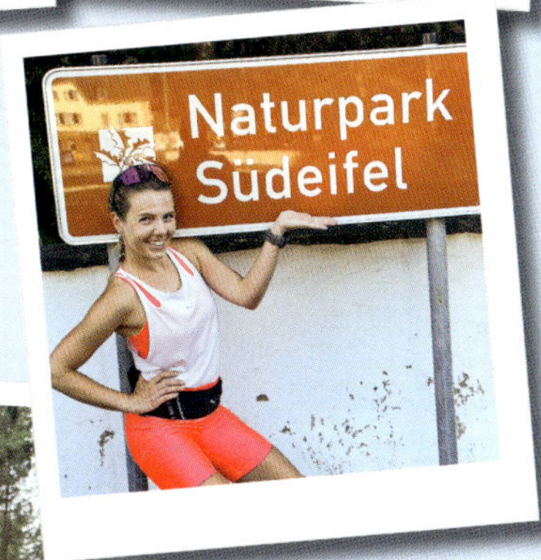

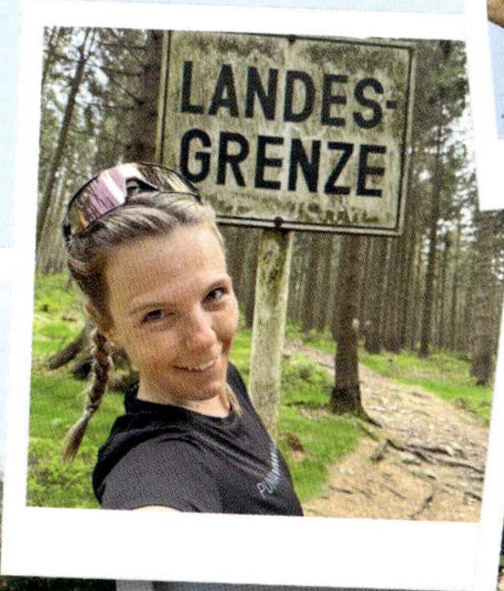

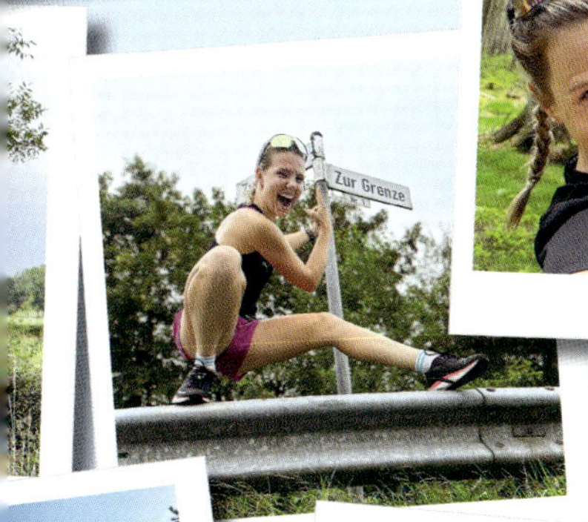

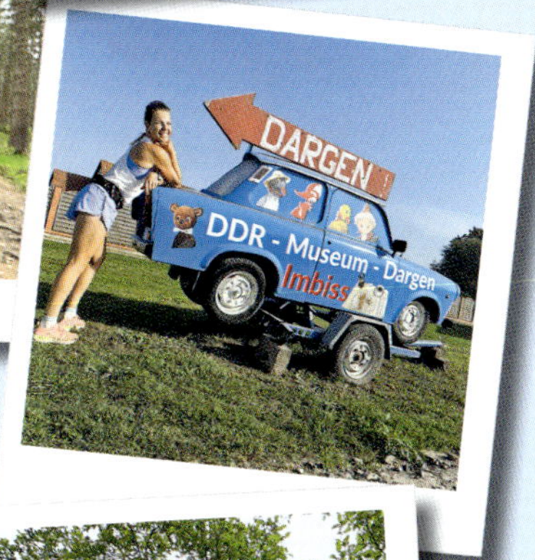

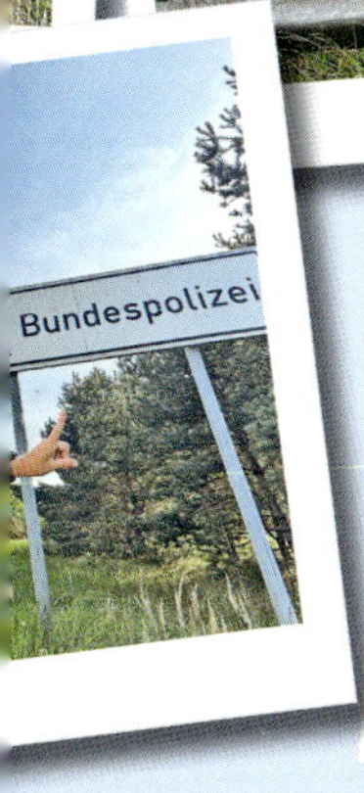

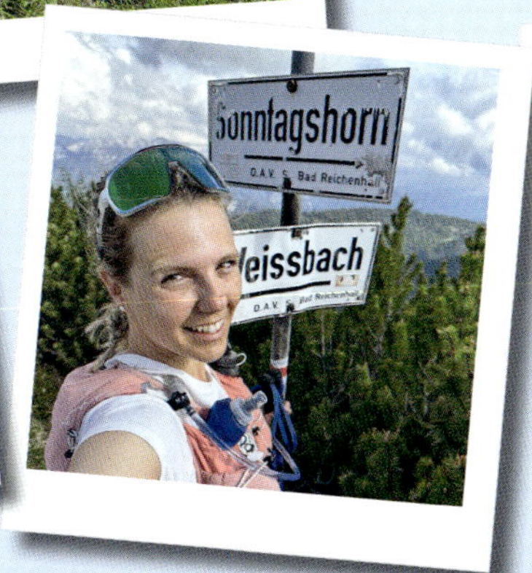

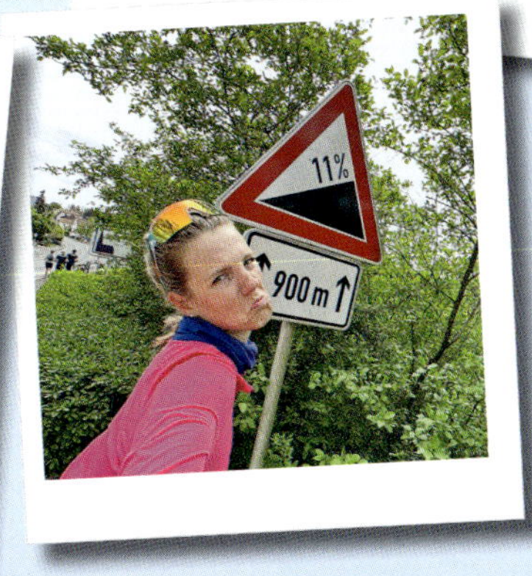

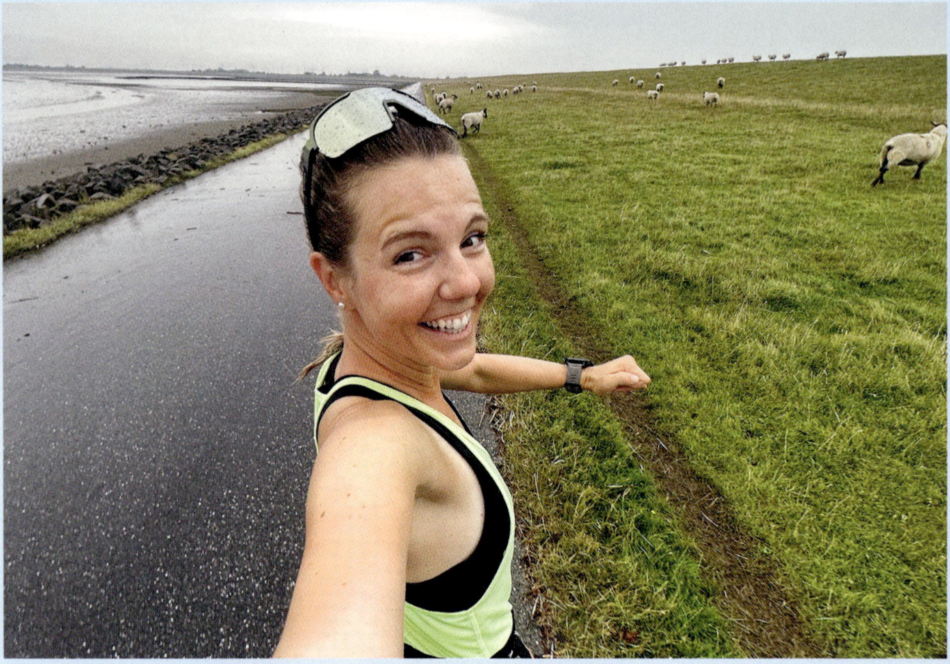

Etappe 90 Was soll ich sagen? Kilometer um Kilometer nichts als Deiche und Schafe. As usual.

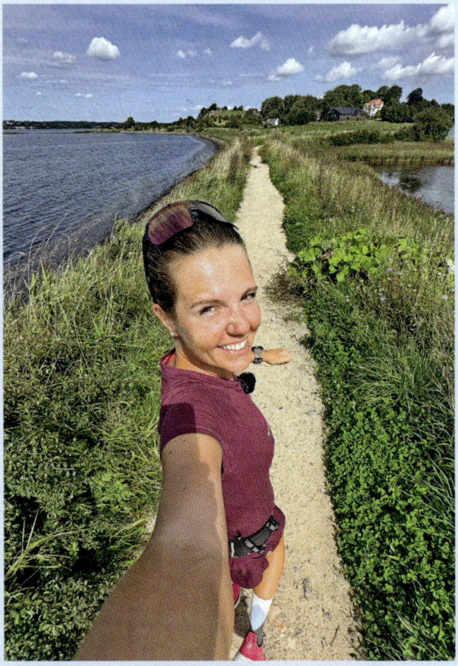

Etappe 97 Der Weg wird gleich schöner, wenn Wasser da ist.

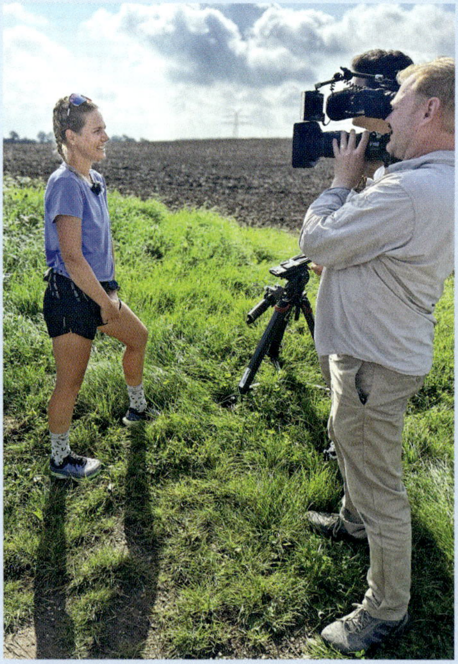

Etappe 98 Ein Fernsehteam zu Besuch an der Strecke

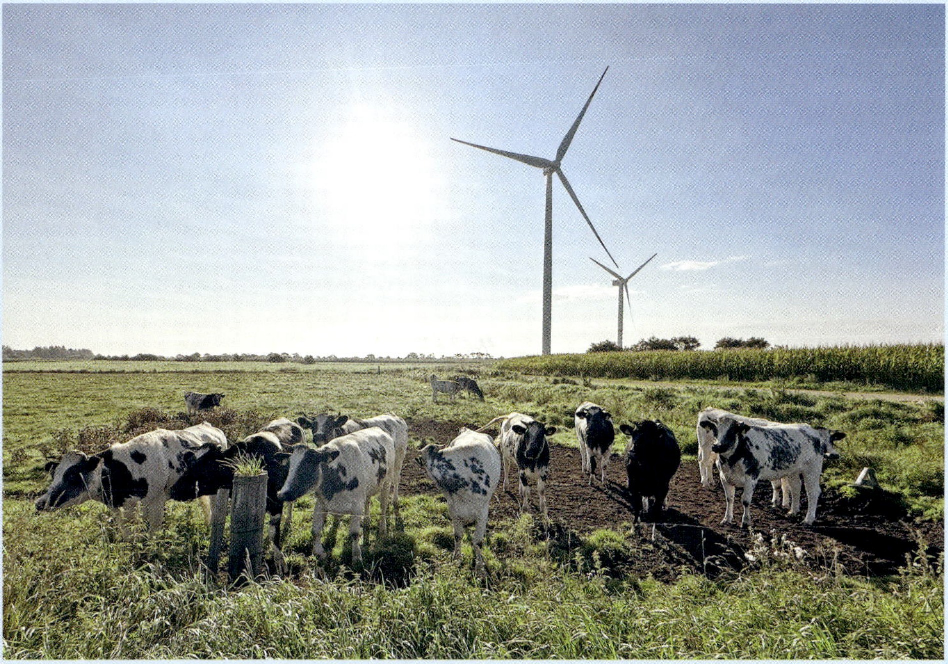

Etappe 95 Weite, Windkraft und Wiederkäuer: Norddeutscher geht es kaum.

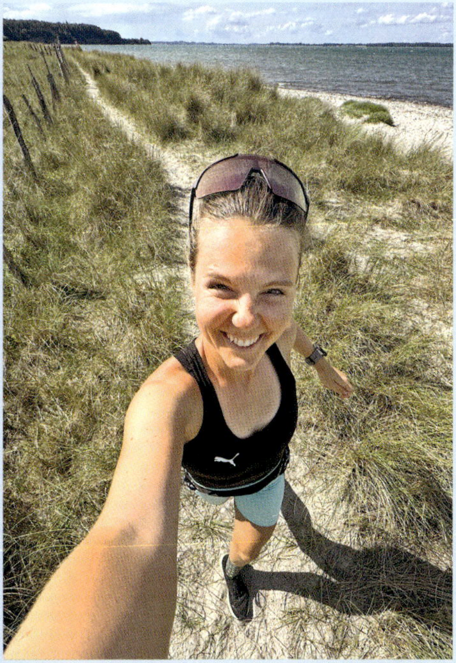

Etappe 99 Mit vielen sandigen Passagen wird dies ein wahrer Strandtag.

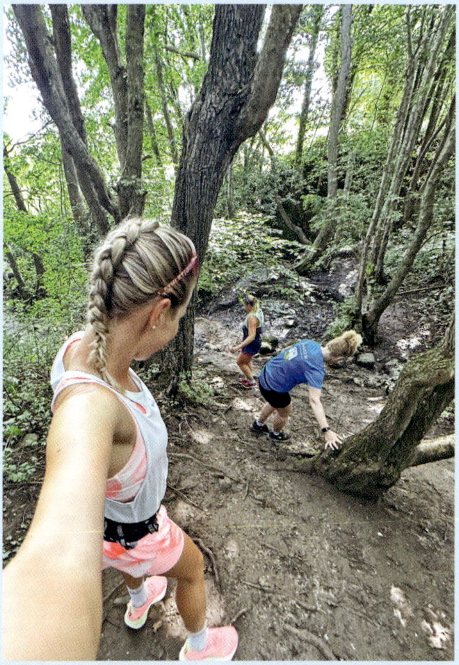

Etappe 101 Die Ostseeküste kann ein endlos langer Singletrail sein.

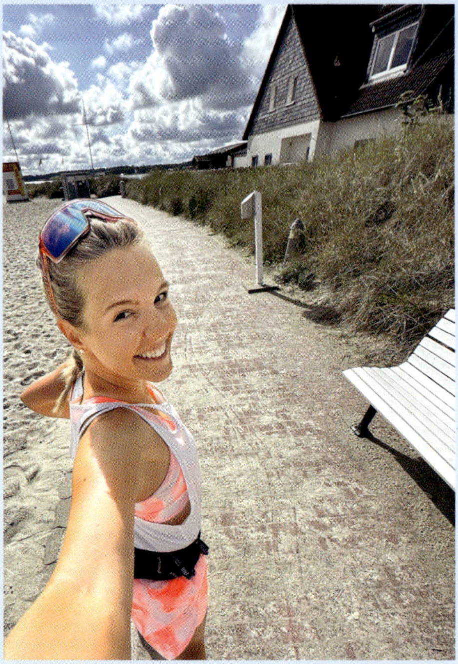

Etappe 101 Feine Sandstrände in den Urlaubsorten der Ostseeküste – es ist ein Traum!

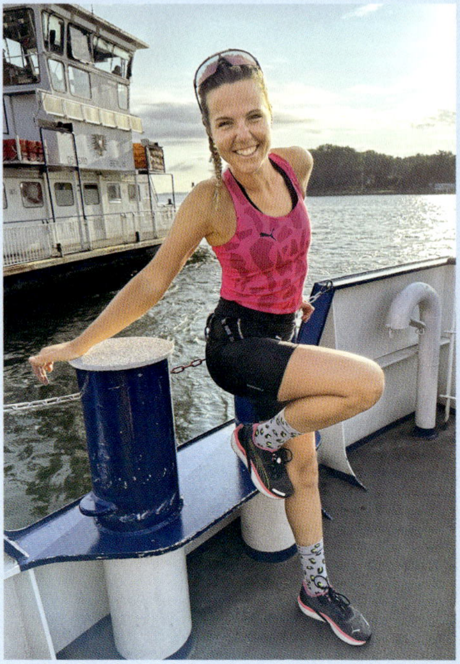

Etappe 104 Die Fähre bringt uns von West- nach Ostdeutschland.

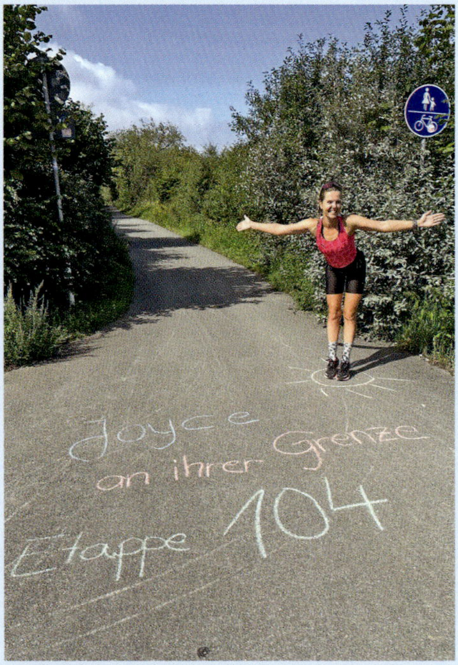

Etappe 104 Mit etwas Kreide kommt Tour-de-France-Feeling auf.

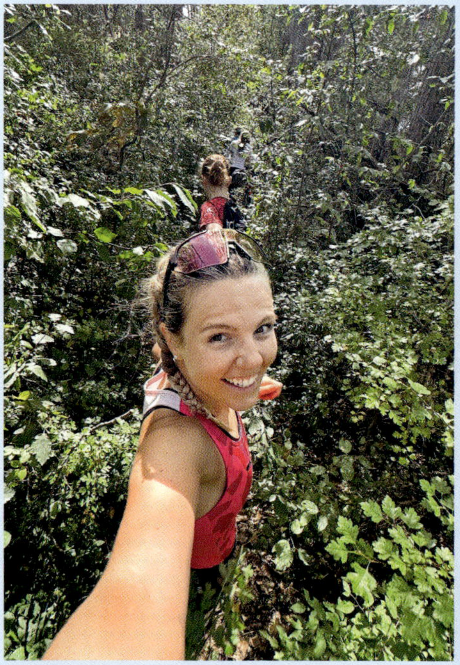

Etappe 104 Hinein ins Gebüsch: Hauptsache, es geht irgendwie weiter.

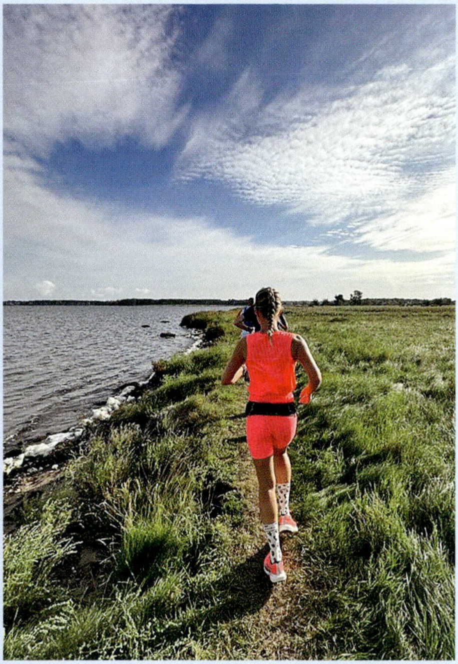

Etappe 106 Die Schönheit der Küste sorgt für Glücksgefühle.

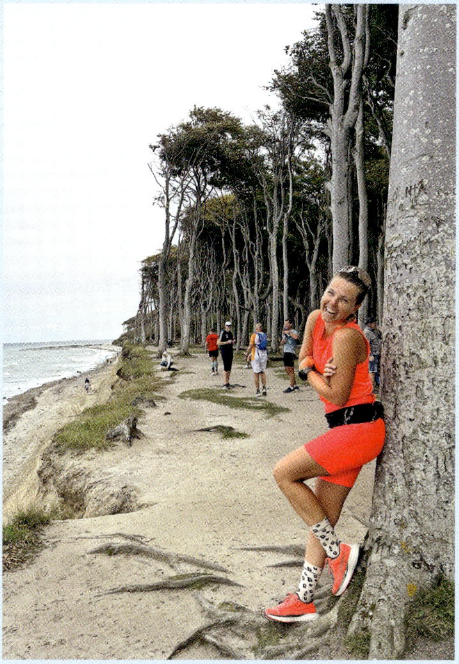

Etappe 106 Der Gespensterwald in Nienhagen entpuppt sich als Top-Laufrevier.

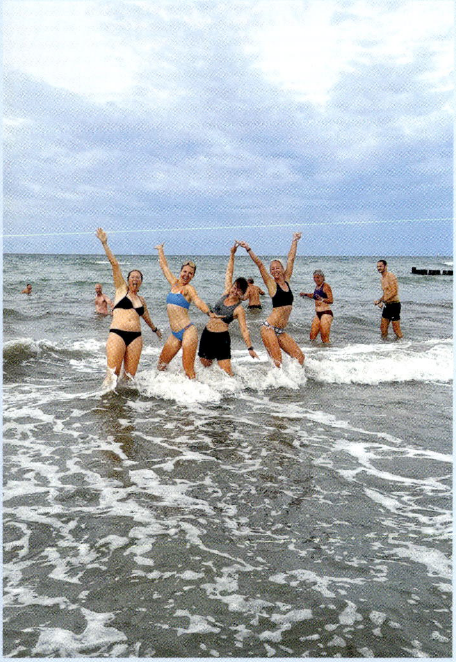

Etappe 106 Die Berliner Eisbade-Crew gibt sich stilecht die Ehre.

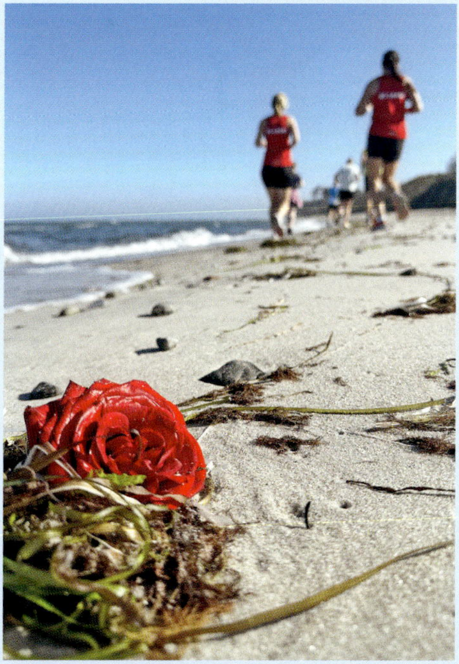

Etappe 107 An dieser Stelle wurde mein Bruder im Meer beigesetzt.

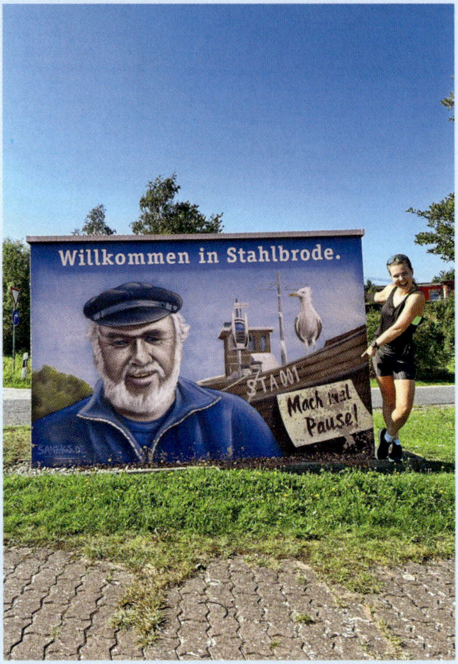

Etappe 112 Okay, ich mache eine Pause. Muss ohnehin auf den Praktikanten warten.

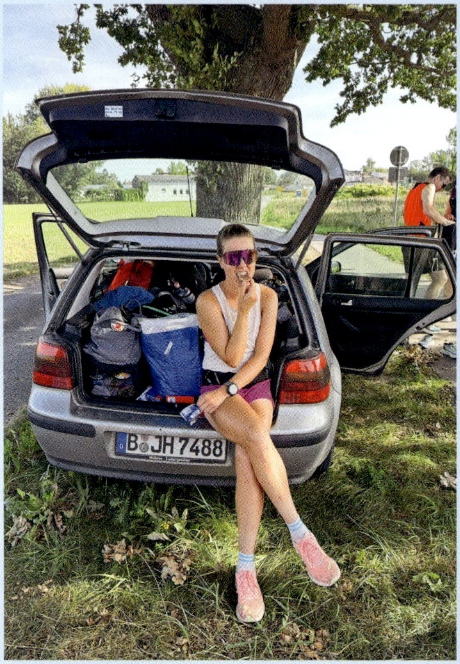

Etappe 111 Was würde ich ohne dieses fahrende Sofa tun?

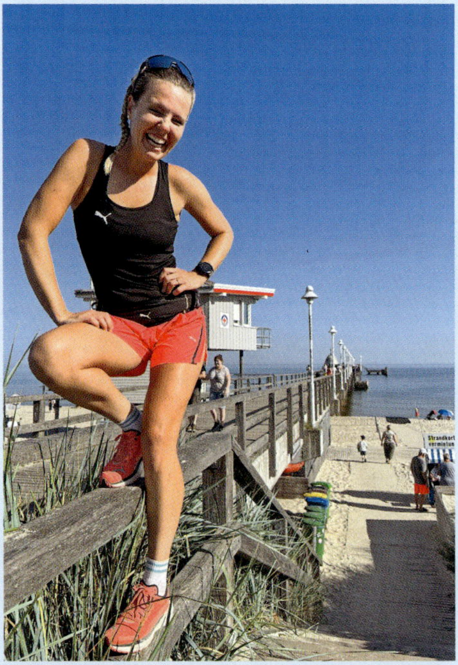

Etappe 112 Wo ist sie noch gleich? Suchbild mit Tauchgondel

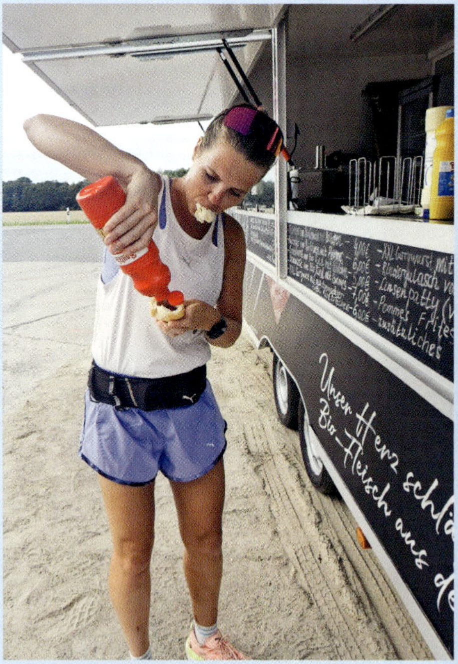

Etappe 113 Ein Würstchenstand im Nirgendwo rettet uns diesen Tag.

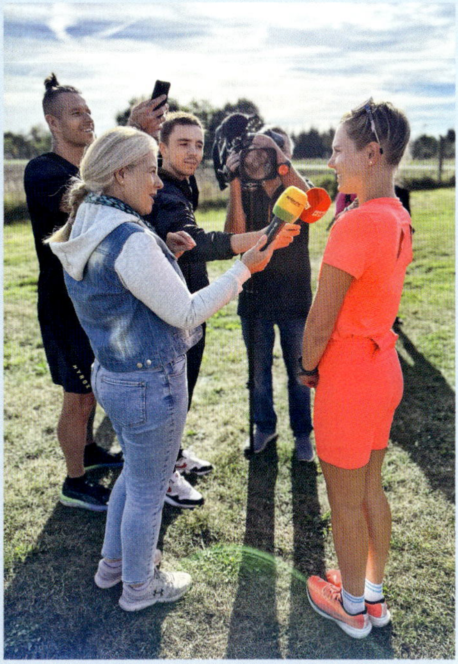

Etappe 120 Vor dem Start der finalen Etappe darf ich noch ein wenig reden.

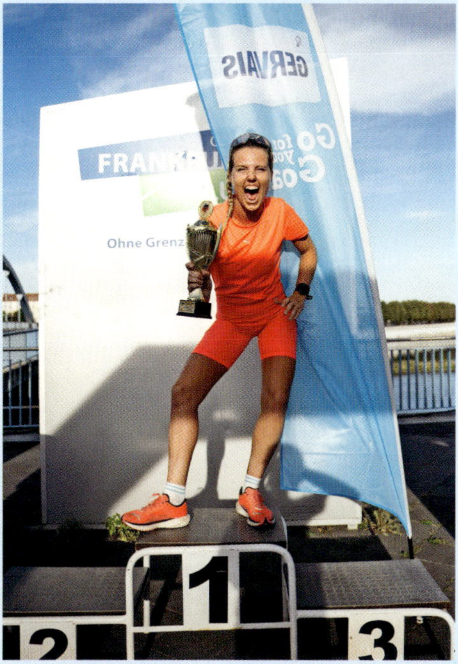

Etappe 120 Ich kann es nicht fassen. Es ist geschafft.

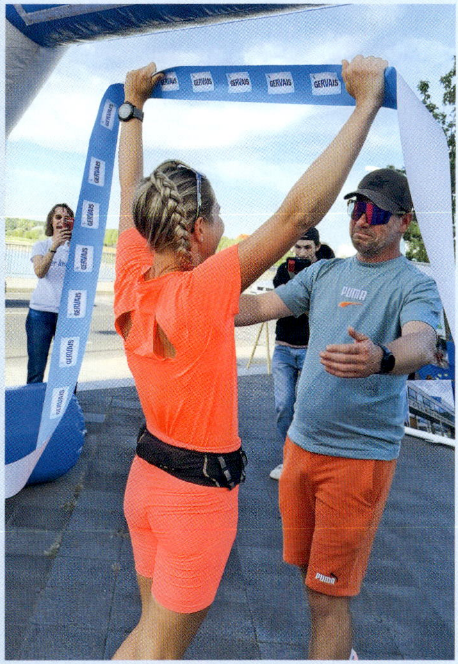

Etappe 120 Ohne Sven wäre das alles nicht möglich gewesen.

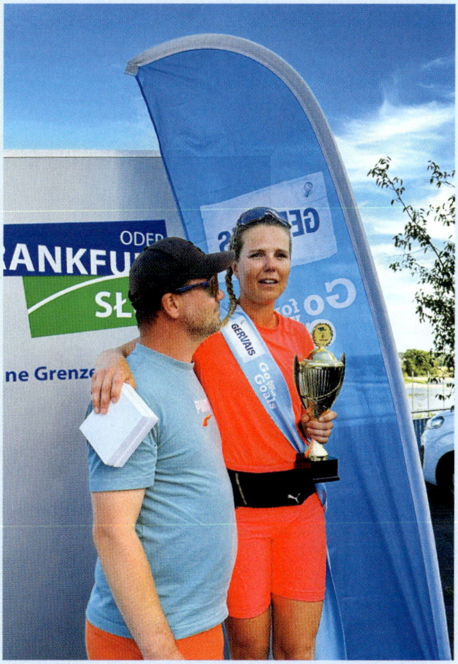

Etappe 120 Der Pokal kommt auf meinen Nachttisch, aber verdient haben wir ihn beide.

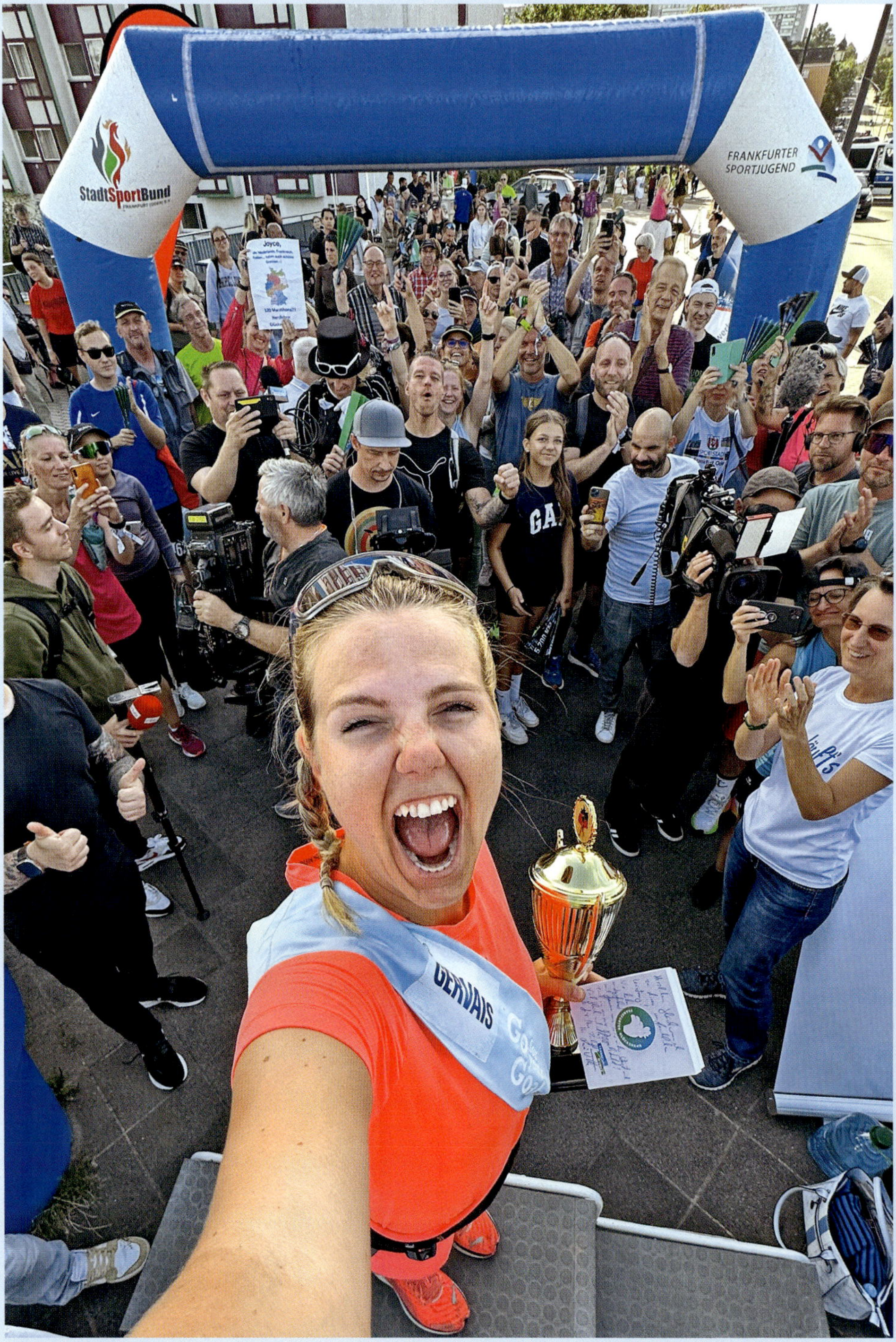

Etappe 120 Leute, ihr seid echt der Hammer! Danke für alles!

Wiederholungstäter
Etappe 51

Freitag, 30. Juni: Von Grauelsbaum nach Lauterburg

Ein Blick auf die Route verrät: Was die Szenerie angeht, bleibt heute alles so wie in den vergangenen Tagen. Nun gut.

Aber etwas hat sich verändert: Ich fühle mich wieder gesund. So gesund, dass ich schon vor dem Start komplett aufgedreht bin. Überdreht, könnte man sagen. Vielleicht hat der Tipp einer Mitläuferin, stündlich eine Megaportion Vitamin C einzuwerfen, wirklich zu dieser Spontanheilung geführt. Jedenfalls weiß ich gar nicht, wohin mit meiner Energie, kann keinen Moment still sitzen und rede noch mehr Blödsinn als üblich.

»Heute gehst du mir irgendwie auf die Nerven«, murmelt der Praktikant.

»Was, nur heute?« Das nehme ich mit Erleichterung zu Kenntnis.

Am Start nieselt es ein wenig, und die grauen Wolken lassen einen heftigen Regenguss erwarten. Die Stimmung ist dennoch ausgelassen. Was die Strecke vermissen lässt, machen die Mitläufer heute mehr als wett – mit so vielen netten Menschen kann es nur ein guter Tag werden:

Christian Todesangst ist mit seinem achten Marathon dabei und will noch zwei weitere Etappen dabeibleiben – damit baut er seinen Vorsprung der meisten mitgelaufenen Marathons weiter aus und ist schon jetzt quasi uneinholbar.

Mit Frank aus Tübingen gibt es einen weiteren Wiederholungstäter. Er war in den Alpen schon dabei und hatte dort am Bahnhof übernachtet, um morgens pünktlich am Start sein zu können –

heute ist er wieder mit von der Partie. Was die Begleiter sich oft für einen Stress machen ist wirklich beeindruckend und überrascht mich immer wieder. Diesmal hat Frank in guter Tradition erneut auf ein Hotel verzichtet und stattdessen auf einer Bank am Wegesrand geschlafen, einer »Panoramabank«, wie er sagt. Nach einer so harten Nacht einen ganzen Marathon durchzuziehen, dazu braucht es schon eine ganze Portion positiven Wahnsinn und eine Menge innerer Stärke. Respekt!

Außerdem ist Lando Teil der Gruppe, der heute ebenfalls einen Clown gefrühstückt hat und es übernimmt, für mich die Kilometer anzusagen, die ich sonst immer so lauthals verkünde – er ruft dann jedes Mal in Joyce-Manier in die Kamera, was bei uns allen für kollektives Gelächter und gute Laune sorgt. Und er wird von Kilometer zu Kilometer immer lauter. Es wird zum Running Gag des Tages, dass er mich nachahmt. Und wenn er dann mal »Kilometer 39!« ins Handy brüllt, korrigiert er sich gleich darauf: »39 Kilomeeeter!« Das scheint authentischer für mich zu sein, sagt man mir. Sie werden schon recht haben, und Ordnung muss sein!

Der große Regen kommt dann doch nicht, aber dafür eine Eskorte zu Pferde. Eine Reiterin begleitet uns mit ihrem schönen Hengst mehrere Kilometer lang. Milan ist allerdings schon etwas älter und bleibt daher nicht allzu lange dabei, zumal der Untergrund zum Reiten nicht so gut geeignet ist. Dennoch – eine tolle Sache!

Unsere Gruppe hat heute einfach wunderbar harmoniert, und so gehen wir nach dem Lauf noch alle gemeinsam Pommes essen. Für einen Moment kommen wir alle zur Ruhe und sitzen einfach beieinander, in stiller Übereinkunft, dass wir stolz auf das sein können, was wir geschafft haben, und glücklich darüber, dass wir nicht mehr ganz so viel reden müssen.

Der laufende Reporter
Etappe 52

Samstag, 1. Juli: Von Lauterburg nach Bobenthal

Es ist immer wieder so ein ultrakrasses Gefühl, aus dem Auto auszusteigen und die vielen, vielen Menschen zu sehen. Ich weiß, ich wiederhole mich, aber es beeindruckt mich immer wieder aufs Neue. Wir treffen uns ja wirklich »in the middle of nowhere«, und dennoch finden sich so viele Laufbegeisterte ein. Unser Sport verbindet viele Menschen jeglicher Couleur, jeden Alters und jeder Berufsgruppe. Und das leben wir jeden Tag.

Im strahlenden Sonnenschein machen sich heute auf den Weg: sechs Radbegleiter, 24 Läufer, drei Hunde. Dazu kommt noch der Abhol- und Begleitservice der Läufer – Eltern, Freunde und Praktikanten der anderen finden sich an den Verpflegungspunkten ein.

Der Pfälzer Dialekt hat nun das Badische abgelöst, und ich habe zum Glück einige Einheimische dabei, die sowohl den Dialekt verstehen als auch des Hochdeutschen mächtig sind.

Monika und Rainer sind heute extra aus dem Siegerland, aus 270 Kilometer Entfernung angereist. Sie sind dort derzeit im Urlaub und planten seit einigen Wochen, genau hier auf mich zu stoßen. Dementsprechend mussten sie die Daumen drücken, dass nicht nur ihr Timing, sondern meines ebenfalls hinhaut.

Und mit Detlev läuft heute sogar der Bürgermeister von Bad Schönborn höchstselbst mit. »Phänomenal, Bürgermeisterchen!«, würde Karla Kolumna wohl sagen.

Ein weiteres Highlight: Die endlose Gerade am Rhein hat ein Ende, und wir dürfen endlich auf der Karte nach links schwenken und auf die andere Seite übersetzen, und zwar abermals mit der Fähre. Die »Baden-Pfalz« bringt Menschen und Autos vom badischen Neuburgweier über den Fluss nach Neuburg.

Und dort stehen wir nun im nächsten Bundesland der Deutschlandumrundung, in Rheinland-Pfalz. Hier werde ich gleich von einem professionell aussehenden Fotografen bestürmt – so etwas kenne ich inzwischen schon, aber er überrascht mich doch, zumal ich nicht einmal weiß, wer er ist und für was die Fotos gedacht sind. Er entpuppt sich dann als Vertreter der Lokalpresse und würde noch gerne ein Interview mit mir machen. Hinter mir scharren fast 30 Läufer mit den Hufen – sie wollen endlich weiter. Also sage ich etwas frech: »Interview geht jetzt nicht. Aber lauf doch mit, und wir machen das unterwegs!«

Er trägt ohnehin einen Sportdress, also packt er seine Sachen zusammen und schließt sich uns tatsächlich an. Es muss ein kurioses Bild abgeben – wir beide vorneweg und die ganze Gruppe hinterdrein, wobei wir die ganze Breite der Straße einnehmen. Der Herr von der Zeitung scheint von dieser ungewohnten Form des Journalismus mit der Zeit etwas angenervt, aber er zieht es durch, und ich denke, es wird ihm in Erinnerung bleiben.

Klassisches Pech
Etappe 53

Sonntag, 2. Juli:
Von Bobenthal nach Kröppen

Was für ein Gegensatz: Heute ist Sonntag, und ich rechne mit »mehr Besuchern als gewöhnlich«, um es mit den Worten von Google Maps auszudrücken. Aber auch in der Pfalz gibt es Berge, und wenn 1500 Höhenmeter auf dem Plan stehen, ziehen es viele doch vor, auf eine flachere Etappe zu warten. Daher finden sich heute nur zwei Begleiter ein, die aber noch ihren eigenen Praktikanten mitgebracht haben. So ist Sven nicht so allein mit seinem Schicksal, was sicherlich Balsam für seine Seele ist.

Julia kommt aus Bayern und hat mein Projekt schon längere Zeit verfolgt. Da es terminlich während meiner Zeit im Süden aber nicht klappte, hat sie nun eine weite Anreise auf sich genommen, um doch einmal eine Etappe miterleben zu können.

Zehn Rowdys im Wald

Martin aus der Pfalz hat gerade den Zugspitz Ultratrail hinter sich gebracht und nutzt die Gelegenheit zum Regenerationslauf mit mir. Ich habe nicht nur davor Respekt, sondern auch vor seinem Pfälzer Dialekt, der so verspielt und sympathisch klingt, dass ich es sehr bedauere, wenn ich manchmal einfach nicht verstehe, was er sagt.

Ich kann gar nicht oft genug betonen, wie sehr ich mich darüber freue, dass nun endlich nicht mehr nur eine träge braune Suppe neben mir herfließt, sondern dass es endlich wieder in eine hügelige Waldlandschaft geht. Dieser frische Duft, dieses Knacken und Rascheln bedeuten gerade an einem sonnigen Morgen wie diesem puren Genuss. Diese Welt gehört nicht nur uns, daran werden wir erinnert, als kurz darauf zehn Wildschweine den Weg queren. Als Berlinerin bin ich rücksichtslose Rowdys, die die Straße kreuzen, gewohnt, aber hier halte ich lieber Abstand. Ich will schließlich noch zu den Kühen, die mir versprochen wurden. Endlich wieder ein Selfie mit meinen »friends«, das motiviert gleich für mehrere Kilometer auf den einfach schönen, äußerst gefälligen Trails. Es ist eine Wohlfühletappe heute, und da wir davon sprechen: Meine Erkältung habe ich im Eiltempo vollständig hinter mir gelassen, und das verblüfft mich immer noch. Ich würde glatt in den idyllischen Badesee dort hinten springen, den sogenannten Saarbacherhammer, wenn dies hier keine Lauf-, sondern eine Schwimmveranstaltung wäre.

Wir befinden uns inmitten des Naturschutzgebiets Pfälzerwoog und nehmen nach Hinweis der noch dazugestoßenen einheimischen Begleitung Caro einen Umweg in Kauf, um den Lindelskopf zu erklimmen. Auf dem Gipfel, der immerhin 318 Höhenmeter misst, findet sich eine durch Leitern zu erklimmende Aussichtsplattform, die einen herrlichen Rundblick über das Örtchen Ludwigswinkel und vor allem seine in allen Grüntönen schimmernde, waldreiche Umgebung bietet. Im Tal läuten friedlich die Kirchenglocken, und das Ganze erinnert mich etwas an die Sächsische Schweiz.

An dieser Stelle befand sich einst eine frühmittelalterliche Burg, und der Platz ist wirklich romantisch. Kein Wunder, dass meine Mitläuferin Caro hier einmal geknutscht hat, wie sie berichtet. Falls sich jemand darüber wundert, was hier so alles im Laufe eines langen Tages besprochen wird: Für mich ist das nichts Außergewöhnliches. Ich wähnte mich schon öfter inmitten einer Singlebörse, wenn sich zwei Mitläufer unverkennbar schöne Augen machten. Ein anderer Begleiter eröffnete mir, dass er eine Beziehung zu zwei Frauen unterhalte und sich nicht entscheiden könne. »Nun«, gab ich ihm grinsend den Ratschlag, »lass nicht die Frauen entscheiden. Sonst stehst du am Ende alleine da.«

Noch während Caro also von ihrem Date hier oben berichtet, stolpert sie unglücklich und reißt sich das Knie auf, an derselben Stelle wie offenbar schon zwei Wochen zuvor. Klassisches Pech.

Man sollte meinen, dass ich nach unserer Etappe am Königssee, als wir bereits kleinere Schrammen zu verzeichnen hatten, gelernt hätte, mein Erste-Hilfe-Täschchen mitzunehmen. Weit gefehlt. Also eskortieren wir Caro im Schritttempo bis zur nächsten Verpflegungsstelle, wo schon die ambulante Pflasterversorgung auf uns wartet. Den Verbandskasten aus dem Kofferraum benutzt man ja viel zu selten und zumeist erst dann, wenn er bereits seit acht Jahren abgelaufen ist. Heute kommt er aber zum Einsatz und kann Caro so weit wiederherstellen, dass sie weitermachen kann, was uns sehr freut.

Im Wald verwittern wieder einmal die alten Grenzsteine. Hier setze ich einen Fuß ins Unterholz und bin in Frankreich. Das ist gleich ein ganz anderes Gefühl. Ab und zu stehen einfach geschlossene Schranken und auf Hochglanz polierte Warnschilder in der Wildnis, die auf Kameraüberwachung durchs französische Militär hinweisen. Beim besten Willen kann man sich nicht vorstellen, wo in diesem Dickicht Kameras angebracht sein sollen. Aber die Möglichkeit, dass hier irgendwo Leute mit Wärmebildkameras im Unterholz hocken, wollen wir dennoch nicht ganz ausschließen. Wir wollen hier nur laufen und sind auch gleich wieder weg!

Zum krönenden Abschluss des Tages kann ich tatsächlich »Hello, my friends!« rufen, denn dort hinten auf der Wiese liegen Kühe, manche von ihnen ganz in Weiß. Leider müsste ich für ein Selfie noch mal 100 Meter über die Wiese rennen, und dafür fehlt mir heute die Kraft. Sorry, Leute. Aber dennoch: Ich bin froh, euch zu sehen, denn ich habe euch vermisst!

Lebenswert
Etappen 54 bis 59

Dienstag, 4. Juli, bis Sonntag, 9. Juli: Von Kröppen nach Keppeshausen

Schon wieder wechsle ich das Bundesland. Tschüss, Rheinland-Pfalz! Und hallo, Saarland! Jede Etappe ist anders, und doch befinde ich mich gerade in einer positiven Routine: Gesundheitlich fühle ich mich fit, die Begleitung durch mal mehr, mal weniger Mitläufer macht einen Riesenspaß, und es herrscht so etwas wie ein Deutschlandumrundungs-Flow: Am Morgen aufzustehen und wieder einmal nichts anderes tun zu müssen als einen Marathon zu finishen erfüllt mich mit einer entwaffnenden Zufriedenheit. Mir ist bewusst, dass es ein Privileg ist, was ich hier tun darf, und zugleich möchte ich allen dort draußen zeigen: Egal, was ihr vorhabt, einerlei, von was ihr träumt: Geht es an! Auch wenn es ein viel beschworener Spruch ist: Das Leben ist zu kurz, um zu lange zu zögern.

An mir selbst fällt mir auf, dass ich die gute Stimmung, die ich versprühe, wenn mein Handy auf mich gerichtet ist, tatsächlich sehr intensiv verspüre, während der Marathon im Gang ist. Eine halbe Stunde nach dem Lauf, ob ich will oder nicht, fährt dann das ganze System runter und lässt mich als völlig erschlagene und wortkarge Joyce zurück. Aber diese Phase gehört zu jedem Tag dazu, und sie ist Teil der Routine.

Abseits der Etappen spielt sich unser Leben hier recht gleichförmig ab, und das im Saarland nicht immer im positiven Sinne: Zwischen Sven und mir gibt es manchmal angespannte Momente. Wir waren schon vor dem Projekt sehr vertraut miteinander. Hatten die Corona-Lockdowns zusammen in einer 45-Quadratmeter-Wohnung überstanden und waren sicher, dass uns dieses Deutschlandprojekt auch nicht aus der Ruhe bringen könnte, selbst wenn wir so lange aufeinanderhocken. Dennoch führen sowohl der oft unvorhersehbare Tagesablauf als auch schlicht der regelmäßige Hunger dazu, dass wir immer mal wieder ein wenig aneinandergeraten. Abhilfe ist da gar nicht so leicht zu schaffen, denn in hiesigen Gefilden legen Restaurants erfahrungsgemäß Wert auf eine ausgiebige Siesta. Zwischen 14 und 17 Uhr geschlossen zu haben sei ihnen gegönnt. Das Problem ist nur, dass Sven und ich oftmals genau in dieser Zeit hungrig an die Türen klopfen müssen – ich, weil ich 42 Kilometer in den Beinen habe, und Sven, weil er als »Nichtfrühstücksmensch« bislang kaum etwas gegessen hat. Das führt manchmal zu leichten Störungen der Vibes zwischen uns beiden, auch wenn wir wissen, dass der jeweils andere nichts dafür kann. Wir kennen uns: Es ist besser, in diesen Phasen gar nicht miteinander zu sprechen, denn wenn wir es doch tun, steigt der andere mit absoluter Sicherheit auf das Genörgel ein, und wir schaukeln uns gegenseitig hoch. Wenn dann endlich die dampfenden Teller vor uns stehen, sind wir Raubtiere wieder gebändigt.

Fahren wir dann ins Hotel zurück, ist auch noch nicht Feierabend – nun geht das Aufbereiten der Social-Media-Inhalte los, und wenn, wie so häufig, die Internetversorgung hakt, führt das zu weiteren Gereiztheiten. Nach alledem will ich oft nur noch auf dem Bett liegen und apathisch vor mich hin starren. Ich schaffe es nicht einmal, Nachrichten zu gucken. Diese News-Diät genieße ich allerdings, muss ich gestehen. Es tut einfach wahnsinnig gut, die schlechten und oftmals frustrierenden Neuigkeiten ausblenden zu können.

So kann ich mich weitestgehend auf etwas Großartiges konzentrieren: Ich bewege mich bereits auf den 60. Marathon zu und bin jeden Tag wieder froh darüber, dass ich damals, nach dem Besuch im Biergarten, nicht gezögert habe. Dass ich nicht all das als fixe Idee abgetan und es zu den Akten gelegt habe. Ich bin nun quasi gegenüber von Frankfurt (Oder) auf der anderen Seite Deutschlands, und gäbe es dieses Projekt nicht, dann wäre ich wahrscheinlich niemals hierhergekommen. Nichts an diesem Abenteuer war einfach, ich wurde ein ums andere Mal von Krisen ereilt, und das wird wieder passieren. Aber ich weiß in jedem Moment, in dem ich hier auf der sonnigen Asphaltstraße, auf den Feldwegen oder Singletrails einen Fuß vor den anderen setze: Es ist genau das Richtige, was ich hier tue. Ich klopfe mir mal selbst auf die Schulter und bedanke mich bei mir selbst dafür, dass ich dies tatsächlich tue. Ich bin so mit mir im Reinen wie schon lange nicht mehr, und das ist viel wert. Vielleicht kann ich auch dies den Menschen vermitteln, die mir auf diesem Lauf folgen: Seid gut zu euch selbst. Viel zu selten erkennen wir an, was wir an uns haben. Gratulieren wir uns einmal, wenn wir etwas wirklich gut gemacht haben. Zollen wir uns selbst Anerkennung dafür, wenn wir uns einen Moment des Glücks verschaffen. Das macht das Leben definitiv lebenswerter.

Halbzeit
Etappe 60

Dienstag, 11. Juli: Von Keppeshausen nach Welchenhausen

Nach dem heutigen Lauf wird Halbzeit sein, und mein Kopf ist irgendwie völlig leer. Bin ich stolz? Erleichtert? Etwas schockiert darüber, dass ich schon die erste Hälfte geschafft habe – und ebenso schockiert darüber, dass es eben *nur* die erste Hälfte war? All diese Gedanken beherrschen mich gleichzeitig, und irgendwie kann ich mich an keinem von ihnen so richtig festhalten. Ich fühle mich eher taub, so als sollte ich mich mal kneifen, um wieder aufzuwachen. Ja, dieser kleine Ort Welchenhausen, am Grenzfluss Our zwischen Luxemburg und Deutschland, wird für mich eine ganz besondere Bedeutung haben: 60 Marathons geschafft, Haken dran.

Aber wie soll ich mich auf das, was danach kommt, einstellen: Den inneren Zähler auf null setzen und das Ganze noch mal laufen? Nun, die kommenden 60 Marathons werden definitiv anders werden, allein schon, weil ich nahezu alle ernst zu nehmenden Steigungen hinter mir gelassen habe. Wie verrückt, dass ich bereits über 2500 Kilometer entlang der deutschen Grenze absolviert habe und mich inzwischen in der Eifel befinde. Ich kann es eigentlich nicht fassen und schon gar nicht verarbeiten. Und das ist wohl auch besser so. Denn das ist die beste Möglichkeit, damit umzugehen: nicht darauf herumdenken, sondern einfach weitermachen. Wie jede andere ist die 60 nur eine Zahl, und morgen oder übermorgen ist sie schon wieder unwichtig.

Also nicht aus der Ruhe bringen lassen und schon gar nicht aus der Routine. Das heutige Streckenprofil gleicht einer EKG-Kurve, es geht in regelmäßigen Abständen auf und ab. Und das passt irgendwie, denn es wird ein Tag, an dem ich mich viel mit Angelegenheiten beschäftige, die das Herz betreffen, vor allem in emotionaler Hinsicht.

Die etwa 30-jährige Maren, die mich heute mit ihrem Vater auf dem ersten Viertel der Etappe begleitet, ist eine immens liebenswerte und zugleich beeindruckende Frau: Sie berichtet davon, dass sie mit Mitte 20 an Leukämie erkrankt war und die Krankheit überwunden hat. Es war ein heftiger Kampf für sie und ihre Familie, und das verschafft mir Gänsehaut. Ich bewundere sie für die Kraft, die sie dafür zweifellos aufgebracht hat, und bin sehr beeindruckt von ihrem Lebenswillen. Eine unglaublich toughe junge Frau. Zugleich muss ich an meinen Bruder denken, und die Trauer überkommt mich wie eine Schockwelle. Mir wird bewusst, dass ich Roys Tod noch gar nicht richtig verarbeiten konnte und dass die tägliche Aufregung, die ich hier habe, so wohl sie mir tut, doch zugleich trügerisch ist. Mein Bruder ist kürzlich bestattet worden. Ich war nicht dabei und wage es irgendwie nicht, meine Mutter anzurufen und darüber zu sprechen. Wenn ich ehrlich zu mir selbst bin, habe ich Angst davor, in ein Loch zu fallen. Dieses Projekt bewahrt mich davor, aber es hindert mich auch daran, eine Phase der Trauerbewältigung zu durchleben. Möglicherweise bricht das alles irgendwann geballt aus mir heraus. So bin ich doch froh, dass mir die Struktur der Deutschlandumrundung, die zwar jeden Tag anders ist, aber zugleich festen Abläufen folgt, ausreichend Halt gibt.

Meine Rolle

Es ist der Tag der ganz verschiedenartigen Gedanken heute. Die Entwicklung meiner Accounts in den sozialen Medien beschäftigt mich ebenfalls. Meine Followerschaft, insbesondere auf TikTok, wächst täglich und hat längst Ausmaße erreicht, die ich nie für möglich gehalten hätte. Wegen meiner wachsenden Bekanntheit lerne ich schon seit einiger Zeit beide Seiten der Medaille kennen. Es fühlt sich wundersam an, aber mein Projekt ist mit seinen täglichen Updates für viele Zuschauer zu einem Reality-TV-Format geworden, das sie sich gemütlich jeden Abend im Kreise ihrer Familie reinziehen. Das hat scheinbar dazu geführt, dass eine ganze Menge Leute meine Kanäle einschalten, denen es gar nicht um den Sport geht, sondern vielleicht noch um das Landschaftserlebnis, aber vor allem darum, einfach ihren »Star« Joyce für ein Stück ihres Lebens begleiten zu können.

Diese Rolle einzunehmen fällt mir ja auch gegenüber den mitlaufenden Begleitern auf den Etappen nicht ganz leicht. Denn ich sehe mich nicht als etwas, das man mit »Star« betiteln würde, sondern als eine, die auf eine verrückte Idee kam und diese nun über einen langen Zeitraum hinweg ausgiebig durchzieht. Manche Teilnehmer trauen sich jedoch vor Aufregung kaum, mit mir zu sprechen, andere bitten mich um Autogramme auf ihren Caps.

Der breiten Masse auf TikTok und Instagram geht es derweil immer weniger um den sportlichen Aspekt des Grenzlaufs oder um die Leistungen, die meine Mitläufer und ich täglich vollbringen. Einigen scheint nun wichtiger zu sein, es öffentlich zu bemängeln, wenn ich etwas Falsches sage, etwas vermeintlich Ungehöriges tue oder mich auch nur verspreche. Darüber kann ich mich nicht beklagen, denn ich habe das selbst betrieben und bin es deswegen mir und den anderen schuldig, den Erwartungen gerecht zu werden. Und mir ist klar, dass eine Kamera – und sei es nur eine wacklige Handylinse – dazu in der Lage ist, jemanden auf wirkungsvolle Weise zu erhöhen.

Was dabei nicht ausbleibt, sind die Hater. Sie kommen von ganz alleine, wenn man auf Social Media eine gewisse Aufmerksamkeit erregt, und es wäre naiv gewesen zu glauben, dass das bei mir anders werden würde. Wirklich alles, was ich sage, wird von ihnen auf die Goldwaage gelegt, und des Öfteren fühlt sich jemand beleidigt. Ich schätze Humor, klopfe manchmal blöde Sprüche und erlaube mir einen Scherz. Im Privaten ebenso wie vor der Kamera. Über Humor lässt sich bekanntlich streiten, und die Gags von Joyce Hübner muss nicht jeder mögen. Doch die heftigen negativen Emotionen, die ich dadurch in manchen Menschen auslöse, schocken mich immer wieder. Manchmal erwische ich mich bei dem Gedanken, lieber mit Social Media aufzuhören, schließlich möchte ich nicht ständig gesagt bekommen, was ich alles falsch mache. Dann lese ich aber die vielen, vielen Kommentare von Menschen, die mich inspirieren, und weiß wieder, wofür ich das tue.

Dass ich seit Kilometer 11 alleine laufen kann, kommt mir heute ganz gelegen. Ich habe Zeit, in aller Stille die Landschaft zu genießen, und kann mich auch endlich all diesen Überlegungen widmen. Am Ende des Tages besinne ich mich darauf, dass ich vor allem einen gigantischen Meilenstein erreicht habe und zugleich noch so viel vor mir habe. Die Grenze und ich, wir sind auf ganz eigene Weise miteinander verbunden, und sie weist mir den Weg über die nächsten 2500 Kilometer nach Hause. Dort werde ich definitiv als ein ganz anderer Mensch ankommen als die Joyce Hübner, die am 1. Mai in Frankfurt (Oder) gestartet ist.

Zum Glück dauert es noch lange, bis wir uns dort treffen.

Ein glücklicher Praktikant
Etappe 61

Mittwoch, 12. Juli: Von Welchenhausen nach Roth

Der letzte Tag in Rheinland-Pfalz. Landschaftlich ist die Eifel wirklich schön, und man kann immer sehr weit schauen. Die Grenze läuft über lange Strecken immer direkt auf einem Hügelkamm. Aber ich verstehe diesen Dialekt einfach überhaupt nicht. Selbst wenn die Menschen sich doll anstrengen, muss ich mich extrem konzentrieren, um irgendetwas zu verstehen.

Heute wartet wieder eine tolle Gruppe geduldig am Start auf uns. Sven und ich sind mal wieder 20 Minuten zu spät. Wir können es zwar zum Teil auf das Navi schieben, doch unangenehm ist es uns dennoch. Einige der Angereisten haben einen weiten Weg hinter sich und sind bereits um 3 Uhr in der Nacht aufgestanden.

Ich bemerke mit gemischten Gefühlen, dass auch heute wieder Menschen dabei sind, die den Lauf für den eigenen Fame oder zumindest als Werbeplattform nutzen. Das ist aus ihrer Sicht legitim, aber so ganz behagt es mir nicht, denn die Intention hinter meinen Videos ist es, etwas vom jeweiligen Flecken Deutschlands zu zeigen und von der jeweiligen Etappe des Projekts zu berichten. Ein Stück weit entgleitet mir das manchmal, und ich ertappe mich dabei, dass mir das nicht gefällt. Es geht nicht um einen Egotrip, aber das hier ist mein Projekt und nicht Background für die Inszenierung anderer Dinge. Wieder einmal überdenke ich die Sinnhaftigkeit des Drei-Fakten-Checks, der ursprünglich dazu gedacht war, den eigenen Namen, den Grund fürs Mitlaufen und vielleicht noch das Lieblingsessen in die Kamera zu rufen – wie lange kann und soll ich das Format fortführen, wenn es von immer mehr Menschen dazu genutzt wird, Dinge zu bewerben oder in die Welt hinauszuposaunen, die mit der Deutschlandumrundung so gar nichts zu tun haben? Wenn es sich in diese Richtung weiterentwickelt, muss ich irgendwann die Reißleine ziehen.

Thomas, seines Zeichens Botschafter des Köln-Marathons, verfranzt sich heute nach seinem Ausstieg aus der Etappe so stark, dass er sogar nach Belgien gerät und dort abgeholt werden muss. Das tut mir leid, aber er nimmt es mit Humor. Und Lachen steht heute sowieso häufig auf dem Programm:

Nicole, selbst Influencerin und erfahrene Marathonläuferin, dreht ebenfalls während des Laufens Videos. So sieht das also aus, wenn man auf der anderen Seite der Kamera beim Dreh zuschaut! Nicole ist eine Kölner Frohnatur, und wir amüsieren uns mit unseren Aufnahmemanövern gegenseitig. Schließlich überreicht sie dem Praktikanten noch einen original FC-Köln-Aufkleber. Er macht eine riesige Show daraus, den Kotflügel zu reinigen und den Sticker würdevoll dort aufzubringen. Es macht ihn sehr glücklich.

Der dunkle Wall
Etappe 62

Donnerstag, 13. Juli: Von Roth nach Kalterherberg

Es steht ein weiterer Grenzübertritt an – an einer immens befahrenen Bundesstraße erwartet uns das Schild: »Willkommen in Nordrhein-Westfalen«. Acht Jahre habe ich in diesem Bundesland gewohnt, und es ist ein Stück Heimat. Ich bekomme Gänsehaut. Nicht ganz unschuldig daran sind wohl auch die ziemlich kalten neun Grad, die uns der Morgen beschert.

Eine der Begleiterinnen beeindruckt mich heute besonders: Chiara ist erst 15 Jahre alt, aber bereits eine passionierte Läuferin mit so viel Motivation, dass sie der nicht minder sportliche Papa immer wieder bremsen muss. Sie ist heute »nur« für einen Halbmarathon dabei, aber ich habe keine Zweifel daran, dass sie auch die Gesamtdistanz schaffen würde. Als große Ziele schweben ihr eine offizielle Laufveranstaltung, ein Marathon oder gar ein 6-Stunden-Lauf vor. Sie darf allerdings noch nicht an Marathons teilnehmen, weil sie noch zu jung ist. Ich wünsche ihr in jedem Fall, dass sie sich ihre Leidenschaft bewahrt und noch viele sportliche Ziele verwirklichen kann.

Abermals führt der Grenzweg an historische Stätten, die von der dunklen jüngeren Geschichte unseres Landes zeugen: Die kleinen überwachsenen Betonpfeiler am Wegesrand sind kein Kunstprojekt, sondern Teil des »Westwalls«, der Verteidigungslinie des Deutschen Reichs im Zweiten Weltkrieg. Zahlreiche Bunker und Panzersperren verteilten sich auf einer Länge von über 600 Kilometern. Bis heute ist einiges davon geblieben. Mittlerweile sind die Relikte jedoch von Moosen und Sträuchern überwachsen und erinnern daran, dass sogar solche Schreckenszeiten irgendwann überwunden werden können. Inzwischen dienen die Überbleibsel seltenen Tierarten als Biotop und Rückzugsraum und sind Teil eines groß angelegten Naturschutzprojekts.

Grenzenlos
Etappen 63 bis 67

Samstag, 15. Juli, bis Donnerstag, 20. Juli: Von Kalterherberg nach Niedersdorf

Ich kann es kaum glauben – der bisherige Teilnehmerrekord wird überboten, und das gleich an zwei Tagen hintereinander. Erst auf 27 und dann auf 55! Es fühlt sich heute tatsächlich wie ein Volkslauf an. Der Drei-Fakten-Check dauert ewig, und ich kann unmöglich mit allen Menschen ausführlicher sprechen, auch wenn sie alle interessante Geschichten zu erzählen haben. Die Stimmung ist bestens, dem Wetter zum Trotz, das zum ersten Mal seit Langem wieder richtige Regengüsse für uns bereithält.

In einem riesigen Kreis versammeln wir uns um das Dreiländereck, das früher ein Vierländereck war. An diesem Stein treffen aufeinander: Deutschland, Belgien, die Niederlande ... und das ehemalige Neutral-Moresnet. Das Gebiet war ursprünglich Pufferzone zwischen den Niederlanden und Preußen und bis 1919 neutral verwaltetes Gebiet. Seit 1945 steht es unter Belgiens Hoheitsgewalt.

Noch feuchtere Augen können Geografen eigentlich nur an dem offiziell westlichsten Punkt Deutschlands bekommen. In dem kleinen Ort Selfkant weist eine Inschrift auf den »Grenzstein 309 B« hin, der eben jenen äußersten Punkt markiert. Über eine 200 Meter lange Holzbrücke geht es zu einer künstlerischen Installation, einer Art Wand in der Natur. »WEST« steht in großen Lettern darauf, damit solche Leute wie ich, die manchmal die Orientierung verlieren, wissen, wo sie sich befinden. Ach ja, dazu passt auch der Name der Unterkunft, die uns heute erwarten wird: Pension Grenzenlos.

Mit zeitweiser Polizeieskorte bewegt sich die große Gruppe weiter in Richtung Norden, und ich staune manchmal einfach nur still vor mich hin. Hätten Sven und ich das noch vor einem Jahr geahnt, als wir erstmals an diesem Vorhaben herumsponnen?

Es ist, man verzeihe mir die simple Ausdrucksweise, einfach nur geil. Und ich muss gleich noch etwas anfügen: *Eigentlich* ist es das.

Es mag ungerecht sein, dass ich mich an diesem Morgen, an dem erneut so unfassbar viele Menschen auf beiden Seiten der Straße Spalier stehen und auf mich warten, nicht wirklich darüber freuen kann. So ungern ich es zugebe, ich spüre gerade etwas ganz deutlich: Ich bin regelrecht überfordert.

Da braut sich etwas in mir zusammen, das mir gar nicht gefällt. Ich kenne mich gut genug, um zu wissen, wann eine Krise am Horizont aufzieht. So ganz kann ich sie noch nicht fassen, hoffe, dass sie vorübergeht. Aber eigentlich weiß ich, dass ich mich gerade in etwas Fatales hineinmanövriere.

Was ist hier eigentlich los?

Ein typischer Tagesablauf auf der Deutschlandumrundung

5:30	Wecker
5:45	Aufstehen nach 1,5-mal Schlummerfunktion
5:55	Frühstücken inklusive Beinmassage
6:10	Haare flechten bei gleichzeitiger Nutzung des Faszienballs (Multitasking)
6:15	Ein bisschen schminken, je nach Laune
6:20	Tasche packen
6:40	Auschecken und Auto beladen
6:50	Zum Start fahren
7:06	Ankunft am Start, Mitläufer begrüßen, Laufschuhe anziehen und Fotos machen
7:14	Start des Marathons
	Laufen, essen, reden, ab und zu jammern

13:20 Zieleinlauf
13:25 Gratulationen, erneut Fotos machen, widerwillig ein nicht sehr schmackhaftes Recovery-Getränk exen und Restaurant (Öffnungszeiten) oder Hotel raussuchen
13:40 Fahrt zum Restaurant, falls geöffnet
13:55 Ankunft Restaurant, bestellen, essen, Fotos vom Tag sortieren, E-Mails und Termine der nächsten Tage besprechen, Einkaufsplan für den Nachmittag machen
14:30 Einchecken ins Hotel
14:45 Duschen, eincremen und etwas Beauty-Behandlung
15:05 Einfach mal für zehn Minuten aus dem Fenster schauen
15:15 Gemeinsam die Onlinestatistiken pflegen und Mails beantworten
16:20 Fotos auswählen und Instagram-Post vorbereiten
16:45 Storys bei Instagram hochladen, Nachrichten beantworten und nebenbei Regeneration mit speziellen Massagestrümpfen, elektrisch verkabelten »Hosenbeinen«, die mit Kompression die Muskeln entspannen.
18:20 Outfit und Frühstück für Folgetag aus dem Auto holen
18:30 Reel für Instagram vorbereiten
18:45 Persönliche Notizen der letzten drei Marathons anfertigen
19:20 Pause. Zeit, um ein bisschen Instagram zu konsumieren
19:35 Noch schnell einkaufen
20:15 Essen im Hotelzimmer
20:40 Video schneiden und bei TikTok hochladen (hänge bereits ein paar Tage hinterher)
21:45 Bilder und Videos in die Cloud (Speicherplatz wird knapp)
22:10 Route für morgen auf die Uhr laden
22:15 Nachrichten bei Insta beantworten
22:30 Zähne putzen
22:35 Wecker stellen
Und dann: schlafen …
(Morgen ist auch noch ein Tag.)

Leere Batterien
Etappe 68

Freitag, 21. Juli:
Von Niedersdorf nach Siebengewald

Das sieht niemand: Gestern Nachmittag saß ich einfach nur auf der Terrasse des Hotels und heulte.

Der Marathon an sich geht inzwischen völlig unter. Die Menschen kennen mich aus den Videos als ein immer gut gelauntes Stehaufmännchen mit unerschöpflichen Energievorräten.

Die sind jetzt verbraucht. Ich bin mental so weit unten wie noch kein Mal zuvor während dieses Projekts. Das ist das ultimative Tief.

Die Kombination aus einer schier nicht mehr händelbaren Teilnehmerzahl, den endlosen Drei-Fakten-Checks, den immer wiederkehrenden gleichen Fragen an mich (Warum machst du das? Wie bist du auf die Idee zu diesem Projekt gekommen? Was isst du? Und wie kann man das eigentlich aushalten, so viel zu laufen?) und der extrem zeitraubenden Arbeit an den Videos, die allabendlich ansteht – all das hat meine Batterien geleert, und ich sehe mich gerade nicht mehr in der Lage dazu, sie aufzufüllen. Je mehr Menschen mir tagtäglich auf die Strecke folgen, auf desto mehr Persönlichkeiten und Bedürfnisse muss ich Rücksicht nehmen. Es gibt sehr viele Menschen, die respektieren, dass ich meinen eigenen Rhythmus einhalten muss, dass Sven keine Verpflegungsstation für 40 Teilnehmer sein kann und dass die Routenauswahl der Logik des großen Ganzen folgen muss. Aber immer häufiger sind Menschen dabei, die nicht einmal zu wissen scheinen, was hier eigentlich passiert. Sie sehen dies als Möglichkeit, sich selbst zu profilieren, und verlieren alles andere dadurch aus dem Blick. Das klingt vielleicht undankbar, und ich kann es niemandem verübeln, der denken mag, dass ich mich nicht so anstellen solle. Aber ich bin weder der perfekte Mensch noch einer, der es seit Jahren gewohnt ist, im Rampenlicht zu stehen. Man erwartet absolute Professionalität von mir, aber ich kann sie nicht immer geben. Dies ist keine Show und keine Bühne für andere Menschen – dies ist mein ganz eigenes Projekt. Das soll es zumindest sein. Ist es das überhaupt noch?

Der Moment, vor dem ich mich schon seit längerer Zeit gefürchtet hatte, ist gekommen: So geht es nicht weiter. Entweder ändere ich etwas an dem Tagesablauf der kommenden Etappen, oder es wird keine kommenden Etappen geben.

Ich nehme mir vor, heute Morgen eine kleine Ansprache zu halten. Ich weiß, ich werde manche damit vor den Kopf stoßen, aber es geht mir darum, dass ich das Projekt retten muss. Der Gedanke, dass ich heute ein Stück weit die Kontrolle zurückerlangen werde, gibt mir ein wenig innere Festigung.

Als ich dann jedoch wie jeden Morgen die Reihe der Wartenden abschreite, um sie mit einem motivierenden Faustgruß willkommen zu heißen, stehe ich plötzlich einem Menschen gegenüber, mit dem ich nie und nimmer gerechnet hätte: meiner Mutter.

Sie hat sich heimlich auf den weiten Weg gemacht, um mich heute am Start zu überraschen. Das bringt mich erneut völlig aus der Fassung, und wir liegen uns erst mal lange in den Armen. Die letzten Wochen und Monate waren sehr schwer für uns, und wir haben es uns gegenseitig nicht immer leicht gemacht. Aber heute bin ich einfach nur froh, dass sie da ist.

Sven erinnert mich daran, dass es noch etwas zu tun gibt – einen Marathon laufen, ja. Und vorher den 50 oder 60 Menschen, die sich zu einem gemeinsamen Foto zusammengefunden haben, noch die geplante Ankündigung machen: Ich schaffe es einfach nicht mehr, den Drei-Fakten-Check so durchzuführen, wie wir es bislang getan haben. Inzwischen sammle ich jeden Tag zwischen 30 und 45 Minuten an Videomaterial. Das alles zu sichten, zu schneiden, aufzubereiten und hochzuladen dauert mehrere Stunden. Kostbare Zeit, die von meiner bitter benötigten Regeneration abgeht. Ich weiß, dass es viele Menschen gibt, die sich bereits darauf gefreut haben, die vielleicht nervös waren und sich lange überlegt haben, genau das Richtige in die Kamera zu sprechen. Aber es ist angesichts der Masse einfach nicht mehr leistbar. Ich muss wieder etwas mehr an mich selbst denken und darauf achten, dass es mir gut geht.

Meinem Eindruck nach nehmen die Teilnehmer das mit Verständnis auf, und wir können in den Tag starten.

Meine Mutter radelt auch für ein paar Kilometer mit, was ein wohltuendes Gefühl ist. Sie erzählt noch die Geschichte, wie sie mir während meiner Zeit in Düsseldorf ein Paar Turnschuhe kaufte und mich anspornte: »Mach doch mal ein bisschen Sport.« Wir beschlossen dann, dass ich mich im Fitnessstudio anmelden würde. »Kaum zu glauben«, grinst sie, »dass Joyce heute nicht mehr zu bremsen ist.«

So bewegt sich der Tag zwischen emotionalen Tiefs und Hochs, und wie auf jeder Etappe dünnt sich das Feld mit zunehmender Distanz immer mehr aus. Am Ende sind wir nur noch acht Leute, und es fühlt sich fast wieder an wie früher, während der ersten Etappen, als alles noch schlicht und einfach war.

Der Ein-Fakten-Check
Etappe 69

Samstag, 22. Juli: Von Siebengewald nach Leuth

Der Praktikant hat morgen Geburtstag, und Freunde von uns, Lino und Luisa, sowie Svens Sohn Moritz haben sich angekündigt. Sie stoßen bei Kilometer 15 zu uns, und natürlich werden sie von mir überredet, ein Stück mitzulaufen.

Das restliche Teilnehmerfeld ist ebenfalls von überschaubarer Größe. Der neue Ein-Fakten-Check bedeutet, dass jeder einfach seinen Namen in die Kamera brüllt. Das funktioniert wunderbar und dürfte ein sinnvolles Format sein.

Es gibt einige Wiederholungstäter. Volker bringt heute seinen Vater mit, der acht Kilometer mitläuft. Mit 77 Jahren! Hut ab vor dieser Leistung des bislang ältesten Mitläufers. Ich freue mich immer total darüber, Menschen an der Strecke zu sehen, die schon einmal oder mehrmals dabei waren. Es verbinden einen bereits gemeinsame Erfahrungen, und dass sie erneut antreten, spricht dafür, dass es ihnen offenbar bislang Spaß gemacht hat.

Ich gewinne Kilometer für Kilometer, die wir uns durch die unspektakuläre Etappe zwischen Feldern und Wäldern bewegen, etwas Zuversicht zurück. Ist die Krise bereits überstanden?

Als Fußballer will Lino die letzten Kilometer sprinten, und das lass ich mir nicht zweimal sagen. Vom letzten Verpflegungspunkt sind es etwa fünf Kilometer bis ins Ziel und mit jeder Kilometermarke ziehe ich das Tempo ein wenig an. Als wir 4:30 Kilometer pro Minute erreichen, verliert Lino die Lust (und vielleicht auch ein bisschen die Puste), aber ich ziehe den Rest auch noch im Eiltempo durch und komme weit vor den anderen ins Ziel.

Die Distanz
Etappe 70

Sonntag, 23. Juli: Von Leuth nach Borgees

Tag 70. Ein Jubiläum. Svens Geburtstag. Und mental wohl der schlimmste Marathon bislang.

Es ist bewölkt. Es regnet. Und am Start warten unfassbar viele Leute.

Meine tägliche Ankündigung, dass der Drei-Fakten-Check ausfällt, wird hingenommen. Dann geht es auf einen Deich, auf dem uns Wind und Regen einfach nur dauerhaft ins Gesicht peitschen. Das ist unangenehm, und die Menschen, die mich heute begleiten, stellen mal wieder die Standardfragen. Ein paar weitere Beispiele: Wie motivierst du dich? Wie hat dich der bisherige Lauf körperlich verändert? Und eine meiner Lieblingsfragen, die überraschend häufig kommt: Flicht Sven dir die Zöpfe, oder machst du das selbst? Und der Dauerbrenner: Wie bist du auf die Idee gekommen?

Bei den Antworten bin ich heute leider ziemlich dünnhäutig. Es gestalten sich nicht alle Gespräche harmonisch. Aber wenn ich wieder einmal diskutieren muss, warum wir diesen oder jenen Mitläufer nicht vom Start abholen können oder warum ich nicht die Route umplane, um den Präferenzen des einen oder anderen Läufers entgegenzukommen, verliere ich meine Geduld.

Beim Verpflegungspunkt Kilometer 20 warten schon wieder so viele Menschen auf mich – auch die, die ständig damit beschäftigt sind, mich zu überholen, sei es um irgendein Zeichen zu setzen oder um sich überlegen zu fühlen. Ach Leute, bei aller Liebe, es ist *mein* Projekt, und es muss nicht sein, dass ihr mein Tempo nicht einhalten könnt und ich deswegen bei meinem eigenen Lauf auf Platz 35 ins Ziel einlaufe. Als mich dann noch jemand vor die Kamera zerren will, um ein Foto zu machen, noch bevor ich überhaupt den ersten Schluck trinken konnte, wird mir alles zu viel. Mir ist bewusst, ich bin so etwas wie eine öffentliche Person. Aber es strengt mich gerade richtig an, das alles mitzumachen.

Die unguten Gedanken kann ich heute wieder mal nicht aus meinem Kopf vertreiben: Was für ein deprimierender Tag! Mein Freund hat Geburtstag, sein Sohn ist da, unsere Freunde sind da, und wir verbringen unseren Tag hier mit einem zähen Lauf im strömenden Regen. Es fühlt sich gerade alles absolut sinnlos an. Ich hatte gedacht, ich hätte meine Krise wieder im Griff, aber das stimmt nicht. Es sind keinerlei Reserven übrig für Empathie oder Emotionen gegenüber anderen Menschen.

So hocke ich dort zwischen all den Menschen und breche erneut in Tränen aus.

Es ist traurig: Genau das, was ich früher so toll fand, dass mich Leute begleiten und ich ihre Lebensgeschichte erfahre, kann ich nun nicht mehr ertragen. Die Distanz zu den Leuten, online wie live vor Ort, ist verloren gegangen, und das fällt mir sehr schwer. Mein Nervenkostüm ist nach 70 Marathons fragil geworden, und ich kann nicht mehr so gut mit übergriffigen Kommentaren oder auch nur Beiträgen von Schlaumeiern umgehen, wie ich es gerne würde. Nehme ich die Sprüche, die Aufforderungen, die immer nachdrücklicher vorgetragenen Wünsche und Erwartungen an mich zu ernst? Sollte ich darauf stets souverän reagieren? Vielleicht. Aber ich habe gar nicht mehr die Kraft, darüber nachzudenken. Man darf nicht vergessen, dass das alles hier körperlich und mental äußerst anstrengend ist.

Das Tief im Westen ist zurück.

Erdbeerwasser
Etappe 71

Montag, 24. Juli:
Von Borgees nach Suderwick

Es war ein krasser Tag gestern, der beim Essen mit unseren Freunden wenigstens versöhnlich endete. Erst recht für Sven, der seinen Geburtstag ausgiebig und mit umfassender Flüssigkeitszufuhr feiern konnte, während ich schon im Bett war. Sehr spät tastete er sich dann ziemlich vollgetankt ins Zimmer vor und wachte heute dementsprechend geschädigt auf.

Die Begleiter am Start haben meinen Post auf Instagram gelesen und sind heute etwas verhaltener. Wahrscheinlich wissen sie nicht so recht, was sie an diesem Tag von mir erwarten können, und ich weiß es selbst auch nicht. Aber es geht darum, wieder in die Freude des gemeinsamen Laufens zurückzufinden, und dafür bieten sich heute gute Ausgangsbedingungen: Die Gruppe ist nicht allzu groß, und wir reden auf dieser Etappe weniger als sonst. So laufe ich mich langsam, aber sicher wieder in bessere geistige Konstitution hinein.

Die erste Pause sorgt für allgemeine Erheiterung – eben hatte ich mich noch über die häufig aufkommende Frage beklagt, was wir denn den Mitläufern so alles an Verpflegung anbieten würden. Nun ja, jeder sollte selbst seinen Proviant dabeihaben, mit wirklichen Highlights aus Svens Kofferraum darf bitte niemand rechnen. Doch heute werden meine Worte sogleich Lügen gestraft – denn Sven und Moritz haben im Supermarkt statt Mineralwasser versehentlich einen Sechserträger Erdbeerwasser gekauft. Das künstlich-süße Gebräu ist überhaupt nichts für mich, aber so können wir doch noch mit einem besonderen Catering-Gag für die Teilnehmer aufwarten. Ihr habt es euch verdient.

Zielsprinter
Etappen 72 bis 75

Dienstag, 25. Juli, bis Samstag, 29. Juli: Von Suderwick nach Wielen

Es geht unweigerlich in Richtung Nordpol, aber ich werde vorher noch rechts abbiegen. Inzwischen sind wir schon auf der Höhe von Den Haag bzw. Münster. Und ich kann vermelden, dass es mir von Tag zu Tag immer besser geht. Ich wusste, die Krisen können so heftig zuschlagen, dass man kaum für möglich hält, sie in den Griff zu bekommen. Mit einem simplen Mittel gelingt es mir aber – ich verwende weniger Zeit für die Arbeit an den Videos. So hinke ich zwar mit dem Posten noch deutlicher hinterher als zuvor, aber schon zwei, drei entspannte Abende, an denen ich nicht mit zusammengekniffenen Augen und Kopfschmerzen auf dem Bildschirm Bilder hin- und herschiebe, erholen mich deutlich.

Was ich ebenfalls durchziehe: Ich bitte die Begleiter, darauf Rücksicht zu nehmen, dass ich als Erste durchs Ziel laufen will. Das klingt vielleicht kindisch, aber es ist mir wichtig. Ich hätte vorher nie erwartet, dass es Menschen gibt, denen es ein Anliegen ist, mich noch auf den letzten Metern zu überholen oder mit einem spontanen Sprint abzuhängen. Auch wenn ich es extra vorher ankündige, klappt es nicht immer. Ich muss dann absurderweise wie die Mutti einer Rasselbande die ganze Gruppe stoppen und die Unverbesserlichen nach hinten schicken. Was diesen natürlich nicht sonderlich gefällt. Dass so etwas nötig ist, ist bedauerlich, und es behagt mir gar nicht. Die anderen Mitläufer zeigen aber großes Verständnis und unterstützen mich dabei.

Und es führt dazu, dass ich meine Power Stück für Stück zurückerlange. Ich spüre, dass ich mich wieder auf das Essenzielle dieses

Projekts einlassen kann: mich in meinem eigenen Rhythmus meinem eigenen Plan zu ergeben. Entlang einer inneren und äußeren Grenzlinie zu laufen, die mich jeden Morgen vor neue Herausforderungen stellt.

Die Strecken sind inzwischen wieder flacher geworden, es geht durch Weizenfelder und Wiesen, und der Wind kündet schon von der Weite des Meeres, das mich bald erwartet. Auch der einsetzende Dauerregen vermittelt so ein Gefühl des rauen Nordens: Die Tropfen sind groß wie 2-Euro-Stücke, und wir sind alle nach fünf Minuten klitschnass bis auf die Unterhose. Es gießt und schüttet unbarmherzig, aber zugleich so gleichförmig, dass man sich daran gewöhnt. Wenn man dann mit klatschenden Schritten den Blick durch das verwaschene Grau schweifen lässt, hat das seinen ganz eigenen Charme. Man kann sich tatsächlich fast alles schönlaufen.

Gleich mehrere Sportvereine begleiten mich hier, und die kommen mit bester Ausstattung: Sie bringen einen Campingbus mit, der an jedem Verpflegungspunkt ein wahres Catering-Büfett auffährt – und zwar für alle. Richtig cool! Auch die Polizei darf zugreifen, denn die Beamten sind morgens schon am Startpunkt, bevor sich die ersten Läufer einfinden, und einige begleiten uns für einen Teil der Etappe. Den Freunden und Helfern ist es inzwischen ein Anliegen, Sven und mir Aufnäher der jeweiligen Landespolizei zu schenken, die allesamt einen Platz in unserer Sammlung bekommen. Sogar einer aus Hessen ist dabei – das Bundesland liegt zwar nicht an der Grenze, aber die hessischen Ordnungshüter haben uns als Souvenir trotzdem ein Abzeichen geschickt.

Svens Sohn Moritz läuft zum letzten Mal mit, sein fünf Jahre jüngerer Halbbruder Leo und Svens Vater sind ebenfalls mit dabei. Ich freue mich total über so viel Familie. Svens Vater bringt Geschenke mit: meine frisch gewaschenen Laufklamotten. Unsere Freunde Lino und Luisa hatten sich geopfert, den Berg stinkender Wäsche einige Tage zuvor mit nach Hause zu nehmen, zu waschen und dem Praktikanten senior wieder mitzugeben. So komme ich endlich in den Genuss wirklich sauberer Wäsche, denn mit den Waschsalons klappt es mal besser, mal schlechter, und der viel beschworene Läufertrick, mit den Klamotten am Abend in die Dusche zu steigen, um sie wieder sauber zu kriegen, funktioniert in der Praxis nur bedingt.

Das wahre Klischee

Nach Nordrhein-Westfalen heißt uns nun Niedersachsen willkommen. Ich fotografiere immer gerne alle Schilder, die etwas Bedeutsames zu verkünden haben, aber von Niedersachsen gibt es keins. Schade. Dafür ist ein Journalist der »Grafschafter Nachrichten« vor Ort. Und der legt sich richtig ins Zeug: Erst kommt er mit dem Auto, dann filmt er mit der Drohne, später mit dem Handy, und irgendwann taucht er plötzlich als Fahrradbegleitung wieder auf. So viel Engagement. Das ist so besonders wie die Gegend selbst: Die Grafschaft Bentheim ist ein geschichtsträchtiger Landkreis, der einst Handelsweg der Hanse mit den Niederlanden war. Aus noch grauerer Vorzeit stammen zahlreiche uralte Hügelgräber, und auch die Grenzsteine sehen aus, als hätte sie Obelix dorthin geschleppt.

Je weiter es auf der Karte nach oben geht, desto häufiger muss ich mal ein Klischee bemühen: Die norddeutschen Gemüter, die mich seit einiger Zeit begleiten, tun mir gerade wahnsinnig gut. Sie sind ein bisschen ruhiger, zurückhaltender, aber mit einem herrlich trockenen Humor gesegnet. Das harmoniert mit mir gerade hervorragend, und wir funktionieren selbst in größeren Gruppen einfach gut. Ich bleibe dennoch etwas distanzierter als früher, da mir der Schreck der gerade erst überwundenen Krise noch tief in den Gliedern steckt. Ich kann für mich vermelden, dass ich nach 75 Marathons immer noch entspannte 42,2 Kilometer laufen kann. Ein großartiges Gefühl!

Geteiltes Leid
Etappe 76

Sonntag, 30. Juli: Von Wielen nach Neu-Schönebeck

Es ist Sonntag, und die Sonne scheint. Wenn die Woche gut läuft, wird nächsten Samstag vielleicht das Sams bei uns reinschauen.

Heute habe ich aber auch sehr nette Begleitung: Eine ganze Familie mit vier Brüdern ist am Start. Damit ich stets weiß, wer wie heißt und welchen Alters ist, tragen alle ein entsprechendes, akribisch beschriftetes T-Shirt.

Überhaupt stoßen immer mehr junge Teilnehmer hinzu. Viele von ihnen wagen sich zum ersten Mal an eine längere Distanz, und dieses geweckte Interesse am Sport möchte ich besonders fördern. Was gibt es Besseres, als wenn der TikTok-Konsum sie dazu animiert, in die Laufschuhe zu schlüpfen? Ich habe zwar das Gefühl, dass ich mich auf der Strecke mehr um sie kümmern müsste. Aber die Jungs und Mädels sind überglücklich, ihre Kilometer zu machen und ab und zu Fotos mit mir schießen zu können.

Auf der einen Seite geht es mir im Kopf besser, dafür murren die Beine inzwischen regelmäßig ab Kilometer 30 – wahrscheinlich wollen sie mal ein paar Tage auf einer Strandliege verbringen. Ich muss die Muskeln leider noch etwas vertrösten, schließlich stehen noch über 40 Etappen an.

Was ich meinem Körper bereits zugemutet habe, lässt sich nicht leugnen. Und die Überwindung der Phase, in der mir die Lust aufs Laufen komplett vergangen ist, ist längst zur täglichen Übung geworden. Ich spreche darüber offener mit meinen Mitläufern als früher. Zuvor wollte ich vermeiden, andere mit meinen Krisen zu belasten oder sie mit schlechter Laune anzustecken. Umgekehrt, das lerne ich hier, gilt aber wirklich: Geteiltes Leid ist halbes Leid. Um uns gegenseitig aufzuheitern, beschließen wir, dass einer von uns beim jeweils nächsten vollen Kilometer einen Funfact, unnützes Wissen oder einfach einen Witz raushauen darf. Das bekommt solch eine Dynamik, dass wir die Frequenz auf 200-Meter-Marken hochsetzen müssen. Teilweise müssen wir so lachen, dass es uns zum Stehenbleiben zwingt. Das geht zulasten der Pace, aber im Ziel sind wir so beschwingt, dass wir eigentlich noch ein paar Kilometer dranhängen könnten.

Toleranz für Schlamm
Etappe 77

Montag, 31. Juli:
Von Neu-Schönebeck nach Rütenbrock

Das Streckenprofil heute: ganze 23 Höhenmeter. Landschaftlicher Glanzpunkt: der Naturpark Bourtanger Moor. Mit seinen Heideflächen, Teichen, geheimnisvoll knorrigen Bäumen und hohen Gräsern vermittelt er ein anmutiges und abwechslungsreiches Lauferlebnis. Kann man sich noch mehr wünschen? Vielleicht, dass es nicht die ganze Nacht geregnet hätte. Und noch immer nicht aufgehört hat. Wenn wir dann die asphaltierten Wege verlassen und quer über die Wiesen müssen, sind wir unweigerlich komplett durchnässt, und da kann die Umgebung noch so ungewöhnlich sein, man igelt sich doch ein bisschen in seinem Selbstmitleid ein und schleppt sich zunehmend missmutig durch den Matsch.

Bei Kilometer 12 oder 13 reißt es etwas auf, und ich wechsle voller Optimismus die Socken und Schuhe. Die Freude über warme, trockene Füße währt aber nur eine weitere Stunde, denn dann senkt sich der Regenvorhang wieder auf uns herab, und es geht direkt durch die Pampa. Je länger ich heute unterwegs bin, desto weniger Toleranz habe ich für Schlamm und knöcheltiefes Wasser.

Aber meine Begleiterin Sarah, die extra aus Frankfurt am Main angereist ist, erdet mich wieder. Nach fünf Stunden Fahrt läuft sie den ganzen Marathon mit mir und erzählt dabei viel und gerne. Das motiviert und lässt uns die widrigen Bedingungen viel leichter ertragen.

In Richtung Nordsee
Etappe 78

Dienstag, 1. August:
Von Rütenbrock nach Wymeer

Ich habe es schon häufiger gesagt, aber nun stimmt es wirklich: Wir sind im Norden angekommen. Das Emsland ist die Zielgerade in Richtung Nordsee.

Viele der Teilnehmer sind heute auf dem Rad bzw. dem E-Bike unterwegs. Wieso eigentlich? Ihr seht alle wahnsinnig fit und sportlich aus, warum lauft ihr nicht? »Wir sind doch hier im Norden«, lautet die auf den ersten Blick wenig einleuchtende Antwort. Dann aber verstehe ich: Mit seinen hervorragend ausgebauten Radwegen und der dünnen Besiedlung ist das hier Radfahrgebiet – es macht so viel Freude, sich in den Sattel zu schwingen, dass man gar nicht auf die Idee kommt, sich auf andere Weise fortzubewegen. Mir ist es recht, auch wenn ich mir insgeheim denke, dass man als 15-Jähriger nicht unbedingt eine Batterie an seinem Mountainbike braucht. Doch sehen wir es positiv: Wenn es dazu führt, dass man als junger Mensch die Freude am Sport für sich entdeckt, ist es genau das Richtige.

Was mich gerade besonders motiviert, ist der morgige Pausentag. Physiotherapie und Erholung stehen auf dem Plan. Es gab in den letzten drei Monaten Pausentage, an denen ich sieben Videos geschnitten habe. Danach war ich fertiger als an einem Tag Kletterei in den Alpen. Nun gehe ich das Betreuen der Social-Media-Kanäle ruhiger an. Die Videos kommen mit Verspätung, aber sie kommen. Und ich besinne mich auf das, was mir bevorsteht: der letzte große Abschnitt der Deutschlandumrundung. Die Küste. Fast schon kann ich die Möwen kreischen hören.

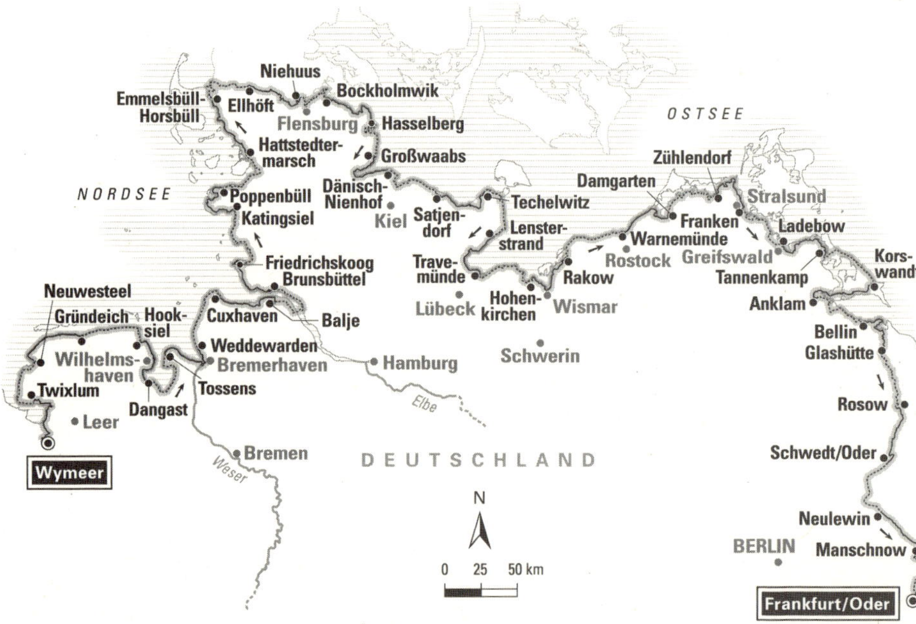

NORDSEE
OSTSEE
Niehuus
Emmelsbüll-Horsbüll
Ellhöft
Bockholmwik
Flensburg
Hasselberg
Hattstedtermarsch
Großwaabs
Dänisch-Nienhof
Kiel
Satjendorf
Techelwitz
Poppenbüll
Katingsiel
Friedrichskoog
Brunsbüttel
Lensterstrand
Travemünde
Lübeck
Hohenkirchen
Wismar
Rakow
Warnemünde
Rostock
Damgarten
Zühlendorf
Franken
Stralsund
Greifswald
Ladebow
Tannenkamp
Korswandt
Anklam
Bellin
Glashütte
Rosow
Schwedt/Oder
Neulewin
Manschnow
BERLIN
Frankfurt/Oder
Neuwesteel
Gründeich
Hooksiel
Wilhelmshaven
Twixlum
Leer
Wymeer
Dangast
Tossens
Cuxhaven
Balje
Weddewarden
Bremerhaven
Hamburg
Schwerin
Elbe
Bremen
Weser
DEUTSCHLAND
N
0 25 50 km

Teil 4

Wie der Norden rockt

Etappen 79 bis 120

Kilometer: 1798
Höhenmeter uphill: 8506
Höhenmeter downhill: 8693
Reine Laufzeit: 206:48 Stunden

Warum so spät?
Etappe 79

Donnerstag, 3. August:
Von Wymeer nach Twixlum

Ich behaupte, ich hätte bereits das Meer gesehen. Jedenfalls ist diese spiegelglatte, in der Sonne glitzernde Fläche links neben mir für meine Verhältnisse schon verdammt viel Wasser.

Andere klären mich darüber auf, dass es sich nur um eine Bucht handelt, den Dollart, der von Süßwasser gespeist wird und ein paar Kilometer weiter in die Nordsee mündet. Einst durch Sturmfluten entstanden, soll der Dollart während seiner jahrhundertealten Geschichte zahlreiche Dörfer verschlungen haben. Und aus meiner »grenzwissenschaftlichen« Sicht interessant ist die Tatsache, dass die Trennlinie zwischen den Niederlanden und Deutschland an der Emsmündung nach wie vor nicht eindeutig festgelegt worden ist. Zwar regeln mehrere Verträge zwischen den beiden Staaten die Nutzung des Gebiets, aber über den genauen Grenzverlauf ist man sich bis heute nicht einig. Paddelt man ein paar Kilometer aufs Wasser hinaus, kann man sogar noch einen alten, verwitterten Grenzpfahl besuchen, der seine ihm zugedachte Funktion nie erfüllen konnte.

Die Wege weisen hier zwar kaum Höhenmeter auf, doch sie sind irgendwie schief, sodass ich die Hüfte ständig einseitig belasten muss. Angesichts meiner bereits vorhandenen Wehwehchen bin ich vorsichtig und hoffe, dass ich mich nicht in eine weitere Verletzung hineinmanövriere.

Viele meiner Begleiter kommen aus der Region, einige haben jedoch auch eine logistisch komplizierte Anreise hinter sich: Zwei Pärchen haben nach mehrstündiger Autofahrt in einem Hotel an der Strecke eingecheckt und sind von dort mit Fahrrädern zum Startpunkt gefahren, um mit mir gemeinsam wieder zurückzulaufen. Und weil das noch nicht genug Aufwand ist, wollen sie die Fahrräder anschließend zu einer anderen Stelle bringen, um auf der morgigen Etappe für 35 Kilometer dabei zu sein. Unglaublich – erst recht angesichts der Tatsache, dass es nach getaner Arbeit keine Pokale und keine Medaille gibt, sondern nur einen Glückwunsch. Wir Läufer wissen aber, dass uns so etwas völlig ausreicht, um uns glücklich zu machen.

Eine anstehende Fährverbindung, die Emsüberquerung in Richtung Emden, sorgt an diesem ansonsten entspannten Tag noch für etwas Dramatik – wir haben uns im Vorfeld so lange verquatscht und ausgiebig Süßigkeiten geteilt, dass uns etwas zu spät die baldige Abfahrtszeit der Fähre auffällt. Sie pendelt nicht allzu häufig, und wenn man Pech hat, ist sie überfüllt, also legen wir spontan einen Sprint ein. Das hohe Tempo fordert leider einige Opfer unter den Begleitern – sie können nicht mitziehen und schaffen es nicht rechtzeitig bis zur Abfahrt aufs Schiff. Das tut mir nun wirklich leid, jedoch habe ich in den letzten Tagen gelernt, dass ich weiterhin an meinen eigenen Plan und mein Tempo denken muss. Angepampt werde ich trotzdem, allerdings nicht von Mitläufern, sondern vom Kapitän der Fähre. Nach bester friesischer Art will er wissen, warum wir »so ssspät« seien. Und egal, was man sagt, man bekommt immer noch eine originelle Antwort, die einen innerlich zum Schmunzeln bringt. Was man sich natürlich nicht anmerken lassen darf.

Ich möchte daran glauben
Etappe 80

Freitag, 4. August:
Von Twixlum nach Neuwesteel

Zwei Drittel sind geschafft: Nach 80 Marathons bin ich wirklich und ohne Diskussion an der Nordsee. Sie empfängt mich recht aufgewühlt unter grauem Himmel, das trübt die Stimmung allerdings nicht. Nach so langer Zeit endlich die salzige Luft in sich einzusaugen und hier oben auf dem Deich zu stehen ist ein fast unwirkliches Gefühl. Was habe ich alles unter die Füße nehmen müssen, um an diesen Ort zu gelangen. Und nun ist hier der Deich, da unten das Meer, da vorne Ottos rot-gelb gestreifter Leuchtturm aus »Der Außerfriesische«.

Auf dem Deich spulen wir hier Kilometer um Kilometer ab, ohne einer Menschenseele zu begegnen. Schafe gibt es dafür zuhauf, leider sind sie alles andere als zutraulich, sondern extrem scheu.

Solche eintönigen Passagen kann man je nach Stimmungslage hassen oder genießen. Ich finde sie heute gigantisch geil. Absurderweise erinnert sie mich an eine meiner Lieblingsstrecken in Berlin, die elf Kilometer lang an der Avus, der ehemaligen »Automobil-Verkehrs- und Übungsstraße« durch den Wald führt. Man kann einfach nur laufen, ohne denken zu müssen.

Der Nachteil dabei ist, dass man sich von sich selbst nicht so gut ablenken kann. Heute schweigt die Hüfte, dafür sind es wieder einmal die Knie, die schmerzen. Ein Schuhwechsel verschafft hier aber Linderung, und ich kann es den Gelenken nicht übel nehmen, wenn sie langsam grundsätzlich und ganz aus Prinzip genug haben.

So wie Wind, Regen und Sonne sich abwechseln, so gleiten auch meine Gedanken während eines langen Tages immer wieder vom Sport zu anderen Dingen. Heute muss ich besonders oft an meinen Bruder denken. An der Böschung des Deichs stehen Gedenksteine für Menschen, die hier seebestattet wurden. Roy wurde vor der Küste Warnemündes bestattet, und ich werde bald dorthin kommen. Das erfüllt mich mit Nervosität. Ich habe vor allem Angst davor, von übermächtiger Traurigkeit erfasst zu werden. Abends, wenn ich die Fotos in meine Cloud hochlade, ploppen dort die Bilder meines Bruders auf. Dass ich sie rasch wegklicke, ist vielleicht der falsche Weg, das Geschehene zu verarbeiten. Doch es ist mein Versuch, damit zurechtzukommen. Nach wie vor habe ich niemandem auf den Etappen von Roy erzählt – manchmal wünschte ich mir inzwischen, ich könnte in einem dieser Momente den Mitläufern zurufen, mich ein paar Minuten allein zu lassen. Dann erinnere ich mich wieder daran, dass der Marathonalltag genau das ist, was mir Struktur und Kraft gibt und dass ich anderen Menschen mit meinen Gedanken weder zur Last fallen noch ihr Mitleid will.

Und wenn ich dann die eine oder andere Träne wegblinzle, möchte ich daran glauben, dass mein Bruder mich begleitet. Er hat das Meer immer geliebt, und ich fühle mich ihm gerade besonders nahe.

Kopf aus, Beine an!
Etappe 81

Samstag, 5. August: Von Neuwesteel nach Gründeich

Wo ist die Nordsee? Ich scheine die Gabe zu haben, stets bei Ebbe unterwegs zu sein. Dann gibt es viel Deich und viel Watt zu sehen, ein bisschen Wasser wäre nur auch mal wieder schön. Die Möwen kreischen aber trotzdem, und wenn man die Augen schließt, stellt man sich eben vor, wie die Wellen dort bis zum Horizont wogen.

Der Zustrom an Mitläufern ist dafür umso größer – mehr als 30 Menschen sind heute dabei. Der 79-jährige Eibo knackt den Rekord als ältester Teilnehmer. Er scheint hier in der Gegend eine bedeutsame Persönlichkeit zu sein, denn alle kennen ihn. Wie es dazu kam, dass er heute mit am Start ist, ist eine Geschichte für sich: Eibo lebt in einem abgeschiedenen Haus an der Küste, ist weder über E-Mail noch soziale Medien erreichbar und besitzt der wohlmeinenden Legende nach nicht einmal einen Fernseher. Wer ihm etwas mitzuteilen hat, sucht ihn persönlich auf und darf während der Audienz bei einer Tasse Tee sein Anliegen vorbringen. Eine der Mitläuferinnen hat sich einige Tage zuvor die Mühe gemacht, ihm von mir zu berichten. Er war begeistert von dem Vorhaben und sofort entschlossen, mich zu begleiten. Was für eine Inspiration! Dieser Mann wird in wenigen Tagen 80 und hat in seinem Leben auch in sportlicher Hinsicht viele Abenteuer erlebt. Unter anderem hat er im Rahmen seiner über 50 Jahre währenden Laufkarriere bereits unzählige Volksläufe, den New-York-Marathon und zahlreiche Etappenläufe absolviert. Und nun reißt er hier noch zwölf Kilometer ab und wirkt dabei fitter als mancher 20-Jährige. Wenn man das miterlebt, vergehen die Sorgen um meine Knie ganz schnell –

dieser Mann ist Motivation pur. Was kann man sich mehr wünschen, als in Eibos Alter noch so auf der Höhe zu sein?

Um das zu erreichen, muss ich allerdings doch ein wenig Rücksicht auf die geplagten Knochen nehmen, und wir verlegen die Strecke für ein paar Kilometer hinter den Deich, wo der Untergrund weicher ist. In Sachen Aussicht ist das zwar keine Verbesserung, doch das Meer ist ja ohnehin nicht da – also: Kopf aus, Beine an.

Barfuß auf dem Deich
Etappe 82

Sonntag, 6. August:
Von Gründeich nach Hooksiel

Von außen betrachtet mag es überraschen, dass ich heute schon wieder ein Jubiläum feiere.

Vor diesem Projekt hatte ich 18 Marathons auf diversen Wettkämpfen gesammelt, und mit etwas Rechengeschick ergibt sich die Tatsache fast wie von selbst, dass ich mit Finish dieser Etappe meine persönlichen 100 Marathons vollgemacht haben werde.

Landschaftlich bietet sich gegenüber dem Vortag nichts Neues: Wir sind auf dem Deich, vor dem Deich und hinter dem Deich unterwegs. Wenn dieser asphaltiert ist, läuft man fast wie auf einer Startbahn am Flughafen, denn es gibt nichts, was sich einem in den Weg stellt. Man kann auf diesem Terrain auch barfuß laufen, was einer der Begleiter eindrucksvoll beweist. Asphalt oder Betonplatten wären für mich dabei nicht der angenehmste Untergrund. Etwas geschmeidiger wird es allerdings durch den Schafskot, der sich in schönen Mustern über den Weg verteilt. Dem Läufer macht es nichts aus, und vielleicht ist es gut für geschundene Fußsohlen.

Eine Politikerin ist heute ebenfalls dabei. Im Vorfeld machte ich mir ein wenig Sorgen, dass das hier zu einer politischen Veranstaltung ausartet, aber sie ist völlig entspannt und möchte eigentlich über alles reden außer ihren Beruf. Gesprochen wird stattdessen über dies und das und immer mehr über Frikadellenbrötchen. Der Praktikant, im Herzen immer noch Nordlicht, kam auf die gute Idee, in den sozialen Medien zu verkünden: Wenn er sich etwas wünschen dürfte, dann wäre das eine tägliche Portion dieser Delikatesse. Eine große Tube Senf hat er bereits bekommen, und die ersten Bouletten wurden verteilt. Ich warte nur auf den Tag, wenn ihm am Morgen von den wartenden Teilnehmern nicht nur zwei oder drei, sondern 30 Brötchen überreicht werden. Runterkriegen muss er sie dann trotzdem irgendwie, schließlich wird gegessen, was auf den Tisch kommt.

Die Brücke der Liebe
Etappe 83

Montag, 7. August:
Von Hooksiel nach Dangast

Endlich habe ich die Gezeitenfolge so abgepasst, dass das Wasser als weitläufige dunkelblaue Decke vor mir liegt, die jemand nicht richtig zurechtgezogen hat. Herrlich! Das Bild wird getrübt von der Industrie, die sich immer stärker der Küste bemächtigt. Der Marinestützpunkt ist hier ein bedeutender Arbeitgeber, und die Hafenanlagen beeindrucken mit ihrer schieren Größe und Geschäftigkeit. An Wilhelmshaven vorbei biegen wir in den Jadebusen ein. Wir, das ist eine größere Gruppe, zu der ein Wiederholungstäter zählt: Wolfgang war bereits als Läufer in Bayern dabei und hat sich extra Urlaub genommen, um auf der anderen Seite Deutschlands ebenfalls eine Etappe mitzuerleben.

Die meisten sind jedoch Einheimische, die entweder bei der Bundeswehr oder in unterschiedlichsten Funktionen für den Offshore-Windpark tätig sind. Ihnen macht das zeitweise aufkommende Schietwetter selbstverständlich nichts aus.

Gemeinsam kämpfen wir uns durch den Starkregen. Es ist jedoch darauf Verlass, dass das Wetter rasch umschlägt, und nach ein paar Kilometern schleicht sich tatsächlich wieder die Sonne in unsere Herzen.

Das liegt auch daran, dass es gleich zwei Lovestorys gibt, die hier an der Strecke spielen: Auf der Kaiser-Wilhelm-Brücke in Wilhelmshaven hat ein Mitläufer seinerzeit seiner Frau im Rahmen der Sendung »Nur die Liebe zählt« einen Heiratsantrag gemacht.

Leider ist sie inzwischen wieder seine Ex-Frau, wofür Kai Pflaume aber sicherlich nichts kann. Ein Happy End gab es gleich auf der anderen Seite der Brücke, wo ein anderer Begleiter seine jetzige Frau zum ersten Mal geküsst hat. Ja, die Deutschlandumrundung hat erneut ihre romantischen Momente.

Guten Morgen!
Etappe 84

Dienstag, 8. August: Von Dangast nach Tossens

Es gab schon Tage, an denen ich mehr vom Regen durchgeschüttelt wurde als heute. Kälter war es allerdings noch nie. Der Himmel wirkt nicht, als würde er die Sonne jemals wieder durchdringen lassen. Dazu passend ist meine Laune bereits am Morgen im Auto so mittelprächtig – es ist dieses Gefühl, zur Arbeit zu gehen. Als ich die Tür des Golfs öffne und den Menschen ein fröhliches »Guten Morgen« entgegenrufe, schallt es im Chor »Guten Morgen« zurück. Nur einer ruft etwas herb: »Das heißt nicht Guten Morgen, das heißt Moin!«

Es kommt eben wirklich auf die eigene Stimmung an, ob man solche an sich völlig harmlosen Kommentare weglächeln kann. Mich erwischt er heute auf dem falschen Fuß. Wir sind ja schon eine Weile im Norden und haben es begriffen. Der arme Mensch kann gar nichts dafür, aber für mich ist es eine Challenge, die vielen schlauen Sprüche, Kommentare oder gut gemeinten Scherze nicht doch mal überzukriegen und vor allem dies nicht an den anderen Läufern auszulassen.

Vielleicht ist es ganz gut, dass der Sturm heute derart heult, dass wir kaum miteinander reden können. Die Unwetterwarnungen haben recht behalten: Es regnet und regnet und regnet und ... Die Kleidung klebt klatschnass an der Haut, wir frieren und beißen einfach nur durch. Die 6:10er-Pace ist angesichts der Bedingungen sogar recht stattlich, und am Ende blicke ich in lauter zufriedene Gesichter. Na also, es ging auch mit »Guten Morgen!«.

In neuen Schuhen
Etappe 85

Donnerstag, 10. August:
Von Tossens nach Weddewarden

Heute lacht die Sonne, und ich wage es endlich, die nigelnagelneuen Klamotten anzuziehen, die seit ein paar Tagen in den Kisten unseres Kofferraums auf ihren Auftritt warten. Dazu gehören auch die rosa Schuhe, deren Sohlen so schön weiß und sauber blitzen. Ein frisches Outfit strahlt auf den ganzen Körper aus, und man hat den Eindruck, wie am ersten Tag auf die Strecke zu gehen. Die Wegführung ist leider erbarmungslos und leitet uns nach kurzer Zeit mitten in die Schlammwiesen. Dass ich meine Schuhe damit sofort versaut habe, sorgt in der Gruppe für große Heiterkeit. Dass ich über jede weitere Pfütze fluche, wird zum Running Gag. Ablenken können wir uns mit einem erneuten Sprint zum Fähranleger, denn wir sind abermals spät dran. In Bremerhaven warten andere Läufer und wundern sich wahrscheinlich darüber, warum ich aussehe, als hätte ich gerade einen Mud Run hinter mir.

Wir dürfen lange den Containerhafen bewundern. Hier werden unzählige, nach Marken sortierte Autos verschifft, dazu noch alle möglichen Panzer und anderen Militärfahrzeuge. Die riesenhaften Brücken im Hintergrund vervollständigen den Eindruck einer ganz eigenen Welt.

Die Kugelbake
Etappe 86

Freitag, 11. August:
Von Weddewarden nach Cuxhaven

Der Stadtteil Weddewarden, gestriges Etappenziel und heutiger Startpunkt, markiert die Grenze Bremerhavens. Hier beginnt die ländliche Idylle erneut. Wir befinden uns im Land Wursten. Im nahe gelegenen Örtchen Imsum steht mit dem Ochsenturm noch das letzte Überbleibsel einer Kirche aus dem 13. Jahrhundert, die später bei einem Brand zerstört wurde. Die Gegend ist reich an Sagen, so soll der Seeräuber Klaus Störtebeker höchstselbst das bronzene Taufbecken aus dem Jahr 1384 der Kirche von Imsum zum Geschenk gemacht haben, nachdem er es zuvor in Italien erbeutet hatte. »Schon Störtebeker wusste, dass der Norden rockt«, heißt es in »Nordisch by Nature« von Fettes Brot. Und offenbar wusste er ebenfalls, dass man in Imsum etwas für italienische Taufbecken übrig hat.

Der Sommer ist zurück, und der Tag wird regelrecht stickig. Ich freue mich total, wenn die Sonne scheint, nur lädt sich der Asphalt sofort auf, und die Beine scheinen gleich noch mehr zu schmerzen als sonst.

Direkt am Deich lebt in einem idyllischen Haus eine Bauernfamilie, die mich mit einem »Moin, Joyce!«-Plakat empfängt. Dies erinnert mich erneut an die formvollendete Begrüßungsformel in dieser Gegend, und ich nutze außerdem die Gelegenheit, den Landwirt zu seinen 230 Kühen zu befragen.

Wir erreichen den nördlichsten Punkt Niedersachsens, der bei der Kugelbake in Cuxhaven liegt, einem 30 Meter hohen, hölzernen Seezeichen, das irgendwie historisch und futuristisch zugleich wirkt. Der Küste vorgelagert befindet sich zwar noch die Insel Neuwerk, sie gehört allerdings zu Hamburg. Es wäre auch umständlich gewesen, dorthin zu schwimmen.

Im Ziel erwartet uns der Bürgermeister, und mir tut ein wenig leid, dass ich mich erst mal kurz ins Auto legen muss, weil mein Kreislauf komplett down ist. Vielleicht habe ich zu wenig gegessen oder getrunken. Die Salzflecken auf der Haut deuten darauf hin, dass ich zu dehydrieren drohe. Vielleicht stammen sie auch nur von der guten Seeluft. Jedenfalls war der letzte Kilometer wirklich unangenehm, und der Schwindel klingt erst ab, als wir uns gemeinsam mit den anderen Läufern durch das reichhaltige Finisherbüfett essen – inzwischen trägt jeder etwas zur Zielverpflegung bei, und die Auswahl ist größer als bei manch offiziellem Wettbewerb. Wenn ich dann allerdings zu viel Kuchen, Frikadellenbrötchen und Süßigkeiten vertilge, fehlt später der Hunger auf eine vollwertige, warme Mahlzeit. Gewiss ein Luxusproblem, aber die Erfahrung heute lehrt, dass ich noch bewusster auf regelmäßige Nahrungszufuhr achten muss. Denn ein bisschen muss der Körper noch funktionieren.

Hotel Horror
Etappen 87 und 88

Samstag, 12. August, und Sonntag, 13. August: Von Cuxhaven nach Brunsbüttel

So viele Teilnehmer sind es heute nicht, und die Mitglieder eines Triathlonvereins, die während des Tages zu uns stoßen, bleiben nur für zwei Kilometer und ein gemeinsames Foto dabei. Das ist sicherlich keine Glanzleistung im Trainingsplan, doch vielleicht hatten sie ja einen Ruhetag.

Die Stimmung in der Gruppe ist im weiteren Verlauf des Tages blendend. Ich darf endlich wieder »Hello, my friends!« rufen, denn wir müssen eine voll besetzte Kuhweide überqueren. Wir drei Mädels sind schon dabei, das Gatter zu öffnen, während die vier männlichen Mitläufer wegen Sicherheitsbedenken und Respekt vor den Huftieren lieber einen Umweg einschlagen wollen. Sorry, dass wir da ein bisschen vor uns hin kichern müssen. Das wurmt die Jungs so sehr, dass sie nach kurzer Zeit doch beschließen, den gefahrvollen Weg über die Wiese zu wagen. Das Abenteuer geht glimpflich aus, und keiner der Männer kommt zu Schaden. Zum Glück, wir wollen uns ja nichts nachsagen lassen!

Die heutige Unterkunft ist noch mal eine Herausforderung für sich – das Einchecken funktioniert nicht, und die Vermieter sind nicht auffindbar. Ein zufällig anwesender Spaziergänger weist uns den Weg über einen Hinterhof, und wir finden uns in einem Zimmer wieder, das seit mindestens drei Monaten nicht mehr geputzt wurde. Der Staub liegt tatsächlich zentimeterdick auf den Möbeln. Es ist ein Horrorhotel, wie einer dieser miserablen Bewertungen entsprungen, denen man im Vorfeld immer nicht so richtig glaubt. Nun haben wir keine andere Wahl, als hierzubleiben, denn mitten in der Pampa gibt es keine andere Unterkunft. Sind wenigstens die Betten frisch bezogen? Unwahrscheinlich, denken wir lieber nicht darüber nach. Da wir auch nichts mehr zu essen haben, gehen wir ziemlich mürrisch schlafen. Das heißt, wir versuchen es, denn eine Armee von Mücken lässt uns keine Ruhe. Im Gegensatz zu uns müssen sie wenigstens keinen Hunger leiden.

Nach so einer Nacht ist man froh, wieder an der frischen Luft und in Freiheit zu sein. Der Praktikant und ich treten völlig zerknautscht am Start an. Normalerweise würden wir uns in dieser Stimmung zu Hause so weit wie möglich aus dem Weg gehen und erst recht nicht gut Wetter in einer fröhlichen Runde erwartungsvoller Menschen machen.

Aber dann passiert etwas Magisches: Ich steige aus dem Auto, und mir schallt ein kollektives »Guten Morgen!« entgegen, das alle betrüblichen Gedanken sofort wegwischt. Es ist rational nicht ganz zu erklären, doch tatsächlich spürt man bereits am Tonfall einer solchen kurzen Begrüßung, wie die Gruppe tickt und ob es ein guter oder ein schlechter Tag werden wird. Heute, bemerke ich mit freudiger Überraschung, wird ein guter. Die Teilnehmer sind gut drauf und stecken mich mit ihrer guten Laune sofort an. Es wird ein schwüler und dennoch schöner Marathon, der uns wieder einmal zu einer Sprinteinlage animiert. Denn eine weitere Fähre wartet, und viele Follower haben darauf hingewiesen, dass sie häufig überfüllt ist und wir uns deswegen sehr beeilen sollen. Sven prescht mit der mobilen Verpflegungsstation voran, um noch einen Platz auf dem Boot zu ergattern. Am Anleger ist der Golf das einzige Fahrzeug weit und breit, und außer uns zeigt sich nur eine Handvoll Interessenten für die Überfahrt. Nun ja, Spaß gemacht hat der Sprint trotzdem.

Die kurze Nacht und der recht leere Bauch rächen sich dann aber für mich in der zweiten Hälfte der Etappe. So wird es eine ziemliche Quälerei bis ins Ziel. Das liegt heute besonders originell direkt auf dem Rummelplatz vor dem Breakdancer. Wer mag, fährt nun eine Runde, Sven und ich wollen nur noch ins Hotel. Und was ist das? Eine riesige, saubere Suite mit eigener Sauna im Bad. Und Essen gibt es auch. Man muss es sich gut gehen lassen, wenn sich die Gelegenheit bietet. Und das tun wir auch.

Luft raus
Etappe 89

Montag, 14. August:
Von Brunsbüttel nach Friedrichskoog

Es sind noch 31 Marathons, und dennoch ertappen der Praktikant und ich uns dabei, dass wir bereits in eine fatalistische Finalstimmung verfallen: Es sind nur noch ein paar Wochen, müssen wir da wirklich die Reisetaschen jeden Morgen ordentlich packen? Das Auto aufräumen? Die kleinen Dinge in Ordnung halten, die uns in den letzten Monaten Struktur gegeben haben? Das alles schleifen zu lassen, diese Versuchung ist groß. Beide verspüren wir immer wieder etwas wie einen Lagerkoller, gemischt mit Reise-Burn-out. Was man auch wie folgt beschreiben könnte: Die Luft ist ziemlich raus. Täglich das Hotel wechseln, einräumen, ausräumen, wir können das alles nicht mehr sehen. Das Laufen ist gar nicht das Problem, sondern das ganze Drumherum. Wäre ich ein Psychologe, fände ich auch die Erkenntnis erhellend, dass Sven und ich dabei stets in gleicher Stimmung sind – entweder ziehen wir uns gegenseitig runter oder heitern uns mit positiver Energie auf. Vielleicht liegt das an diesem Unterfangen, daran, dass wir derart aufeinanderkleben. Oder wir sind einfach schon so lange zusammen.

Täglich die Marathondistanz zu finishen ist für mich zu einer Notwendigkeit geworden. So wie ich morgens aufstehe, atme, spreche, esse und trinke, so laufe ich eben auch noch 42,2 Kilometer. Der Stolz über die geschaffte Distanz im Ziel ist leider über die Zeit ebenfalls verloren gegangen. Aber wäre es anders, wenn ich mir täglich 50 oder 60 Kilometer vornehmen würde? Vermutlich nicht. Man stumpft selbst bei so einem Projekt irgendwann ab, und ich stelle mit Bedauern fest, dass es bei mir wohl so weit ist.

Kommen dann noch eintönige Strecken hinzu, wird die mentale Verfassung nicht besser. Dem Motto »Immer auf dem Deich entlang« stumpf zu folgen rächt sich heute allerdings. Denn dass wir uns auf dem falschen Deich befinden, der weiter im Landesinneren liegt als derjenige, den das Navi eigentlich für uns vorgesehen hat, bemerken wir erst, als wir nach 42 Kilometern noch 20 Minuten vom Zielpunkt entfernt sind. Ich kann mich also nicht nur im Wald verlaufen, sondern auch in einer weiten Ebene, in der es eigentlich nur einen Weg gibt.

Eine Erinnerung daran, dass ich nach wie vor ein wenig Konzentration brauche, auch für die verbleibenden Marathons.

Gut zu wissen.

Jeder Schritt
Etappen 90 bis 93

Dienstag, 15. August, bis Samstag, 19. August: Von Friedrichskoog nach Emmelsbüll-Horsbüll

Es geht auf die nördlichste Spitze der Deutschlandumrundung zu. Die folgenden Tage sind von Sonne, Regen und Wolken geprägt – und vor allem von viel, viel Deich.

Vor Tönning kleidet er sich plötzlich komplett in Beton und weist den Weg auf einen geradezu bombastischen Bau, der wie ein Flughafenterminal über dem Wasser thront: Das Eider-Sperrwerk soll mittels gewaltiger Tore im Falle des Falles Sturmfluten abwehren. Man kann es mit dem Auto durchfahren, um auf die andere Seite zu gelangen, oder einfach obendrüber spazieren. Was wir und zahllose Touristen auch tun, denn hier hat man einen herausragenden Ausblick aufs Meer und auf die durch die Tore sprudelnden Wassermassen, in die man lieber nicht stürzen möchte.

So viele Menschen zu sehen ist inzwischen ungewohnt für mich, denn die Zahl der Mitläufer ist derzeit überschaubar. Das Land ist nicht gerade so dicht besiedelt wie der Ballungsraum Köln/Bonn, und wer mitlaufen möchte, muss unter der Woche auch noch Zeit dafür haben oder sich Urlaub nehmen. Einige Begleiter stehen mir dennoch zur Seite und berichten mir allerlei interessante Dinge aus der Region, zum Beispiel, dass die friedlich weidenden Schafe ihre Eigentümer inzwischen vor wirtschaftliche Probleme stellen. Die Wolle lässt sich nicht mehr so gut verkaufen wie früher, und die Bauern sind mehr und mehr darauf angewiesen, Lämmer schlachten zu lassen, um ihr Fleisch zu verkaufen. Trotzdem erfüllen die Tiere nach wie vor die wichtige Funktion, die Landschaft zu pflegen und auch Ratten und andere Kleintiere von den Deichen fernzuhalten. Auch wenn sich die blökenden Gesellen nicht streicheln lassen, sind wir also sehr dankbar, dass sie da sind.

Die andere typische Spezies, der man hier in großer Zahl begegnet, sind Strandkörbe. Je nach Wetterlage sind sie entweder abgesperrt oder von beneidenswerten Urlaubern besetzt. Diese scheinen besonders viel auf TikTok unterwegs zu sein. Denn die Häufigkeit, mit der mir ein »Das ist die von TikTok!« entgegengerufen wird, gerne auch, wenn man nur einen Meter vor mir steht und im Prinzip auch direkt mit mir sprechen könnte, ist bemerkenswert. Auch der Lauf durch Husum hält, zur Erheiterung meiner Begleiter, solche Begegnungen bereit.

Ein Mädchen hatte am Vortag sein Fahrrad auf den Deich geworfen und lief euphorisch rufend hinter mir her. Leider hörte ich sie aufgrund des starken Winds nicht, bis sie uns nach mehreren Hundert Metern einholte und uns völlig außer Atem und über beide Ohren grinsend begrüßte. Sie war so begeistert von der Begegnung, dass sie heute gleich bis kurz nach St. Peter-Ording mitkommt, und das mit ihrer ganzen Familie.

Die anderen Läufer der heutigen Etappe gehören zu dem Verein »100 Marathon Club«. Einer der beiden möchte mich für sechs Tage begleiten, dann die gleiche Strecke wieder zu seinem Auto zurückrennen. Macht zwölf Marathons auf seiner Clubuhr. Die Regularien sind recht streng, und die Läufe werden nur anerkannt, wenn man die entsprechenden Strecken vorher anmeldet, mindestens zu dritt unterwegs ist und zumindest 43 Kilometer absolviert, um etwaige Messfehler auszugleichen. Auch wenn ich die Voraussetzungen auf diesem Projekt erfüllen könnte, wäre das alles zu kompliziert. 120 Marathons sind mir auch ohne Bürokratie schon anstrengend genug.

Die Stimmung ist gut, und wir können uns im Gegensatz zu den Urlaubern nicht einmal über das Wetter beschweren. Der von grauen Wolken bedeckte Himmel ist heute gut fürs Läuferherz, doch die Beine tun dennoch weh. Massagen helfen inzwischen nicht mehr viel. Es stecken solche Verhärtungen in den Muskeln, derart viele Knochen stehen inzwischen mutmaßlich schief und krumm, dass ich einfach das verwalten muss, was mir an funktionstüchtigem Körper noch zur Verfügung steht. Eine Followerin, die sich mit so was auskennt, schenkt mir eine sehr intensive Massageeinheit und stellt dabei fest, dass meine gesamte linke Körperhälfte völlig verzogen ist und ich auf der anderen Seite inzwischen an einem Handyarm leide. Um es zusammenzufassen: Ich bin ein ziemliches Wrack. Ich rede nicht jeden Tag darüber, denn dadurch wird es nicht besser. Aber es gibt täglich die Momente, in denen jeder Schritt schmerzt.

Meine Mutter ist am Vorabend angekommen, diesmal nach ordnungsgemäßer Anmeldung, und steht für die kommende Etappe mit dem Fahrrad am Start. Da sie schon mal da ist, übernimmt sie die Aufgabe, Fragen der Follower über mich zu beantworten. So erfährt die Community, dass ich ein unordentlicher Teenager war, sowohl ehrgeizig als auch liebenswert bin (danke, Mutti!) und sie sich angesichts dieses Projekts schon manchmal Sorgen um mich macht. Heute ist sie ja da und kann beruhigt sein, denn der Marathon läuft rund. Touristisch ist die Strecke sehr attraktiv, denn vor uns liegt das Wattenmeer, und dort hinten erheben sich irgendwo die Inseln Amrum und Föhr aus dem Wasser.

Da so viele Auswärtige hier Urlaub machen, liegt es nahe, am Deich ein schwäbisches Restaurant zu eröffnen. Alle von den Eigentümern bis zur Kellnerin kommen aus dem Ländle, und auf der Karte stehen Maultaschen und Käsespätzle. Die Abwechslung beim Abendessen tut gut, und es wird ausgiebig gefestet. Und Mama hat eine Sorge weniger – denn zu essen habe ich heute definitiv genug bekommen.

Der Wildschweinzaun
Etappe 94

Sonntag, 20. August: Von Emmelsbüll-Horsbüll nach Ellhöft

Meine Mutter betätigt sich erneut als auskunftswillige Fahrradbegleitung und verrät auch exklusiv, wie ich zu meinem Vornamen gekommen bin: »Das war eigentlich gar nicht so richtig überlegt. Im Abspann eines amerikanischen Films tauchte einmal der Name auf, und dein Vater und ich fanden ihn beide gut.«

Historisch gesehen spannender ist sicherlich, dass man seinerzeit in der DDR nur Namen vergeben durfte, die im Namensbuch aufgeführt waren. In dem, das meine Eltern im Schrank hatten, gab es keine »Joyce«, aber es ließ sich dann noch eins finden, das den Namen führte. So durfte ich offiziell Joyce heißen.

Nach so viel geschichtlicher Bildung wenden wir den Blick wieder den wichtigen Dingen zu – den Grenzsteinen. Seit langer Zeit sehe ich endlich wieder einen, dazu noch einen ganz besonderen. Der unscheinbare Steinklotz markiert am Rickelsbüller Koog den nördlichsten Punkt des deutschen Festlands. Auf der anderen Seite des Zauns liegt Dänemark. Zaun? Ja, tatsächlich. Wir folgen der anderthalb Meter hohen Barriere eine ganze Weile und erfahren, dass sie sich noch weitere 70 Kilometer an der deutsch-dänischen Grenze entlangzieht. Sie soll allerdings keine Menschen fernhalten, sondern Wildschweine. Die dänischen Behörden haben den Zaun gegen einigen Protest von Anwohnern und Umweltschützern als Schutz gegen das Einschleppen von Schweinegrippe errichtet. Das Projekt scheint erfolgreich zu sein, vermelden die Dänen. Gewöhnungsbedürftig ist solch ein Stahlgerippe in der Marschlandschaft aber trotzdem.

Waffel oben
Etappen 95 und 96

Montag, 21. August, und Dienstag, 22. August: Von Ellhöft nach Bockholmwik

Wie passend, dass ich wieder ein schönes sauberes Paar Schuhe trage: Die Straße unter unseren Füßen führt uns wenige Kilometer später direkt ins Moor. Der Trampelpfad ist nicht bloß matschig, sondern birgt regelrechte Tümpel, bei denen man nie weiß, wie tief man einsinkt. Während wir da durchstaksen, verschaffen die riesigen Mücken Ablenkung, die in Scharen über uns herfallen.

Viele Tiere zähle ich zu meinen »friends«: Kühe, Schafe, Hühner. Ich tue mich allerdings wirklich schwer damit, mit Mücken Freundschaft zu schließen. Wir sind einfach zu verschieden, und sie machen sich auch nicht sonderlich gut auf Selfies. Gehen wir uns einfach aus dem Weg, keiner tut dem anderen was – Deal?

Meine muhenden »friends« sehe ich heute ebenfalls häufig. Wen ich in Schleswig-Holstein bislang gar nicht zu Gesicht bekommen habe, ist die hiesige Bundespolizei. Dann ist es auf einer Landstraße so weit. Anders als die Bayern sind die Beamten hier nicht »über mich informiert«. Mein Vorschlag, für die kommenden Etappen ein paar Kollegen auf die Strecke zu schicken, wird wohlwollend zur Kenntnis genommen.

Die gut gemischte Begleitung aus Veteranen des »100 Marathon Club« und jungen Mädels ist aber auch so eine coole Truppe. Bei einer kollektiven Runde Knoppers versuchen wir, endlich eine klare Antwort auf die Frage zu erhalten, wie herum man es denn nun zum Mund führt: Schokolade oben oder Waffel oben? Die Abstimmung endet überraschend in einer Pattsituation. Hm, bei Hanuta war das eindeutig einfacher.

Das Thema gute Ernährung beschäftigt mich auch noch unfreiwillig in der folgenden Nacht. In unserer eigentlich sehr schönen Ferienwohnung holt mich ein kratzendes Geräusch aus dem Tiefschlaf, und ich wecke den Praktikanten, damit er sich der Situation annimmt. Er taumelt schlaftrunken durch die Dunkelheit und vermeldet wenig später, dass er keinen Einbrecher finden konnte und ich mich beruhigen soll. Nun gut.

Merkwürdig kommt mir allerdings am nächsten Morgen Svens spontane Entscheidung vor, die Reste der Pizza vom Vortag doch nicht mehr mitzunehmen. So kenne ich ihn gar nicht. Ein Blick auf die zerfressene Schachtel auf dem Küchentisch reicht, und ich begreife, dass hier eine Maus oder eine Ratte am Werk war. Nachdem ich in meiner Zeit als Kellnerin in Düsseldorf einmal beim Geldzählen hinter dem Tresen von Ratten überrascht wurde, muss ich zugeben, dass diese Nager ebenfalls nicht zu meinen »friends« zählen und ich auch keine Selfies mit ihnen machen würde. Und die Vorstellung, dass sich hier in der Nacht ein paar Meter vom Schlafzimmer entfernt so ein Viech durchgefressen hat, ist für mich Anlass genug, sofort ins Auto zu flüchten. So muss der Praktikant das Restgepäck um die Pizzaschachtel herum alleine aufsammeln.

Ich bin froh, als ich endlich wieder auf der Strecke bin und einen Marathon laufen darf.

Überraschung!
Etappen 97 bis 99

Donnerstag, 24. August, bis Samstag, 26. August: Von Bockholmwik nach Dänisch-Nienhof

Was ist denn hier los? Ich steige aus dem Auto, und nur ein Mitläufer erwartet uns. Allerdings nicht irgendeiner – es ist der Christian, der sich mit mir gemeinsam an die Latschen in den Alpen geklammert hatte: Christian Todesangst. Er hält mir und der Deutschlandumrundung schon lange die Treue und wird in Sachen Determiniertheit heute nur vom Praktikanten übertroffen, der mit einem komplett durchgestylten Sportoutfit aufwartet und wirkt wie der Coach eines Nationalteams. Wo ist der Eichhörnchenpullover geblieben?

Während Sven am Handy busy ist, gesellen sich dann doch noch ein paar Begleiter zu uns, unter anderem tatsächlich ein Bundespolizist. Wir haben endlich mal keinen Deich, sondern Strand unter den Sohlen. Was immer so romantisch verklärt wird, funktioniert in Wahrheit nicht besonders gut. Das Joggen am Strand ist mit seinem entweder zu weichen, zu steinigen oder zu nassen Untergrund kein wirkliches Vergnügen. Auf den sonnigen Waldwegen, die sich direkt an der Küste entlangziehen, stellen sich eher Glücksgefühle ein: Das ist Postkartenidylle pur.

Die Gruppe ist klein und schnell. Wo Asphalt ist, steigt das Tachometer hier rasch auf eine 5:00-Kilometer/Minute-Pace. Hinter dem Örtchen Neukirchen steigen noch drei weitere Läufer ein, und gemeinsam biegen wir nach links ab, auf eine dieser kleinen verlassenen Landstraßen, auf denen heute wirklich gar nichts los ist.

»Übrigens, da vorne warten 100 Leute!«, ruft eine der Neueinsteigerinnen mir zu.

Da muss ich ungläubig die Sonnenbrille in die Stirn schieben. »Aber die warten doch nicht auf mich ...?!«

»Doch«, grinst sie. »Überraschung!«

Mir fehlen die Worte. Von wegen kühle Nordlichter. Da hinten steht eine riesige Menschenmenge Spalier wie bei einem Volkslauf. Es gibt La Ola, Musik, Tanz, Jubel.

Schon Störtebeker wusste es.

Jetzt weiß ich auch, dass der Norden rockt.

Und wie.

Ich müsste wieder tief in meine Synonymkiste für »schön« greifen. Doch die Gänsehaut auf meinen Armen sagt einfach nur: Genieß es.

»Danke schön!«, ist das Einzige, was ich rausbringe. Und umso mehr freue ich mich darüber, dass sich uns einige der Zuschauer anschließen.

Die mit Kreide gemalten Motivationssprüche auf der Straße vervollständigen noch das Tour-de-France-Feeling. Wie geil!

Wer hier in der nördlichsten Ecke des Landes mitläuft, muss manchmal für Übersetzungen ins Plattdeutsche herhalten. Zum Beispiel: Was heißt »42,2 Kilometer« auf Platt? Auch als Einheimischer darf man einen Telefonjoker zurate ziehen. So gelingt es einer Mitläuferin, die Kilometerangaben per Handy mithilfe eines sachkundigen Verwandten präzise in die hiesige Mundart zu übertragen. Es kommt so etwas wie »Tweeunveertig komma twee« heraus. Klingt gut, ist allerdings ohne Gewähr.

Die Lust auf diese Spielchen vergeht mir leider in der zweiten Hälfte des Marathons. Sven verpasst eine der Verpflegungsstationen, und wenn er das tut, heißt das: nix mit Essen, nix mit Trinken. Mein Kreislauf fällt daraufhin rapide ab, und ich schleppe mich nach einem schier endlosen Kampf gegen Übelkeit und den plötzlich aufgekommenen Wind ins Ziel.

Eine gewisse Benommenheit trage ich auch über die nächsten zwei Tage in mir. Ich schiebe es auf das wechselnde Wetter, auf die teilweise drückende Schwüle unter einer festen grauen Wolkendecke. Wenn sich nach zehn Kilometern endlich die Sonne zeigt, geht es körperlich und mental sekündlich aufwärts. Wir durchqueren Eckernförde und streben dem Ziel der letzten zweistelligen Etappe der Deutschlandumrundung entgegen. Und das erneut über gut 18 Kilometer am Strand, über große und kleine Steine, die das Ganze zu einer sehr eigenen Art des Trailruns machen. Die 5:34 Stunden für 43,47 Kilometer sind daher eine ordentliche Gesamtzeit für Marathon Nummer 99.

Wer schneller läuft
Etappe 100

Sonntag, 27. August:
Von Dänisch-Nienhof nach Satjendorf

19 Läufer scharren am Start mit den Hufen, und als 20. gesellt sich nach ein paar Kilometern noch Christian dazu. Er hat offenbar ausgeschlafen. Es sei ihm gegönnt. Die Stimmung unter den Beteiligten ist heute voll gespannter Erwartung. War irgendwas? Ach ja, die vielen Fragen und Glückwünsche erinnern mich daran, dass heute eine »100« auf der GPS-Uhr prangt. Ansonsten ist eigentlich alles wie an jedem anderen Tag. Ich muss zugeben, dass mich Etappe 82, an dem ich meinen persönlichen 100. Marathon gerannt war, mehr berührt hat. So ist Etappe 100 der Deutschlandumrundung offiziell zwar eine besondere Zahl, aber dennoch ein Lauf der Sorte »spektakulär unspektakulär«. Es steht wieder eine Fährüberfahrt an, von Friedrichsort vor den Toren Kiels über die Förde nach Laboe, aber beeilen will ich mich heute nicht.

Entgegen der bisherigen Praxis, zum Anleger zu sprinten, lasse ich mich heute zurückfallen. Wer schneller läuft, muss länger warten.

Das müssen wir jedoch auf der anderen Seite ohnehin tun, denn da wir etwas früher in dem Urlaubsort Laboe mit seinem markanten Marine-Ehrenmal ankommen als geplant, dauert es, bis sich alle Mitläufer eingefunden haben, die sich angekündigt hatten. Ich nutze die Zeit, um hektisch eine Streuselschnecke vom Vortag zu vertilgen. Sie reiht sich ein in die Menge Zuckerzeug, das ich bereits intus habe. Werde ich nach diesem Projekt je wieder von diesem Süßigkeitenlevel runterkommen? Das wird eine harte Entziehungskur.

Mit der quer im Magen liegenden Streuselschnecke geht es weiter. Vielleicht würde es helfen, die Stufen auf das 72 Meter hohe Ehrenmal zu erklimmen. Von der Aussichtsplattform des Turms, der dem Gedenken an gefallene Marinesoldaten der Weltkriege dient, hat man sicherlich einen beeindruckenden Blick über die Kieler Förde. Wir sind aber nicht für einen Treppenlauf angetreten, also lassen wir das Ehrenmal rechts liegen und kommen ein paar Hundert Meter weiter schon in freies Gelände auf der Steilküste.

Ich will nicht viel reden und lasse dafür die anderen sprechen. Denn auch das gehört zum neuen Regelwerk für die Teilnahme an einer Etappe: Je später man dazustößt, desto mehr muss man von sich erzählen. In den Videos gibt es den Drei-Fakten-Check nicht mehr, abseits der Kamera schon. Und er wird auch mal zu einem Zehn- oder Zwanzig-Fakten-Check. Damit alle, die schon 20 oder 30 Kilometer in den Beinen haben, von den frischen Neueinsteigern angemessen unterhalten werden.

Als ich beim Verpflegungsstopp in die Runde frage: »Habt ihr noch Bock?«, ist das Echo freundlich und dennoch etwas verhalten. Dagegen waren die Ost- und die Nordfriesen ja regelrecht euphorisch. Meine scherzhafte Einschätzung kann man hier natürlich nicht auf sich sitzen lassen. So wartet ein Stück weiter wieder eine fröhliche Menschenmenge mit La Ola auf uns. Dazu die herrliche Kulisse mit spiegelglatter See unterhalb der Felsen – das sorgt für Glücksgefühle.

Es gibt dann aber auch wieder die Momente, in denen es ganz still ist. Wenn gerade niemand spricht, bin ich mit mir selbst und meinen Gedanken beschäftigt. In fünf Tagen werden wir Warnemünde erreichen, wo Roy bestattet wurde. Dort vorbeizukommen wird für mich ein besonderer emotionaler Moment sein. Ich weiß, wie stolz es ihn machen würde, die Bilder vom 100. Marathon herumzuzeigen. Dass er sie sich immer und immer wieder anschauen würde.

Neue Schuhe Reloaded
Etappe 101

Montag, 28. August:
Von Satjendorf nach Techelwitz

Als ganz besondere Belohnung für den Zieleinlauf spendet uns eine Familie eine Nacht in ihrem sensationell schönen Ferienhaus. Alles ist geräumig und sauber. Ich muss Sven auch nicht in der Nacht auf Mäusejagd schicken.

Neulich kamen wir kaum aus dem Bett, weil wir nach der Horrornacht so gerädert waren. Nun fällt es uns genauso schwer. Einfach, weil es hier in der Unterkunft so traumhaft erholsam ist. Mit Mobilisierung der letzten Disziplinreserven schaffen wir es aber doch mit nur leichter Verspätung wieder an den Start.

Es ist 8 Uhr morgens, und manchen Anwohnern passt es nicht, dass wir uns hier als unangemeldete Gruppe unterhalten und damit wohl die Ruhe stören. Aus dem Vorgarten weist man uns etwas herb darauf hin. Also nichts wie los. Zuvor mache ich noch rasch ein Neue-Schuhe-Unboxing. Rosa mit blütenweißen Sohlen, da kann der erste Matsch nicht lange auf sich warten lassen.

Und tatsächlich: Wenig später führt der Weg uns mitten durch Pfützen. Wenn man sich an der Seite durchs Gebüsch zwängt, kann man die Schuhe jedoch sauber halten. Und das mache ich mir heute zur Aufgabe, egal, ob es durch dschungelartige Trails oder die Strandkorbreihen am Weissenhäuser Strand entlanggeht. Am Ende können wir uns alle gratulieren: Eine der Begleiterinnen hat heute ihren ersten Marathon geschafft. Eine andere den zweiten – nachdem sie gestern ihren ersten absolviert hatte. Sven hat bereits 101 Marathons im Auto verbracht. Und ich habe meine Schuhe sauber gehalten. Glückwunsch!

Mauerparty
Etappen 102 bis 104

Dienstag, 29. August, bis Freitag, 1. September: Von Techelwitz nach Hohenkirchen

Alltag im Norden: Der Himmel ist grau, der Wind weht, und der Praktikant ist wieder in seinen Eichhörnchenpullover geschlüpft, damit er im Golf nicht auskühlt. Wir Läufer brauchen auch ein langärmliges Outfit und trotzen der steifen Brise die Steilküste entlang in Richtung Heiligenhafen. Dort hinten, wo der erschreckend große Hochhausklotz mitten in der Landschaft steht. Der Anfang der 1970er-Jahre errichtete Ferienpark mit seinen über 1600 Wohnungen besticht durch seine Lage am Strand. Aber dass man so etwas vor 50 Jahren einmal schön fand, ist kaum zu glauben. Vielleicht fand man es auch damals schon nicht schön, sondern sah es als einfachstes Mittel, den Tourismus anzukurbeln. Fairerweise sei erwähnt, dass der ursprüngliche Ort mit seinem historischen Kern einen ganz anderen Charakter haben soll. Wir haben leider keine Zeit, uns hier näher umzusehen, sondern halten uns dicht am Wasser, grobe Richtung: Travemünde.

Der folgende Tag beschert mir 15 Mitläufer. Influencerin Alex ist mit ihrem Hund Hiro auch dabei, sehr zur Freude der Community. Und etwas anderes Bekanntes erblicke ich dort hinten an der Seebrücke: Die in der Sonne schimmernde Tauchgondel von Grömitz, mit der man sich etwas Jules-Verne-mäßig wie mit einem Fahrstuhl in die Unterwasserwelt der Ostsee sinken lassen kann. Eine vergleichbare Gondel kenne ich von meinen früheren Ausflügen nach Zinnowitz. Ja, so klein ist die Welt. Ein nicht ganz so aufregendes, dennoch willkommenes Déjà-vu verschaffen die sauberen öffentlichen Toiletten der DLRG. So viel Komfort an der Strecke hatten wir seit dem Bodensee nicht mehr. Und das ist 61 Marathons her.

Die Wasserwacht verlässt dann auch noch ihr gewohntes Lebensumfeld und begleitet uns mit einer Staffel in Badelatschen. Als Staffelstab dient die rote Baywatch-Rettungsboje. Das gab es sonst, glaube ich, auch noch nicht zu sehen.

Wie lernfähig ist man noch in meinem Zustand? Dass mir die Streuselschnecke neulich so schwer im Magen lag, hält mich nicht davon ab, heute trotz langer Schlangen gleich zwei davon beim Bäcker zu erstehen. Irgendwann komme jedoch auch ich an den Start der Etappe und kann mich gemeinsam mit den Wartenden auf zwei Highlights freuen: die zehnte Fährüberfahrt im Rahmen der Deutschlandumrundung sowie den Grenzübertritt nach Mecklenburg-Vorpommern. Würde die Route etwas südlicher verlaufen, könnten wir die Dokumentationsstelle über die ehemalige innerdeutsche Grenze in Lübeck-Schlutrup besuchen. So bleibt uns nur eine Stele am Weg, auf der ein Foto die alten Grenzanlagen zeigt.

Zum Glück haben wir diese Zeiten hinter uns. Eine Begleiterin ist Zeitzeugin des Mauerfalls und berichtet davon, wie sie im November 1989 mit dem Trabbi erstmals Lübeck und damit den Westen besucht hat. Dafür wurde sogar die Schule geschwänzt. Das war es zweifellos wert. So ähnlich war es auch bei meiner Familie, nur dass meine Eltern mich bei der Oma ablieferten, um erst mal alleine nach West-Berlin zu reisen und Party auf der Mauer zu machen.

Im Gedenken daran dürfen wir heute zumindest über einen Zaun klettern, um unsere ohnehin zu lange Strecke ein wenig abzukürzen. Das Stahlgerippe ist so hoch, dass ich die Idee schon bereue, als Begleiterin Melli sich hinaufkämpft und oben recht verhängnisvoll stecken bleibt. Es stellt sich heraus, dass wenige Meter weiter ein Loch durch den Maschendraht führt. Das ist weniger abenteuerlich, aber auch weniger schmerzhaft.

Egal, das war trotzdem dufte. Wir sind gerade erst in Mecklenburg, und ich fange schon wieder an zu berlinern.

Badetag
Etappen 105 und 106

Samstag, 2. September, und Sonntag, 3. September: Von Hohenkirchen nach Warnemünde

Gestern war super, heute superschwer. Aus dem Auto zu steigen funktioniert nur noch, indem ich das durchgestreckte Bein gegen die Tür stemme. Jeder Versuch, mich irgendwo hinzubeugen, schlägt fehl. Humpelnd verkünde ich der Menge, dass wir heute den 105. Marathon rennen werden. Wie sonst auch wird sich das schon bessern, wenn wir uns erst mal ein paar Minuten aufgewärmt haben.

Diesmal ist es nicht wie sonst. Die Gelenke bleiben steif, das Schwindelgefühl steigert sich mit jedem Kilometer, den meine Uhr zählt. Seit Wismar habe ich mehrfach Durchfall. Die Stadt kann aber gar nichts dafür. Eher ist es der allgemeine Jammerzustand, in dem sich mein Körper befindet. Er streikt von Tag zu Tag mehr und macht mit allen Methoden auf sich aufmerksam, die ihm zur Verfügung stehen. So ein Durchfall sollte die Frau doch eigentlich stoppen. Tut er auch, zumindest für einige Minuten. Nach einer kurzen Liegepause zwinge ich den Schalter in meinem Kopf wieder auf »ein«.

Bei mir piept die Warnung vor dem niedrigen Akkustand inzwischen dauerhaft, ohne dass ich mich irgendwo anschließen kann, um ihn wieder aufzuladen. Sven geht es auf seine Weise ganz ähnlich. Wir haben noch 15 Marathons vor uns. Nur noch, sagen wir uns dann. Ach, du hast wieder Durchfall? Einerlei, es sind ja nicht mal mehr drei Wochen. Pragmatismus im Hause Hübner.

In der Nacht bleibt der Magen friedlich. Dafür leben in unserem Bungalow elf Trilliarden Mücken. Sie haben unseren Deal aufgekündigt, denn keine von ihnen lässt uns in Ruhe schlafen. Sven und ich kommen ausgelaugter denn je an den Start.

Dort stehen Leute, die ich noch völlig benommen als unsere Freunde erkenne. Sie waren damals im Biergarten dabei, als die Idee der Deutschlandumrundung geboren wurde. Nach den vielen Schwierigkeiten des vergangenen Tages überwältigen mich die Gefühle regelrecht: Gänsehaut, Umarmungen, Tränen. Mit echten Freunden zusammen zu sein, das fängt mich gerade richtig auf. Man muss nichts mehr erklären und fühlt sich einfach wohl.

Dementsprechend angenehm läuft es sich heute, und die wildromantische Strecke auf der windumtosten Steilküste trägt ihren Teil dazu bei, dass die Stimmungsschwankungen mal wieder zur positiven Seite ausschlagen.

Nach dem Laufen haben wir gemeinsam auch noch etwas anderes vor: Wir schlüpfen in die Bikinis und Badehosen und ziehen ein paar Bahnen im grauen, aufgewühlten Meer. Es ist kein tolles Badewetter, aber meine Freunde sind schließlich zugleich meine Eisbadefreunde. In so einer Runde springt man in jedes Gewässer, je kälter und unwirtlicher, desto besser.

Und diese Art der Miniregeneration beruhigt die geschundenen Nerven und verschafft maximale Erfrischung. Hätte ich doch jeden Tag eine Eistonne dabei. Das wäre ein To-do fürs nächste Mal.

Die Hohe Düne
Etappe 107

Montag, 4. September: Von Warnemünde nach Damgarten

Keine Touristen auf der Promenade, dafür am frühen Morgen bereits ein Dutzend Laufwillige. Warnemünde weckt Kindheitserinnerungen. Wie oft bin ich hier mit dem Dreirad auf dem Kopfsteinpflaster umgestürzt? Wie viele Fischbrötchen habe ich vertilgt? Auch die Fährfahrt hinüber zur Hohen Düne mit ihrem Jachthafen und Marinestützpunkt gehört zu den Dingen, an die ich gerne zurückdenke. Heute stehe ich als eine erwachsene Joyce auf der Plattform der Autofähre und schaue mir an, was sich alles verändert hat. Dass die Zeit schnell vergangen ist, sagt sich so leicht. Irgendwie ist sie das auch, und zugleich hat sie mit der ihr eigenen Unbarmherzigkeit Opfer gefordert.

Mein Bruder ist nicht mehr bei uns.

Hinter der Hohen Düne am Strand fällt es vielen der Begleiter kaum auf, mir jedoch sofort: Im Abstand von 20 bis 30 Metern liegen Rosen im Sand. Es ist klar, dass sie von einer Seebestattung herrühren. Von dort aus, wo die Rosen liegen, wurde auch Roy auf seine letzte Reise geschickt.

Die vielen Momente, in denen wir heute in der Gruppe gar nicht sprechen, sind mir sehr willkommen. Wir laufen gemeinsam und zugleich jeder für sich. Das gibt mir die Ruhe, meine Gedanken ganz meinem Bruder zu widmen. Näher als jetzt kann ich ihm nicht mehr sein. Und er passt auf mich auf.

Ich brauche keinen Beweis dafür, und dennoch bekomme ich ihn: Obwohl für heute kein Sonnenschein angesagt war, brechen einige Strahlen durch die Wolkendecke.

Wenn Roy dort oben eine GPS-Uhr hat, weiß er, dass ich auf bestem Wege bin, unsere Abmachung zu erfüllen und die ganze Runde um Deutschland vollzumachen.

Sieh noch ein bisschen weiter zu. Du weißt ja, ich tue es auch für dich.

Rechts abbiegen
Etappen 108 und 109

Dienstag, 5. September, und Donnerstag, 7. September: Von Damgarten nach Franken

Der Dorfsheriff stattet uns auf dem E-Bike einen Besuch ab und wird sogleich von Sven in Beschlag genommen. Leuchtende Männeraugen betrachten die ausgewählten Exemplare von Polizei-Patches aus unserer Sammlung. Der Aufnäher auf der Schulter des hiesigen Ordnungshüters fehlt noch darin, und der Praktikant darf später auf der Wache tatsächlich auch diesen entgegennehmen.

Wir werden mit guten Wünschen auf die Strecke geschickt, und für zwei Mitläuferinnen gibt es heute ihren ersten Marathon zu finishen. Da alle unsere Navis unterschiedlich messen, können wir die Kilometermarken gleich mehrfach feiern, und die Zieldistanz natürlich erst recht.

Etappe 109 bringt uns an den nordöstlichsten Punkt dieses Projekts. Von nun an heißt es global gesehen zum letzten Mal: rechts abbiegen Richtung Ziel.

Am kleinen Hafen von Barhöft dümpeln die Boote idyllisch vor sich hin, und seit langer Zeit stoßen wir auch wieder auf einen Grenzstein. Das sorgt bei mir immer für gute Laune. Zumal es sich bei dem Betonpfeiler mit der schwarz-rot-goldenen Bemalung um ein stattliches Exemplar handelt. Hätte ich in dieses Projekt noch alle Inseln miteinbezogen, stünde nun noch ein Abstecher über den Rügendamm an. Viel mehr als dieser würde mich die imposante Hochbrücke reizen. Sie dient jedoch dem Autoverkehr und darf nur einmal im Jahr zum Rügenbrückenlauf auch joggend überquert werden.

Und da wir uns heute aufs Festland beschränken, bleiben wir in Stralsund. So können wir uns nicht an Kreidefelsen ergötzen, dafür an gigantischen Klopapierrollen. Mit dieser Bezeichnung bedenken die Einheimischen die ungewöhnliche Architektur des Ozeaneums, des hiesigen Naturkundemuseums. Sie ist sicherlich liebevoll und wertschätzend gemeint.

Verfolgungsjagd
Etappe 110

Freitag, 8. September: Von Franken nach Ladebow

Bislang habe ich »raufgezählt«, jetzt lohnt es sich, einen Countdown anzustimmen: noch zehn Marathons. Angesichts der Müdigkeitserscheinungen, die mich seit Wochen begleiten, stelle ich fest, dass ich nicht mehr die Stimmungskanone bin, die ich eigentlich sein will. Es ärgert mich selbst, dass die Batterie leer und der Speicher voll zu sein scheint: Immer schwerer fällt es mir, mich noch auf neue Menschen sowie all die interessanten Eindrücke an der Strecke einzulassen.

Manchmal wird man aber auch wachgerüttelt: So geht es der kleinen Gruppe aus zwei Mitläuferinnen und mir, als uns die Route geradewegs auf einen Naturerlebnispark zuführt. Es soll dort einige Tiergehege und einen schönen Weg durch den Wald geben. Hätte ich die Strecke vorher noch mal angesehen, wäre es mir aufgefallen, dass wir mitten hindurchmüssen. Vermutlich hätte ich mir aber dennoch nichts dabei gedacht. Es ist nicht der erste Park dieser Art. So weit also, so gewöhnlich.

Alles andere als gewöhnlich kommt uns allerdings der Mensch vor, der plötzlich vor uns auftaucht und mit endgültiger Entschiedenheit verkündet: »Da hinten geht's nicht weiter.«

Nichts Böses ahnend, lenken wir sofort ein: »Ach so, der Park ist geschlossen? Kein Problem, dann kehren wir um und rennen außen herum. Vielen Dank für die Info!«

»Außenrum geht auch nicht. Das ist hier ein Naturpark.«

»Ja, danke«, geben wir zögerlich zurück, »daher laufen wir dann anders.«

Das Gemecker hört nicht auf, nichts ist ihm recht, weder mittendurch noch drum herum.

Wir blenden es aus und diskutieren, ob der Umweg wirklich sinnvoll wäre. Die einheimischen Mädels sind der Ansicht, man könne Eintritt zahlen und dann auch die geplante Parkstrecke wählen, einerlei, was dieser Herr hier wild gestikulierend behauptet.

Okay, probieren wir's. Kurzerhand schlängeln wir uns an dem Typen vorbei und wollen uns gerade zu unserer Standhaftigkeit gratulieren, da sehe ich, dass er zu seinem Auto läuft und hineinspringt. Das kann doch nicht sein Ernst sein!

Wir sprinten los.

Der Wagen rollt uns hinterher und hat uns in kürzester Zeit eingeholt. Bei einem Wings-for-Life-Run wäre hier der Spaß vorbei, und das ist offensichtlich genau das, was der Fahrer im Sinn hat. Um sicherzugehen, dass wir aus dem Rennen sind, schneidet er uns den Weg ab.

Glaubt er nun, wir würden warten, bis er aus dem Auto klettert, irrt er sich. Ich verfalle sofort wieder in ein 5-Kilometer-Renntempo und ziehe davon. Wenn du so spielen willst, komm nur nach. Die anderen Mädels sind leider nicht ganz so schnell und entscheiden sich für eine andere Strategie und verwickeln den übermotivierten Parkwächter in ein Gespräch. Wenig später schließen sie zu mir auf. Er hat sich gegen eine Zahlung von zehn Euro »Eintritt« milde stimmen lassen, und wir dürfen den Park nun doch durchqueren.

Puh, so viel Aufregung hat uns allen einen hohen Puls verschafft. Er wird noch ein wenig höher, als wir am Ausgang des Parks eine Vertrauenskasse für Selbstzahler entdecken. Man möge bitte 2,50 Euro einwerfen. Unser Tarif war etwas höher, aber dafür haben wir auch das Abenteuer obendrauf bekommen. Vielleicht sollten wir uns nicht beschweren, und sicherlich beruhte das alles auf einem Missverständnis. Der Bürgermeister meldet sich dennoch wenig später auf Social Media, um die Sache zu bereinigen. Alles gut! Die Herzfrequenz ist wieder auf normalem Level, und es ist ja nichts passiert.

Zwischen Wasser und Himmel
Etappen 111 und 112

Samstag, 9. September, und Sonntag, 10. September: Von Ladebow nach Korswandt

Dafür, dass wir uns an der Küste entlangbewegen, sehen wir heute erstaunlich wenig Wasser. Das liegt zum Teil daran, dass die Route wie so oft an Bauernhöfen vorbeiführt. Das kenne ich noch aus Bayern, wo man immer wieder zwischen Stall und Wohnhäusern hindurchlatschte und sich dennoch auf einem offiziell ausgezeichneten Wanderweg befand. Hier allerdings sehen die Durchgangswege ziemlich gesperrt aus, und nach den nervenaufreibenden Ereignissen des Vortags verspüre ich wenig Lust auf einen Landwirt, der sich mit Schrotflinte neben der Hundehütte auf die Lauer gelegt hat.

Also begeben wir uns auf eine mehrere Kilometer lange Schleife und fragen dafür beim freundlichen Betreiber einer Molkerei nach dem Weg. Kurz in den Stall hineinzuschauen ist auch erlaubt, wo meine »friends« schon darauf harren, gemolken zu werden. Filmen und fotografieren darf man hier auch nicht, aber das geschieht bei mir so automatisch, dass ich es erst begreife, als alle Kühe auf den Bildern sind. Es nimmt mir zum Glück niemand krumm, und wir dürfen weiterlaufen.

Der zweite Teil des Marathons führt uns erfreulicherweise dann doch wieder ans Wasser, Strand und Seebrücke inklusive. Und seit Langem gibt es während der Verpflegungspause wieder die erste Currywurst aus dem traditionellen Pappschälchen. Allerdings nur für Sven, der damit nach eigener Aussage »Geist und Bauch in Einklang bringt«. Er lässt mich immerhin probieren, aber Currywurst ist einfach nicht mein Ding.

Im Ziel werden heute allerlei erste Halbmarathons und Fahrradmarathons der Begleiter gefeiert. Und ich bekomme anlässlich der Schnapszahl eine schicke Medaille überreicht.

Am nächsten Tag erwartet uns dann endlich Usedom – Sonne und Strand satt auf der Insel, nur dass man das nicht im Strandkorb genießen kann, sondern eben in Laufschuhen. Ich kenne die Strecke in- und auswendig, und würde mir die heutige Streuselschnecke nicht wieder den Magen zupappen, wäre der Tag ein einziger Genuss. Ich habe bereits im Vorfeld verkündet, dass das ein Panorama-Marathon wird, und die Mischung aus Wald, Steilküste und Strand löst die hohen Erwartungen der sonntäglich großen Gruppe zweifellos ein. Den Umweg über die Seebrücke von Zinnowitz bis zur Tauchgondel, ein Geschwisterchen derjenigen, die wir bei Grömitz gesehen haben, sparen wir uns. Dafür sind die Trails oberhalb des Strands einfach zu schön – rechts der kühlende Wald, links das Meer, heute vollkommen spiegelglatt. Zwischen Wasser und Himmel gibt es fast keinen Unterschied.

Ganz simpel
Etappe 113

Dienstag, 12. September: Von Korswandt nach Anklam

Bis zum Halbmarathon herrscht Normalität nach Deutschlandumrundungsart. Justin und Steffen, beide aus Sachsen, bilden heute meinen Anhang. Da es einer dieser Tage ist, an denen ich vor Hunger zehn Streuselschnecken hintereinander vernichten könnte, freue ich mich bereits auf die Verpflegungsstation. Allerdings erwartet uns dort lediglich Steffens Frau Heike. Der Praktikant ist AWOL, wie es beim amerikanischen Militär heißen würde.

Unser Auto ist nicht mehr angesprungen. Und Sven ist daher irgendwo am Waldrand zurückgeblieben. Er hat sich mit Heike abgesprochen und ihr eilig zwei, drei Snacks für mich in die Hand gedrückt, in der Annahme, dass die Panne in Kürze behoben sei und er dann wieder zu uns aufschließen könne.

Doch auch in den nächsten Stunden fehlt von ihm jede Spur. Leider nimmt das Hungergefühl darauf keine Rücksicht. Ein paar Brötchen mit nichts als ganz viel Ketchup von der Imbissbude an der Bundesstraße schaffen ein wenig Abhilfe.

Mit einigermaßen gefüllten Mägen können wir den Marathon beenden, und ich erhalte endlich Nachricht: Weil auch der zweite herbeigerufene Mechaniker die Ursache nicht finden konnte, wurde unser lieber Golfi nun in eine Werkstatt abgeschleppt. Dort wurde dem Praktikanten die Ehre zuteil, den halben Innenraum leer zu räumen, damit das Fahrzeug fachkundig untersucht werden konnte. Angesichts unseres Gepäcks bereitete das besondere Freude. Noch ärgerlicher, dass ausgerechnet heute Superfan Dennis aus Hannover angereist ist, der Sven eigentlich den Tag über im

Golf begleiten wollte. Daraus wurde nun nichts, und beide Männer sind in der Werkstatt gestrandet.

Zumindest, so berichtet Sven, habe sich ergeben, dass die Einspritzdüse defekt sei. Die nötigen Ersatzteile werden allerdings heute nicht mehr eintreffen. Das bedeutet: Für den Rest des Tages und für morgen keinen Golfi mehr. Was tun?

Es liegt auf der Hand, und wir hätten sofort darauf kommen können: Dennis war mit dem Auto angereist und hatte am Morgen sein Fahrrad zum Zielpunkt gebracht. Dann war er mit seinem Wagen zum Startpunkt gefahren, in der Absicht, in Svens Golf wieder zum Ziel kutschiert zu werden, von wo aus er zurück zu seinem eigenen Auto radeln würde. Wer hier schon nicht mitkommt, sollte erst beim nächsten Kapitel wieder einsteigen.

Uns ist nun nämlich klar, wie wir das Problem lösen können:

Steffen und Heike verbringen ihre Ferien in Ahlbeck und kommen auf dem Weg dorthin quasi an der Werkstatt vorbei. Wo Sven, Dennis und Unglücksrabe Golfi immer noch warten. Also laden Steffen und Heike ihrerseits Dennis in ihr Auto und nehmen ihn zu dessen eigenem Fahrzeug mit, das – remember? – immer noch am Startpunkt der heutigen Etappe steht. Nun wird Dennis mit diesem Wagen Sven von der Werkstatt abholen und zu mir an den Zielpunkt des Marathons bringen. Hier wird er Sven absetzen. Da Dennis aufgrund des Fahrrads nur einen Beifahrerplatz frei hat, wird er zunächst mich einen Ort weiter zu unserer Unterkunft chauffieren. Dann macht er sich auf den erneuten Weg nach Anklam und bringt auch Sven herüber. Im Anschluss darf er endlich die Heimreise nach Hannover antreten. Ist ja noch ein Stück.

Morgen wird dann wiederum Steffen aus Ahlbeck mit seinem Auto vor unserer Unterkunft hupen, mich zum Start verfrachten und gemeinsam mit Sven den Verpflegungstag aus dem Steffen-und-Heike-Fahrzeug bestreiten. Schließlich wird er Sven dann zur Werkstatt zurückbringen, damit wir wieder zu unserem Golf kommen. Eigentlich alles ganz simpel.

Schnelles Solo
Etappen 114 und 115

Mittwoch, 13. September, und Donnerstag, 14. September: Von Anklam nach Glashütte

Damit er uns aus seinem Mercedes verpflegen kann, verplempert Steffen heute also seinen Urlaubstag. Halb so schlimm, denn es regnet ohnehin. Über Feld- und Wiesenwege dringen wir ins Gelände vor. An einer gottverlassenen Kreuzung im Nirgendwo steht auf dem überwachsenen Plattenweg sogar eine Ampel. Wir können es uns nicht leisten, stehen zu bleiben, denn dann würden sofort 300 Mücken über uns herfallen. Ein paar verirren sich aber ohnehin immer wieder in die Augen. Und stechen können sie auch bei einer 6:30er-Pace. Insgesamt ist es ein zweifelhaftes Vergnügen heute. Eine brutale graue Schwüle hat sich wie ein unangenehmer Instagram-Filter über die ganze Landschaft gelegt, und ginge es nach mir, ich könnte eigentlich an der ersten Verpflegungsstation schon aufhören. Zumal Steffen und Sven erst nach weiteren 15 Kilometern wieder an die Strecke kommen werden.

Selbst das gute alte Schönreden hilft in den von Tümpeln durchsetzten Wiesen nichts. Ein Insektenparadies folgt dem anderen, und wir rennen mit nassen Füßen mittendurch. Irgendwann kommt jedoch auch an einem solchen Tag das Ziel. Und meist ist der nächste Tag ja ganz anders.

So auch diesmal: Sonne, gute Laune. Golfi ist zurück. Und kein einziger Mitläufer am Start. Zum ersten Mal seit dem 23. Juni bin ich die ganze Strecke lang komplett alleine. Und ich kann nicht anders, dann muss ich einfach hochschalten und hochschalten, bis in den sechsten Gang. Die Pace ist schneller als beim letztjährigen

München Marathon, und dort hatte ich mich für meine Verhältnisse schon beeilt. Die frischen Wildschweinspuren auf dem Waldpfad tragen auch ihren Teil dazu bei, dass ich mich etwas sputen will. Denn Sven wartet mit dem frisch getunten Golf erst zehn Kilometer weiter auf mich, und ich möchte mit den Tieren hier nicht alleine diskutieren müssen, wer das Wegerecht hat.

Der Praktikant ist entzückt, dass ich heute so flink unterwegs bin, denn er hat Hunger. Die Durchschnittsgeschwindigkeit von 5:56 Minuten/Kilometer führt zu einer Zielzeit von 4:10 Stunden. Und zu einem frühen Feierabend. War es vernünftig, so schnell zu laufen? Nein. Hat es irrsinnigen Spaß gemacht? Definitiv.

Grenzrelikte
Etappen 116 und 117

Freitag, 15. September, und Samstag, 16. September: Von Glashütte nach Schwedt/Oder

Ist schon Winter? Die sechs Grad am Startpunkt sind wie ein Schock. Dementsprechend gibt es auch keinen Mitläufer, der sich das antun wollte. Die Beine schmerzen, nicht wegen des Turbomarathons vom Vortag, sondern vor Kälte. Wärmesalbe würde helfen. Oder vielleicht auch einfach eine lange Hose?

Im Wald sehe ich niemanden. Und wenn ich mal durch ein Dorf komme, lässt sich dort ebenfalls keine Menschenseele blicken. Irgendwie ein bisschen gruselig. Moment, da kommt ja doch ein Auto. Aber es ist nur der Praktikant.

Irgendwann stehe ich vor einem verschlossenen Tor. Das Grundstück sieht irgendwie zu privat aus, um einfach drüberzuklettern. Doch auch mein Umweg außen herum wird nicht viel besser: Das letzte Stück verläuft nämlich doch noch über das Grundstuck und zu beiden Seiten toben die Wachhunde hinter den Zäunen. Ist das hier der Hof für schwer erziehbare Hunde? Da würde ich mir jetzt wünschen, ein paar Wildschweine als moralische Unterstützung an meiner Seite zu wissen, dann würden sie sicherlich nicht so eine große Klappe haben.

Nach diesem etwas unheimlichen Abschnitt werde ich mit zwei Grenzpfählen belohnt – einer in polnischen, einer in deutschen Farben angestrichen. Auch auf den folgenden Kilometern tauchen sie stets in Pärchen am Wegesrand auf. Mit solchen Pfählen begann meine Reise am 1. Mai, und sie geben mir das Gefühl, nach Hause zu kommen. Aussuchen kann ich mir, ob ich den deutschen Grenzweg (einen Pfad mitten durchs Feld) nehme oder den polnischen (eine Asphaltstraße). Da es heute nicht um Geschwindigkeit geht, fällt die Wahl auf den weichen bundesrepublikanischen Boden. Wenn es durch den Wald geht, wirkt die Grenze nicht mehr ganz so idyllisch. Hier auf dem schmalen Sandweg zwischen dichten Bäumen rotten noch alte Betonpfeiler vor sich hin, und die Gräben, die an Grenzpatrouillen und finstere Zeiten erinnern, werden langsam von der Vegetation verschlungen.

Für den 117. Marathon finden sich erfreulicherweise einige Begleiter ein. Und seit Langem heftet sich wieder einmal ein Polizeiwagen an unsere Fersen. Die Beamten von der Bundespolizei halten respektvoll Abstand. Wenn sie schon mal da sind, will ich auch mit ihnen sprechen.

»Haben Sie sportliche Kollegen, die mitlaufen wollen?«

»Hätten wir schon, aber wir müssen arbeiten. Sagen Sie uns bitte Bescheid, wenn Sie an der Grenze etwas Verdächtiges sehen«, grinsen sie.

Und fahren wieder ab.

Also heißt es für mich, alleine die Grenze zu sichern. Beziehungsweise in Gefolgschaft der Mitläufer und Mitfahrer, die heute gar mit Inlineskates antreten. Hoffen wir, dass sie sich die Strecke vorher genau angeguckt haben.

Sie haben. Auf den nun folgenden langen, asphaltierten Geraden kann man rennen, gehen oder fahren, ohne groß nachzudenken. Immer mehr Menschen gesellen sich hinzu, und schließlich sind wir mit zehn Läufern, den beiden Inlinern und vier Radfahrern eine Gruppe von durchschnittlicher Deutschlandumrundungsgröße. Am Ufer der Westoder angekommen, müssen wir uns von Begleiterin Bianca verabschieden, die ihr Fahrrad nun wieder gegen den Dienst an der Zollstation eintauschen muss.

Die Vergangenheit ist hier besonders sichtbar: In Gartz (Oder) erblicken wir die Überreste einer ehemaligen Brücke über den Grenzfluss. Sie wurde 1945 von den Deutschen gesprengt, um den sowjetischen Vormarsch aufzuhalten. Nach dem Krieg wurde sie nicht wieder aufgebaut, und die einsamen Pfeiler im Wasser halten nurmehr die Erinnerung aufrecht.

Die lieblichen Wiesen auf den letzten Kilometern waren früher umfassend vermint. Ob nach der Wende wirklich alles gefunden wurde, was hier im Boden lagert? Offiziell gilt der ehemalige Grenzstreifen als »praktisch minenfrei«. Das »praktisch« gibt einem natürlich zu denken, und wir bleiben lieber auf dem Beton des Plattenwegs, der uns sicher ins Ziel geleitet.

Deutschlandumrundung pur
Etappe 118

Sonntag, 17. September: Von Schwedt/Oder nach Neulewin

Unser Golf passt gar nicht mehr auf den Parkplatz. Unfassbar viele Menschen haben sich hier zum vorvorletzten Marathon eingefunden: 28 Läufer, davon einer mit Babyjogger, 22 Radfahrer, einer mit Kindersitz samt Nachwuchs. Ein Herr im elektrischen Scooter begleitet uns ebenfalls. Er ist über die letzten Monate ein großer Fan geworden, arbeitet selbst in einem Pflegeheim und schaut dort gemeinsam mit den Bewohnern stets meine Videos. Wie großartig, dass du dabei sein kannst!

Bei hochsommerlichen Temperaturen werden wir auf die Strecke geschickt, mitten durch den Nationalpark Unteres Odertal. Der erstreckt sich sowohl über deutsches als auch polnisches Gebiet, und das Motto lautet »Wasser und Wildnis«. Autos haben keinen Zutritt, deswegen muss Sven draußen bleiben, und wir sind die ersten 25 Kilometer auf uns allein gestellt. Macht aber nichts, inmitten der grünen Auenlandschaft, die langsam die vom Menschen kultivierten Wiesen- und Weideflächen zurückerobern soll, läuft es sich wie von selbst. Sieben Erstis harren ihrem Marathondebüt, und es ist ein Tag, der irgendwie klassisch anmutet: ein Feldweg, der endlos geradeaus führt. Dort hinten die Oder. Ab und zu ein Grenzstein. Und die unzähligen Läufer und Radfahrer, die gemeinsam mit mir in der Sonne braten.

Das ist Deutschlandumrundung pur. Und ich genieße es noch einmal so richtig.

Noch einen Umweg
Etappe 119

Dienstag, 19. September: Von Neulewin nach Manschnow

Es geht so schnell vorbei. Nun zeigt die GPS-Uhr schon die Zahl 119 an, und man kann es nicht leugnen: Viel mehr als 84,5 Kilometer werden es nicht mehr bis ins endgültige und abschließende Ziel sein. Gerade mal zwei Marathons. Und da der morgige sicherlich turbulent werden wird, verbringen wir den heutigen bewusst ganz ruhig und friedlich.

Der liebe Steffen ist wieder vor Ort. Der Urlaub auf Usedom, den er schon als unfreiwilliger Taxifahrer und Streckenpraktikant verbringen musste, als Golfi liegen blieb, scheint ihm einfach nicht aufregend genug zu sein. Da läuft er lieber seinen persönlichen dritten Marathon mit mir.

Die Gruppe ist deutlich kleiner als gestern, aber auch sehr charmant. Sandra aus Franken bringt dem Praktikanten Bier mit und mir zwei Streuselschnecken. Auch davon abgesehen ist sie eine beeindruckende Person: Früher hat sie viel Ausdauersport gemacht, sich vor einigen Jahren jedoch einer schweren Operation unterziehen müssen. Für sie ist das hier ein Lauf zurück ins Leben, und den meistert sie mit Bravour. Ihr Hund ist auch dabei und hat besondere Freude daran, wenn wir als Traube gemeinsam im gleichen Tempo unterwegs sind. Denn für ihn als Hütehund gibt es natürlich nichts Schöneres als das Gefühl, die Gruppe zusammenzuhalten.

Eine weitere Läuferin will eigentlich nur den Halbmarathon absolvieren und hat vor, dann mit der Freundin den Platz im Begleitauto zu tauschen, damit diese die zweiten 21,1 Kilometer übernimmt. Nur ist die eine derart im Groove, dass sie den kompletten Marathon durchzieht.

Es geht immer auf dem Deich entlang, also können wir eigentlich nicht vom Weg abkommen. Das habe ich aber auch schon am Rhein gesagt, wo es Dutzende Stunden einfach nur geradeaus ging und es mir trotzdem gelang, mich zu verirren. Heute verpassen wir die einzige Abzweigung, die die Streckenführung vorsieht, und dürfen daher zum Schluss des Projekts noch einmal anderthalb Kilometer Umweg einbauen. Das gehört auch dazu und macht das Ganze irgendwie rund. Und diese Schleife auf den letzten drei Kilometern kann die Freundin im Begleitauto dann auch noch mitmachen. Damit scheinen beide sehr zufrieden zu sein.

Der letzte Tag von vielen Tagen
Etappe 120

Mittwoch, 20. September: Von Manschnow nach Frankfurt (Oder)

Wie oft durfte ich das tun? Aus dem Auto steigen und »Guten Morgen« in die Runde rufen. Ich habe mir vorgenommen, nicht zu weinen, auch wenn es heute das letzte Mal ist.

Da stehen 25 Läufer, zwei Radfahrer, Kamerateams und die Bundespolizei. Mikrofone werden mir ins Gesicht gehalten, und ich muss schon Interviews führen, bevor ich überhaupt losgelaufen bin. Als Teilnehmer konnte man zur Feier des Tages mit einem eigens von Sven organisierten Shuttlebus zum Start kutschiert werden. Überhaupt hat der Praktikant sich redlich bemüht, alle für heute geplanten Aktionen vor mir zu verheimlichen. So darf ich zum Beispiel nicht vor 16 Uhr im Ziel eintreffen.

Also lassen wir uns entsprechend Zeit. Am Start schwatze ich mit vielen alten Bekannten, die irgendwann in den vergangenen Wochen schon einmal bei einer Etappe dabei waren. Christian Todesangst, Rekordhalter als häufigster Begleiter dieses Projekts, lässt sich das Finale selbstverständlich nicht entgehen. Andere kommen aus Bayern, aus Nordrhein-Westfalen, aus Niedersachsen, um den 120. Marathon ganz oder teilweise mitzuerleben, und das alles an einem Mittwoch. Krass!

Die geplante Strecke weist eigentlich keine Schwierigkeiten mehr auf. Es gibt nur ein Problem: Sie ist zu kurz. Daher habe ich am Vorabend noch einmal am Computer daran herumgebastelt, und wir werden eine Schleife laufen, um die Distanz vollzumachen.

Und das bei perfekten Bedingungen. Die Sonne scheint, und es ist dennoch angenehm frisch.

Als wäre der Tag für mich gemacht worden.

Ein letztes Mal die Menschen durchzählen, die voller Energie und Vorfreude an mir vorüberziehen. Ein letztes Mal die Grenzsteine abfeiern. Ein letztes Mal um Sven bei den Verpflegungsstopps herumtraben. Es gibt so viele dieser Dinge, die mich seit dem 1. Mai begleitet haben und die nun, jedes für sich, das Gefühl des Abschieds mit sich bringen. Und einige lieb gewonnene Gewohnheiten bauen wir kurzerhand noch mit ein. Da steht ein Zaun mitten auf dem Feld, und während die anderen drum herum laufen, klettere ich natürlich drüber.

Begleiter Justin macht den Zeitmanager und ermahnt uns immer wieder, wenn wir zu schnell unterwegs sind. Wie gesagt ist das Einchecken am Ziel in Frankfurt (Oder) erst ab 4 Uhr nachmittags möglich, und vorher will uns dort auch niemand haben. Also verlangsamen wir das Tempo und machen längere Pausen. Was den verrückt vielen Medienvertretern und sonstigen Menschen mit Kameras an der Strecke sehr recht ist. Immer wieder steigen neue Begleiter ein, und unsere Gruppe wird stetig größer.

Die ersten Straßenzüge der Stadt kommen dennoch unweigerlich näher. Nun soll es noch an der Uferpromenade entlang auf die Stadtbrücke gehen. Bei Kilometer 41 das letzte Hindernis in Form einer Baustelle. Ein Teil der Gruppe nimmt einen weiteren Schlenker in Kauf. Ich aber nicht. Keine Umwege mehr für mich auf dieser Deutschlandumrundung. Gemeinsam mit fünf weiteren Läufern klettere ich über den Zaun. Das war nun wirklich die letzte ungehörige Tat. Hinter der Baustelle versammeln wir uns wieder und streben gemeinsam der Stadtbrücke entgegen.

Ein Blick auf die Uhr. Dürfen wir? Ja, wir dürfen.

Ein Polizist verständigt per Funk seine Kollegen, die die Straße für uns absperren, damit wir auf den abschließenden 300 Metern freie Bahn haben.

Ich drücke einem der Begleiter mein Handy in die Hand. Bitte halte einfach drauf! Den Zieleinlauf möchte ich unbedingt auf Video haben und mich zur Abwechslung dabei einmal nicht mit ausgestrecktem Arm filmen müssen.

Ich sehe es schon: Am oberen Ende der Brücke ist der Zielbogen errichtet. Getränkestände säumen die Strecke, eine Fotowand – und so viele Menschen! Links und rechts wird gerufen und geklatscht. Es ist wie ein Rausch, auf das Tor zuzulaufen, dorthin, wo das Zielband auf mich wartet. Noch nie in meinem Leben bin ich irgendwo als Erste durchs Ziel gelaufen.

Ich reiße das Band in die Höhe.

Ja, ich hatte mir vorgenommen, nicht in Tränen auszubrechen. Ganz fest sogar! Aber da steht der Praktikant hinter der Ziellinie und breitet die Arme aus. In seinen Augen schimmert es feucht. Das letzte Mal hat er beim Abschiedsspiel von Lukas Podolski geweint. Das will was heißen. Und es lässt mich alle Vorsätze vergessen.

Sven schließt mich in die Arme und hält mich einen langen Moment einfach nur fest. Inmitten des Jubels sind wir uns ganz nahe, so als gäbe es nur uns. Mir wird in diesem Augenblick klar: Nicht nur ich habe das Projekt geschafft, sondern wir beide.

Also ergreife ich irgendwann sein Handgelenk, recke seinen Arm in die Höhe, und die Menge applaudiert auch dem Menschen, der das alles überhaupt erst möglich gemacht hat.

Die Deutschlandumrundung begann genau hier.

Und nun schließt sich der Kreis.

Ich bin ein wenig überfordert. Ich habe den Job erledigt. Eigentlich weiß ich gar nicht, was ich als Nächstes tun soll. Bislang war es immer so, dass ich einfach weiterlaufen musste. Nun ist plötzlich alles anders.

Doch Sven schiebt mich bereits in Richtung Siegertreppchen. Ein großer, ziemlich schwerer Pokal wartet auf mich. Dann ergebe ich mich dem allgemeinen Trubel. Ich möchte noch allen gratulieren, die heute mit auf der Strecke waren. Meine Mama und mein Onkel haben sich ebenfalls eingefunden, mein bester Freund hat zwei DJs aus Berlin mitgebracht, die richtig coole Musik machen.

Und als ich dort inmitten des Gewühls stehe und an all das denke, was in den letzten viereinhalb Monaten geschehen ist, an das, was ich gesehen habe, und an die Menschen, die ich kennenlernen durfte, da begreife ich noch etwas anderes: Das Leben hält so viele Abschiede für uns bereit, jedoch immer auch die Möglichkeit, neu zu beginnen.

Wie oft wurde ich in den letzten Wochen und Monaten gefragt, was als Nächstes kommt? Welches noch größere, noch intensivere, noch herausfordernde Projekt? Ich selbst habe mir diese Frage immer wieder gestellt. Ideen habe ich, aber sie sind noch keine Antwort.

Und möglicherweise ist es genau dies, worauf es ankommt – noch keine Antwort zu haben. Wir können nicht alles voraussehen. Nicht alles erahnen, was uns bevorsteht. Und vielleicht sollten wir gar nicht erst versuchen, unsere Zukunft so akribisch zu planen wie eine Deutschlandumrundung.

Lassen wir sie einfach auf uns zukommen.

Epilog

Berlin, 24. September

Irgendwie ist alles wie immer.

Ich habe eine Aufgabe, und die lautet: einen Fuß vor den anderen setzen, so lange, bis ich irgendwann im Ziel bin. Ich kenne dieses Gefühl, und ich kenne die Distanz. Sie ist mir inzwischen näher als jede andere Zahl: 42,2 Kilometer liegen vor mir. Ich nehme sie ganz entspannt und geschmeidig an. Wie immer.

Und dennoch ist heute alles etwas anders: Sven wartet nicht an den Verpflegungsstellen mit dem Golf auf mich. Ich brauche keine GPS-Uhr und werde mich trotzdem nicht verirren können. Die anderen fast 48 000 Läufer des Berlin Marathons wissen schon, wo es langgeht.

Vier Tage zuvor stand ich auf der Stadtbrücke. Seitdem bin ich keinen Marathon mehr gelaufen. Also wurde es doch höchste Zeit.

Die lange Reise rund um Deutschland trage ich als wertvolle Erinnerung in mir. So glücklich es mich macht, dass ich dieses Abenteuer erfolgreich beenden konnte, so wehmütig wird mir bereits klar, dass es unwiederbringlich vorbei ist.

Aber ich weiß, es werden viele Tage kommen, an denen etwas Großartiges passiert kann.

Und dies ist der erste davon.

Vom wunderbaren Wahnsinn des Laufens

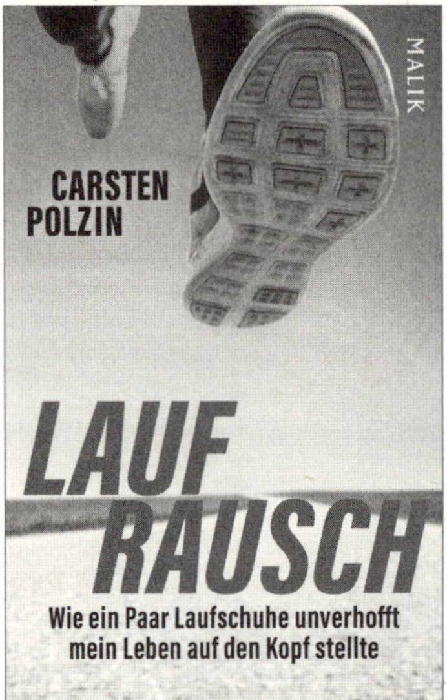

Coveränderungen vorbehalten

Hier reinlesen!

Carsten Polzin

Laufrausch

Wie ein Paar Laufschuhe unverhofft mein Leben auf den Kopf stellte

Malik, 288 Seiten
ISBN 978-3-89029-535-0

Er läuft von München nonstop auf die Zugspitze, rennt 100 Meilen durch steile Weinberge und marschiert zu Fuß bis zum Nordkap. Dabei hat ihn Sport vor wenigen Jahren nicht im Geringsten interessiert. Augenzwinkernd erzählt Carsten Polzin von einem unverhofften Sportlerleben, von der oftmals herrlich absurden Welt des Extremsports und dem einen Ziel, das wichtiger ist als jede Finishline: Egal, was du tust – lebe so intensiv wie möglich.

MALIK

Leseproben, E-Books und mehr unter www.malik.de